普通高等教育应用型特色教材·工商管

国家税收（纳税申报）

模拟实训

主　编◎王　林

副主编◎郑梅霞　马改艳　陈露丝

北京师范大学出版集团
BEIJING NORMAL UNIVERSITY PUBLISHING GROUP
北京师范大学出版社

图书在版编目(CIP)数据

国家税收(纳税申报)模拟实训/王林主编. —北京：北京师范大学出版社，2021.3(2022.3 重印)

ISBN 978-7-303-26527-5

Ⅰ. ①国… Ⅱ. ①王… Ⅲ. ①国家税收－中国－习题集②纳税－税收管理－中国－习题集 Ⅳ. ①F812.42－44

中国版本图书馆 CIP 数据核字(2020)第 225890 号

营销中心电话 010-58802181 58805532
北师大出版社科技与经管分社 www.jswsbook.com
电子信箱 jswsbook@163.com

GUOJIA SHUISHOU(NASHUI SHENBAO)MONI SHIXUN
出版发行：北京师范大学出版社 www.bnupg.com
北京市西城区新街口外大街 12-3 号
邮政编码：100088
印 刷：北京虎彩文化传播有限公司
经 销：全国新华书店
开 本：787 mm×980 mm 1/16
印 张：18.75
字 数：400 千字
版 次：2021 年 3 月第 1 版
印 次：2022 年 3 月第 3 次印刷
定 价：45.00 元

策划编辑：李红芳 责任编辑：李红芳
美术编辑：刘 超 装帧设计：刘 超
责任校对：陈 民 责任印制：赵 龙

编写委员会

主　编：王　林

副主编：郑梅霞　马改艳　陈露丝

委　员：谢晓玲　郭联锋　林瑞芳　邓淑婷　周　婷

柯　芳　杨宇婷　陈王盈　陈国宋　李雅珊

推荐序 1

为深入贯彻落实习近平总书记关于教育的重要论述和全国教育大会精神，贯彻落实中共中央办公厅、国务院办公厅《关于深化新时代学校思想政治理论课改革创新的若干意见》，落实立德树人根本任务，把思想政治教育贯穿人才培养全过程，全面推进高校课程思政建设，提高高校人才培养质量，教育部于2020年5月28日印发《高等学校课程思政建设指导纲要》(以下简称《指导纲要》)，系统明确了课程思政建设的重要意义与目标要求、重点内容与教育任务、质量评价体系与激励机制、组织实施与条件保障，并于2020年6月8日召开全国课程思政建设工作视频会议，全面部署课程思政建设工作。由此，高校课程思政建设进入全面推进阶段。经济管理类专业课程思政建设的重点何在？如何实施？我们认为，应以中央对课程思政建设的总体要求为基本遵循，以学科属性、专业定位和培养目标为出发点，结合专业课程的内容特点进行探索。《国家税收(纳税申报)模拟实训》作为实践类教材在此进行了大胆尝试，将“课程思政”思想融入教材的编写过程。通过将习近平总书记有关财税工作的重大论述作为指导思想，并将减税降费、脱贫攻坚、以人民为中心的发展思想等融入编写案例之中，可以让读者，尤其是当代大学生在潜移默化、润物无声中学习税收知识，提升实践能力，为实现中国梦奉献青春！

许　萍

福州大学

2020年10月

推荐序 2

纳税申报是税收征收管理的重要基础工作之一，随着金税三期在全国税务系统全面上线并平稳运行，我国税收发展史上首次实现了基础平台、应用软件、业务标准等方面的统一，为税收服务国家治理现代化提供了坚强信息化基础。金税三期遵循“精简表单、优化结构、方便填报”的原则，进一步优化企业填报体验，在填报难度上做“减法”，在填报质量上做“加法”，在填报服务上做“乘法”。但是，在实践中纳税申报人员仍然经常面临各种困惑，如申报表散见于各税种之中，尚无法一键生成纳税申报表；如申报表数量繁多，以企业所得税为例，各企业依据工作实际需填制各类表格多达十几页甚至几十页；如政策变动较为频繁，加之突如其来的新冠肺炎疫情，仅增值税税率和征收率在近两年都进行了大规模调整。《国家税收（纳税申报）模拟实训》尝试解决企业财税人员的困惑，为大家提供有效的解决方案和思路。

第一，本书非常适合企业财税人员阅读。本书结合案例对纳税申报进行了详细的解读分析，同时提供了申报模板。

第二，本书非常适合高校学生阅读。通过阅读本书，学生们不仅能够学习税务知识，而且还能够学习如何规避税务风险。

第三，本书非常适合税务机关基层人员阅读。本书结合大量案例，对如何发现企业税收风险点，发现企业存在的避税疑点进行了系统阐释。

总之，这是一本非常实用的好书，适合企业财税人员、高校师生、税务机关基层人员阅读，对从事理论研究的同人也很有裨益。作为一位多年从事税务管理实践的专业人士，能第一时间阅读到本书，觉得非常荣幸，也非常愿意给大家推荐。

财务总监郑顺辉

海欣食品股份有限公司

2020 年 10 月

推荐序 3

2020 年 3 月初，正值我国新冠肺炎疫情防控工作的关键阶段，福建农林大学金山学院王林老师将《国家税收(纳税申报)模拟实训》一书手稿寄至我的办公室，征求我的意见和修改建议。历经我国战胜了突如其来新冠肺炎疫情，这本书终于要付梓出版了，衷心表示祝贺。

作为福建省税务系统的一位老同志，能见证一位高校年轻教师编写一本税收实务操作的教材，我深感欣慰和激动。更加令人欣慰和激动的是，全书申报案例中能够凸显国家战略——减税降费。

“十三五”时期，党中央、国务院立足经济社会发展全局，审时度势出台系列减税降费政策，减税降费规模不断增大，红利持续释放，为减轻市场主体负担、有效应对经济下行压力提供了有力支持。税务部门努力克服政策类型多、实施时间紧、统筹难度大等困难，确保减税降费落地生根。2016 年至 2020 年新增的减税降费额累计达 7.6 万亿元左右，特别是 2019 年实施更大规模减税降费，全年新增减税降费达到 2.36 万亿元，占 GDP 的比重超过 2%，拉动全年 GDP 增长约 0.8 个百分点。2020 年以来，为支持疫情防控和经济社会发展，党中央、国务院先后出台了 7 批 28 项税费优惠政策。2020 年 1—8 月，全国新增减税降费超过 1.8 万亿元，预计全年超过 2.5 万亿元。

在国家税务总局和省委省政府的领导下，国家税务总局福建税务局通过进一步落实税收优惠政策，优化税收营商环境，出台了《关于进一步发挥税收职能全方位推动高质量发展超越的意见》，推出 11 条措施，涉及经济、民生等领域，为全方位推动福建省高质量发展超越增添强劲动能。

撰写此书，可谓恰逢其时，阅读此书必有收获，这是我的一点点心得，分享给大家。

李斌

国家税务总局福建税务局二级巡视员

2020 年 10 月

前 言

新年前夕，习近平主席在2020年新年贺词中谈到减税降费政策实施效果：一年来，“减税降费总额超过2万亿元”。

2019年，一场力度空前、影响深远的更大规模减税降费持续加力，1月起新个税法实施、小微企业迎来普惠性减税，4月起下调增值税税率，5月起降低社保费率……

本轮大规模减税降费不仅在降低企业经营成本、激发企业活力等方面意义深远，其减税效应也通过增值税抵扣机制层层传导产生外溢效应，在拉动国内消费、增加居民收入等方面产生了积极影响。

与之相应，2019年以来，国家税务总局连续出台了一系列与减税降费政策配套的简政放权、便民申报纳税的务实措施。

2月，连续第6年开展“便民办税春风行动”，出台了4大类13项52条便民办税服务举措，全力推进减税降费政策落实。

4月初，启动了50天“加长版”的全国税收宣传月活动，努力使每一名纳税人、缴费人懂政策、会申报。

7月，加速制定出台《税收征管操作规范》，对同质化流程进行整合精简，将原征管规范中的业务事项精简了50%；通过简政放权，取消一批需纳税人、缴费人报送的资料，将原征管规范精简了48%；对现有纸质表证单书进一步精简，精简幅度达到26%。

7月，推出第一批便民办税缴费10条新举措，实行出口退税“无纸办”、实名信息“前置采”、资料不齐“容缺办”等便民服务，为纳税人、缴费人增进便利。

8月，从便利申报纳税、优化办税服务、便捷发票使用、完善信用建设、加强咨询辅导5个方面再推出10条具体举措，下更大决心解决好纳税人、缴费人反映强烈的痛点、堵点和难点问题。

9月，发布新版《全国税务机关纳税服务规范》，落实深化“放管服”改革优化营商环境系列措施，进一步提高税务机关纳税服务水平，最大限度规范税务人，最大限度便利纳税人。

11月，制定实施进一步支持服务民营经济发展、便利小微企业办税缴费的新举措，便利市场主体享受政策红利，推动办税缴费辅导更精准、流程更精简、体验更优化。

在全国各地，各式各样的办税服务创新举措不断涌现。在广东，新发布的《广东省税务局办税服务厅管理规范》加速推进办税服务规范化、标准化、一体化建设，逐步构建智能、高效、便捷的新型办税服务体系；在浙江，税务部门在办税流程上从“纳税人视角”对办税事项进行整合归并，实现了申请开具社会保险费缴费证明、开具个人所得税完税证明等六类民生事项仅凭居民身份证即可“一证通办”；在安徽，多部门联动推进简易注销，通过修订该省工商、税务等部门信息共享协作备忘录，细化简易注销处理流程，便利企业办理涉税业务。

教材《国家税收(纳税申报)模拟实训》一书的编写工作正是在这样的背景下完成的。它是《国家税收》的配套实训指导书。通过分析研究相关政策法规，将税务部门实务举措与实践教学有机结合起来。该教材在借鉴前期大量优秀成果的基础上，结合作者对国家税收的理论与实践上的认识，归纳为以下几个特点：

1. 融入“课程思政”思想。为深入贯彻落实全国高校思想政治工作会议精神，落实立德树人根本任务，以在价值传播和理论引领中凝聚知识底蕴，在知识、技能传授中强调价值传播和理论引领为课程目标，建设“显性教育”与“隐性教育”相融通的课程内容体系，推动习近平新时代中国特色社会主义思想深入人心，为培养德智体美劳全面发展的社会主义建设者和接班人贡献力量。该教材将《摆脱贫困》《习近平谈治国理政》等书中有关财税工作的重大论述融入其中，提高其政治站位。

2. 突出新时代特色。国家主席习近平在发表2021年新年贺词时这样说道：一年来，“减税降费总额超过2万亿元”。因此，该教材的编写将更加突出减税降费、大众创业、万众创新、支持民营经济发展、绿色税收及优化税收营商环境等代表着新时代特色的相关案例、例题和图表等，突出新时代特色。

3. 体现应用型人才培养方案。作者长期与实务界保持着密切联系，如福建省税务局、福建省税务师协会、福建康佰家大药房连锁有限公司、海欣食品股份有限公司等提供的鲜活案例丰富了教材编写内容。这一编写思路正与实施一流本科课程“双万计划”方针相与吻合。

4. 培养“互联网+”、大数据等理念。2019年出炉的《税收征管操作规范》和《纳税服务规范》两份文件直接带来的是税务注销免办和即办比例提高13个百分点，达到85%以上。比如，内蒙古推出的“i税服务平台”上的智能机器人可以解答各类涉税问题；河北依托微信公众号开发“减税降费红利账单”，让减税降费红利更加直观；广东上线“粤税通”，在微信小程序里动动手指，就能完成办税开票等100多项功能，教材编写也融合了各地运用信息技术最新思想。

本教材的出版获得了福建农林大学金山学院院级2019年度应用型教材出版基金资助项目(yx190202)的支持，同时也是《新时代背景下财务管理专业设置与调整》高等教育教学改革项目(jx190204)和应用型课程建设项目《税法》(jz190201)以及福建省应用型本科院校校企合作协同育人的实现机制和推进对策研究(福建省重大教学改革项目：FBJG20200035)的阶段性成果。

本教材在撰写过程中，参考、借鉴了大量本学科相关著作、教材与论文，在此向其作者表示由衷的感谢。本教材的各撰写阶段有幸获得许萍、刘微芳、孙思惟、黄振胜、石德金、黄光阳等知名专家学者的指导，这对教材质量的提升意义重大，在此向各位教授表示不胜感激。本教材在出版过程中，得到了北京师范大学出版社李红芳等编辑及相关工作人员的大力支持与帮助，在此表示特别的感谢。本教材的排版整理过程得到了财务管理专业学生的大力支持，在此一并感谢。由于本人水平所限，以及国家税收等法律、法规、政策不断修订变化——最新政策收录截至2020年2月，本教材定会存在不当之处，读者在实际运用时应当以最新的法律、法规、政策为准。同时，竭诚欢迎广大读者批评指正。若有意见、建议或指正，请发送至笔者的邮箱：mbawanglin@sina.com。

王　林

2020年2月于福州

目 录

第一章 绪 论

第一节 申报实训简介

纳税申报综合模拟实训是高等院校会计相关专业学生职业能力培养的一门技能训练课程，既是税法、国家税收或相关课程理论教学的必要补充，又是后续专业课程理论教学及模拟实训的基础。学生在学完税法、国家税收等课程后，应进行一次较为完整、系统的纳税申报实际操作。

一、纳税申报模拟实训的意义

通过全面的实务演练，对涉税业务的模拟核算，将会计专业知识与税法知识有机结合，进而达到对所学知识的充分理解与有效应用，既直观、实用，又培养了使用者的实际操作能力和综合能力。通过模拟实训，学生了解税务登记与纳税申报的各个环节，验证税收与税收管理法律制度，实现人才培养目标。

二、纳税申报模拟实训的内容

实训教学以反映企业纳税申报工作的全过程为框架，按照税务会计核算的流程和环节，设计若干个实训项目，包括内容如下。

(1)熟悉纳税申报工作环境。其包括了解企业基本情况、国家税收制度、税务工作组织方式。

(2)掌握纳税申报工作岗位流程。

(3)训练纳税申报操作技能。

①税务登记及发票管理实训，包括掌握税务登记基本流程和操作步骤；了解发票的管理制度；掌握发票领购和缴销的实际操作流程。

②填制各类税种纳税申报表。

③通过练习，加深对各类税种的认识。

三、模拟实训企业概况

税务主管：周琳琳　身份证号码：3501＊＊＊＊＊＊＊＊＊＊＊376

税务经办：李婷婷　身份证号码：3501＊＊＊＊＊＊＊＊＊＊＊045

主管税务机关：国家税务总局＊＊市＊＊局

四、模拟实训企业税务核算制度

第1条　为加强企业税务管理工作，确保企业合法运营、诚信纳税，根据《税收征收管理法》及《税收征收管理法实施细则》的规定，特制定本制度。

第2条　本制度对企业的税务登记及年审、账证管理、纳税申报等项工作均做了详细说明，财务部相关人员须遵照执行。

(一)税务登记及年审管理

第3条　税务登记、税务变更登记、税务换证登记统一由财务部相关人员自行办理，并报财务部主管和总经理备案。

第4条　税务登记应按照下列要求办理相应手续并提供相关资料。

①领取工商营业执照之日起30日内持工商营业执照和国家技术监督部门核发的企业统一代码证书等有关证件向税务机关或财政部门申请办理税务登记。

②根据财税部门规定的统一标准，如实填写《税务登记表》。

③持填写好的《税务登记表》及规定应报送的有关资料、合同等，到财税部门办理登记并领取财税登记证。

第5条　在企业的运营过程中，如发生下列内容的变化，均应在规定的时间内向财税部门提出申请，办理税务变更登记。

①企业(单位)名称改变；

②法人代表改变；

③经济性质或经济类型的改变；

④住所或经营类型改变；

⑤生产经营范围或经营方式改变；

⑥增、减注册资本；

⑦隶属关系改变；

⑧生产经营期限改变；

⑨银行账号、记账本位币或结算方式改变；

⑩其他相关内容改变。

第6条　税务登记换证，应提供下列资料及办理相应手续。

财务部人员办理财税登记换证时，填写换证登记表(一式三份)并备带营业执照副本原件，原财税登记证、副本原件，法人代码证、法人代表身份证、开户银行证明复印件等资料到财税部门办理，并领取登记证。

第7条　财务人员按照税务机关的规定使用财税登记证件；财税登记证件不得转借、涂改、毁损、买卖或者伪造。

（二）账证管理

第8条　每月必须计提当月应交税款，根据实际缴纳的税款，当月做记账凭证登记账簿出现"实交数与计提数"不符时，当月的税差必须做相应的账务调整。

第9条　为了办理各种税收优惠的需要，相关财务人员应将每月的完税凭证或已交税款的缴款书原件装订成册妥善保管，严禁丢失；每月根据完税凭证及已交税款的缴款书复印件填写"报销回单"，财务负责人及总经理签字确认后入账。

第10条　相关税收记账凭证、账簿、完税凭证、缴款书及其他有关资料不得伪造、编造或擅自损毁。

第11条　相关税收记账凭证、账簿、完税凭证、缴款书及其他有关资料应当永久保存(另有规定的除外)。

（三）发票管理

第12条　财务部每月一次定期对发票的使用情况进行检查，其相关发票管理详见《发票管理制度》。

（四）纳税申报管理

第13条　财务部每月(季)自行完成纳税申报。

第14条　相关财务人员必须在税局(所)规定申报的申报期限内完成纳税申报，如申报期有变动，以税务局(所)公布的信息为主。

第15条　有关财务人员办理纳税申报时，应当如实填写纳税申报表，并根据税务机关的要求报送下列资料。

①纳税申报表；

②财务报表；

③税务机关要求报送的其他资料。

第16条　每月(季度)结束后15日内，财务部根据纳税申报表完成银行缴费。

第17条　每年度的企业所得税汇算清缴工作，各分企业应于每年的5月31日前(税务机关另有规定除外)自行到所属税局申报，多退少补，说明退补原因及时向地区企业财务部税务组及主管税务领导反映情况，补办有关部门付款审批手续，补交税款。

（五）税务评估管理

第18条　财务部门必须每月在纳税申报期间结束后5日内把当期纳税申报表原件一份(盖有税务机关申报章的)，资产负债表、利润表各一份，完税凭证或已交税款的缴款书及付款审批表复印件各一份，报送上级主管。

第19条　财务部必须每月5日前根据企业营业收入情况对当月的税收缴纳情况进行预测，提供预测表给上级主管，以便尽快组织、调度资金，解决企业缴税资金。

第 20 条　当月如遇到税款较大资金较紧的情况，财务部门必须在每月 5 日前直接向税务机关办理延期纳税申请。

第 21 条　计划外的特殊税务处理事项必须报总经理审批。

第 22 条　财务部负责办理各种税收优惠政策及董事会利润分配所需的完税证明；办理后要把相关资料报总经理办公室备案。

(六)税务检查管理

第 23 条　财务部主管每半年至少检查一次纳税事项情况并出具税收检查结果报告及解决建议，检查结果报总经理办公室备案。

第 24 条　财务部接受税务机关依法进行的税务检查，如实反映情况，提供有关资料，不得拒绝、隐瞒。

第 25 条　接受税务机关检查过程中，如发现问题，应及时通知财务部上级主管，以便及时协调解决问题；检查结果复印一份送财务部备案存查。

(七)奖惩管理

第 26 条　财务部相关人员必须按照税务机关规定的期限办理纳税申报，逾期未申报致使税务机关罚款、收滞纳金的，其罚款、滞纳金由当事人负责。

第 27 条　财务部门设专人严格保管好每月的完税凭证和税收缴款书的原件、税收缴款卡、发票专用章，防止丢失，需要时由经办人领用，否则一切后果由当事人负责。

第 28 条　本制度由财务部会同公司其他有关部门解释。

第 29 条　本制度自 2018 年 1 月 1 日起开始实施。

五、模拟实训企业税务核算岗位职责

税务核算的岗位职责是负责本企业营业收入的统计、核算与分析，根据实际收入办理纳税业务等工作，其职责主要如下。

(1)管理日常税收事务，协助监督、检查公司税务法规执行情况；

(2)编制税收报表，草拟税务成本预测和分析报告，申报纳税；

(3)发票和收据的购买、使用与核销，并对其领取、存档进行登记和管理；

(4)负责税务登记证的办理、年检及注销，税务资料的整理和保管；

(5)协助税务主管联系和协调税务部门。

六、纳税申报综合模拟实训的要求与考评

(一)实训要求

(1)掌握国家有关财经法律法规和企业会计制度，掌握各税种申报要求，加强学生政策法制观念。

(2)运用规范仿真的原始凭证、真实的记账凭证、会计账簿和会计报表，严格按照现行税务会计准则的要求进行操作。

(3)实训过程中遇到课堂理论教学中没有学到的新知识，要求学生自己查阅资料，培养独立分析问题和解决问题的能力。

(4)实训结束后，将原始凭证、记账凭证、会计账簿、会计报表进行装订，作为考核的依据。

(5)实训结束后，每一名学生提交一份实训报告，主要包括以下几个方面：①实训内容；②实训过程；③实训结果；④实训中存在的问题及解决的方法；⑤实训体会及合理化建议。

(二)实训考评

实训考评包括实训过程和实训结果考评，分别占总成绩的40%与60%。实训过程考评以实训小组的考评为主，实训结果考评以学生提交的实训成果为依据，其评分标准分别为：增值税纳税申报(模拟实训)占25%、消费税纳税申报(模拟实训)占15%、企业所得税纳税申报(模拟实训)占25%、其他税种占15%、税务档案装订占10%、实训报告撰写占10%。

七、教学方案与课时安排建议

(1)作为一门独立的实践性课程进行集中实训。建议：安排在《国家税收》或相关课程理论教学完成后本学期的1～2周完成。

(2)作为理论教学的重要组成部分，分散在课内完成。①如果总体教学安排64学时(周4学时)，建议40学时完成理论教学，24学时完成实训教学(4学时连续进行)；②如果总体教学安排96学时(周6学时)，建议60学时完成理论教学，36学时完成实训教学(6学时连续进行)。

【延伸阅读1-1】打造数字化税收新平台

打造数字化税收新平台

俄罗斯联邦税务局副局长阿列克斯·欧文楚克(Alexey Overchuk)认为，21世纪，数据正成为新的“石油”和“黄金”。数字技术正在改变商业流程及个人、公司相互间交流的方式。经济数字化对税收所提出的挑战主要体现在以下几个方面：新的价值创造链、有规模无实质、无形资产的重要性、非物质化的商品及服务、联结度和利润分配规则、数据隐私保护、电子化的资金流。面对新的经济、社会现实，税务机关要争取成为电子服务提供商，在整个数字化转型的过程中成为引领者。近几年，俄罗斯联邦税务的数字化转型可以分为三个发展阶段：过去主要是应用门户网站、个性化电子服务；现在主要是应用移动Apps、定制性深度服务、完全数字化模式；未来计划打造一个适应性平台及设计性遵从方案。未来的税务管理适应性平台将具体分为7个方面：人口登记(人口数量和家庭成员)、纳税人登记(在线账户、数字化双胞胎和干净的数据)、财产登记(批量评估系统、土地清册和其他登记、测绘)、第三方数据(电子政府、物联网和应用程序接口)、虚拟交易环境(Apps、电子服务和自我评估)、风险分析和税务审计(风险管理系统和纳税人行为管理)、债务收取(债务管理系统和争端解决)。2019年1月1日，俄罗斯联邦税务局发布了一款拥有强大数字技术的简易App，即MYTAXES，以解决个体经营者纳税问题。所有人只要有了创业想法，就可以立即开始做生意并纳税。他不需要去税务局，只需登录这个App进行注册，系统会要求扫描个人的图像细节，并通过点头等动作确认，然后填写申请表，建立纳税人档案；税务局会利用现有数据库核实这些信息；通过之后就会发放税务登记号码，完成注册；所有销售数据都可以上传到这个App上，纳税人只需按输入并对交易进行简要描述，比如选择销售类型(C2C或C2B)；收银机功能也内嵌入App之中，可以完成收付款及开发票等流程；所有销售数据自动传输并接入联邦税务局系统之中，纳税人不需再进行纳税申报，系统会自动算出每月的应纳税额。

资料来源：韩霖，叶琼微. 加强税收合作促进“一带一路”国家（地区）互利共赢发展——第一届“一带一路”税收征管合作论坛综述[J]. 国际税收，2019(6)：21-25.

第二节　金税三期简介①

金税工程是国家电子政务“十二金”工程之一，是税收信息化建设不断发展壮大的代表性工程。在党中央、国务院的高度重视下，在国务院各部委和地方政府的大力支持下，在国家税务总局的统一领导下，全国税务部门上下联动、横向互动，集全体税务人智慧，全面推进金税工程一期、二期、三期建设，实现了税务信息化的大跨越和快速提升，支撑了税收征管、保障了税收收入、提高了纳税服务水平，成为高质量推进税收现代化的重要支撑。金税工程建设取得了举世瞩目的成就，它为我国税收事业的科学发展，为我国经济建设做出了巨大的贡献。

一、金税工程概述

1994年，我国实施了以增值税为主要内容的新一轮工商税制改革，建立了以增值

① 资料来源：国家税务总局税收科学研究所. 改革开放40年 中国税收改革发展研究[M]. 北京：中国税务出版社，2018：262-285.

税为主体税种的税制体系，并实施以增值税专用发票为主要扣税凭证的增值税征管制度。随着税制改革的推进，新税制与旧的征管手段之间的矛盾日益突出，国务院决定引入现代化技术手段加强对增值税的监控管理，定名为"金税"工程，并列入了国家信息化建设重点工程。

金税工程的建设过程反映了二十几年来我国税收信息化发展的历程，是整个税收信息化的代名词，金税工程是中国税收信息化建设的统称。我国税收信息化建设始终得到了党中央、国务院高度关注，金税工程被列为我国电子政务工程重点建设的"十二金"工程之一，是重要的国家级信息工程。它依托计算机网络技术，实现全国税务机关互联互通、信息共享，不断提升全国的税收征收管理水平和纳税服务水平。金税工程的建设和运行，为税收事业科学发展做出了突出贡献。

自1994年国家分税制改革以来，国务院决定启动以加强增值税管理为主要目标的金税工程。金税工程是国家级"金"字头电子政务工程，先后经历了金税一期工程、二期工程和三期工程三个阶段，其中金税一期工程在50个城市重点建成了区县级网络版的防伪税控系统、发票交叉稽核系统，实现了发票的加密开具和小范围的交叉稽核；金税二期工程重点建成了全国网络版的"增值税发票信息采集""综合征管""增值税交叉稽核管理""出口退税管理"等关键业务系统，业务覆盖全国国税部门；金税工程三期重点建成了"一、二、三、四"，即："一个平台、两级处理、三个覆盖、四类系统"。通过金税一期(1994—1998年)、二期(1998—2002年)、三期(2003—2018年)工程建设，税收征管由手工操作向全面信息化管理转变、经验管理向数据管理转变、"以票控税"向"信息管税"的转变，极大地推动了我国税收现代化进程。

二、总体架构

金税三期工程按照"一个平台、两级处理、三个覆盖、四类系统"的总体架构进行设计建设。"一个平台"是包含网络硬件和基础软件的统一的技术基础平台；"两级处理"是依托统一的技术基础平台(包括软硬件系统和业务系统)，建立总局、省(自治区、直辖市、计划单列市)局两级数据处理中心和以省(自治区、直辖市、计划单列市)局为主、总局为辅的数据处理机制，实现涉税电子数据在总局、省(自治区、直辖市、计划单列市)局两级的集中存储、集中处理和集中管理；"三个覆盖"是应用信息系统覆盖所有税种，覆盖税务管理的重要工作环节，覆盖各级税务机关；"四个系统"是指征收管理系统、行政管理系统、决策支持系统、外部信息系统。

金税三期工程建成了覆盖总局数据中心、数据中心(南海)、71个省级局、800多个市(地)级税务局、近6 000个县(区)级税务局、近3 000个税务分局(所)，服务近80万名税务工作人员，结构化、多层次、易扩展、高性能、高可靠性的综合性网络平台，有效支撑征收管理、行政管理、决策支持和外部信息系统等应用系统和高清视频会议系统、内部电子邮件、12366 呼叫中心等增值服务的运行。

金税三期工程建成了总局数据中心和数据中心(南海)。税务总局主要部署外部信息交换、总局业务系统、决策支持系统和行政管理信息系统，总局部署自然人数据库，主要采用异步方式处理跨省业务。数据中心(南海)作为总局数据中心的容灾备份中心，同时承担部分跨省市业务处理(如增值税专用发票稽核比对、出口退税审核等)，以及总局和省(自治区、直辖市、计划单列市)级节点的备份任务。省级部署应用集成平台、核心征管、管理决策 1 包、管理决策 2 包、外部信息交换、纳税服务平台、行政管理、总局保留软件、省内特色软件等。

金税三期工程建成了征收管理、行政管理、决策支持、外部信息四大应用系统。征收管理系统包括核心征管、个人税收管理等子系统，应用覆盖了所有税种、各级税务机关和主要业务环节，统一了全国税务工作门户，统一了全国征管数据标准、口径，统一了核心征管应用系统版本，实现了总局、省局系统之间的数据共享和业务协同，大幅提高了税收管理、服务的质量和效率。行政管理系统升级并整合了综合办公、人力资源、纪检监察、财务管理等系统，实现了同一界面、统一权限、数据整合和功能整合的业务目标，提高了行政管理效能，降低了行政管理成本。决策支持系统包括查询统计、征管状况分析、报表管理、政策评估、纳税遵从风险管理、知识管理、绩效管理等子系统，实现了税务数据的综合管理、数据利用、信息增值，提升了税收数据综合分析利用水平和决策科学化水平。外部信息系统包括外部信息交换、纳税服务等子系统。依托外部信息交换系统，在总局和省级税务局建成两级数据交换平台，实现各级税务机关与外部门的涉税信息的安全、可靠交换，增强了信息管税能力，同时协助其他部门提升电子政务水平；依托纳税服务系统，为纳税人提供便捷、高效、优质的办税服务、信息服务和征纳互动服务。

三、金税工程取得的成效

金税三期工程于 2016 年 10 月如期完成建设，实现了全国联网运行，覆盖全国 36 个省、自治区、直辖市和计划单列市的 71 个省级税务局、800 多个市(地)级税务局、6 000 个县(区)级税务局、30 000 个税务分局(所)，税务机关内部用户超过 60 万人、纳税人及外部用户超过 1 亿户。截至 2016 年年底，纳入金税三期管理的纳税人总户数已达 5 986 万户，税收收入近 11.6 万亿元，是 1994 年分税制改革时的 27 倍，是 2000 年的 11.2 倍。

金税三期工程的建成实施，为税收事业科学发展、跨越发展、长远发展插上了金色的翅膀，对完善税收治理体系、提升税收治理能力、加速推进税收现代化具有里程碑式的意义。

四、金税工程的效应评价

2016年10月，金税三期工程全面上线并平稳运行，建成了规范执法、优化服务、管控风险、信息共享的“大平台”。这是我国税收现代化进程的里程碑事件，意味着我国信息管税水平的进一步提升，并将持续发挥税收管理与服务的“乘数效应”。

国家行政学院经济学部教授许正中认为：“信息化建设的难点，是20多年来首次将地税部门纳入税收信息一体化建设，实现国地税业务、流程、服务、数据的四个统一。除了办税更便捷，这几年老百姓有个明显的感受，倒卖假发票的行为越来越少了。很重要的原因，就是2015年全国推广增值税发票管理新系统，实现了发票信息自动采集、实时上传及监控等功能，大大提高以票管税的水平。”

通过实时数据采集，建立起可深度挖掘的“数据金矿”，有助于真实掌握地区、行业、企业经济发展和物流情况，及时为宏观经济决策和税收风险管理提供数据支持。不止打击假发票，这一系统还在优服务、防风险、辅决策、助反腐等方面发挥了重要作用。

这正是把“死数据”变为“活信息”的重要探索之一。自2013年起，税务总局就将数据增值应用定为信息管税的核心，通过数据分析形成不少“拳头产品”，包括完成了有关长江经济带建设、东北老工业基地振兴等分析报告，发挥了“以税资政”的重要作用。

五、金税工程展望

过去十多年，国家税务总局把推广金税三期工程作为税收信息化建设的龙头。国家税务总局局长王军要求全国税务系统紧紧拥抱“互联网+”，推进税收管理服务创新，发挥信息技术乘数效应和聚变效应，饱蘸激情从信息化的“追赶者”疾步超越为“领跑者”。进入新时代，税收现代化面临社会新的期盼、纳税人新的诉求、结合新技术蓬勃发展加速应用等，都对下一步金税工程建设提出了新的机遇与挑战。金税工程助力税务改革开放40周年，需要再出发扬帆奋进，通过建设稳固强大的信息体系，高质量地推进税收现代化。

【延伸阅读1-2】浅议区块链电子发票

随着比特币的日益火爆，区块链进入信息化舞台的中央，一时间成为各方炒作的热点。“区块链+”已经成为各个场景落地的标配，“区块链电子发票”也俨然成为下一个风口。那么，区块链电子发票真的能够解决税收管理中的痛点和难点，为“信息管税”提供有力的技术支撑吗？

我们先来看看什么是区块链？区块链(Block chain)是采用通过去中心化和去信任的方式集体维护一个可靠数据库的技术方案。该技术方案主要让参与系统中的任意多个节点，通过一串使用密码学方法相关联产生的数据块(block)，每个数据块中包含了一定时间内的系统全部信息交流数据，并且生成数据指纹用于验证其信息的有效性和链接(chain)下一个数据库块。

目前而言，区块链技术最成功的应用就是比特币。细分而言，比特币交易系统是由一个点对点分布式网络，也就是各网络节点同步数据；一份所有交易的账簿数据也就是区块链条；一个去中心化的交易验证也就是基于密码学交易安全、脚本验证交易实现合约或智能合约；一个去中心化的定量货币发行也就是分布式挖矿、矿池挖矿协议、工作量证明生成新区块，这些体现在比特币应用取得巨大成功上的区块链技术特征，可以总结出区块链技术应用的核心特征：去中心化(Decentralized)、去信任(Trustless)、集体维护(Collectively Maintain)和可靠数据库(Reliable Database)，并且由这4个特征引申出另外2个应用特征：开源(Open Source)和匿名性(Anonymity)。如果一个应用系统不具备上述这6个特征，将不能视其为真正基于区块链技术的应用，也起不到区块链技术应用的真正作用和效果。

那么什么是电子发票呢？简单地说就是发票的数字化、电子化。电子发票的基本管理模式与普通发票并无二致，它既是基本的会计原始凭证之一，是财务管理的重要工具，又是税务机关征收税款的重要依据，更是税务机关代表国家监督经济活动，维护经济秩序，保护国家财产安全的重要手段。

两相对比就可以明确得出电子发票模式与区块链的冲突之处。

一是从根本逻辑上看。区块链就是以每个区块存储所有交易账本的数据冗余为代价，实现匿名用户去中心化和去信任化的分布式数据库。区块链技术的六大特征也清晰地表明其内在逻辑与构建原理。中本聪在实现区块链设计时完美地用“公钥”与“私钥”加密和交易信息广播取代了行政授信环节的缺失，同时用比特币的经济驱动来鼓励用户提供算力和存储数据。而电子发票则有着清晰的行政授权，行政授权并没有缺失反而是重点优势环节。税务机关对发票的管理是征管法赋予的权力，也是税务机关的法定义务。从维护税收信息数据主权角度，税务机关不应该也绝不能主动放弃自身行政授信的地位，拱手交给掌握区块链51%算力的力量(掌握了区块链中51%算力，理论上就有重构链的能力)去验证发票真伪、判定增值税专用发票的有效性。在现实中这个能掌握51%算力的一般是构建私有链或者联盟链的企业或企业联盟，他们就借助区块链电子发票这个手段取得了左右税收秩序的地位，对于税务机关而言是某种意义的“渎职”。

二是从实现路径上看。目前实现区块链落地无外乎公有链、私有链和联盟链三种应用模式。有且仅有一条的公有链实现一次比特币交易写入都要10分钟时间，而且所使用的能量消耗已经需要世界警惕了。我们无法想象用公有链去存储所有税收信息数据将导致何等的能量消耗和所需要的时间。而私有链或者联盟链必须由某个或某些企业去构建和维护，构建链的某个或某些企业从技术上就有了制定规则、掌控数据的先天优势，而这些企业本身也在参与经济活动，就会造成秩序失衡。而且无论哪种实现模式，区块链落地必将导致大量的数据冗余。

三是从数据安全来看。税收信息数据安全是税收信息化必须坚守的底线，就是因为税收信息数据可以倒推所有经济数据，具有极高的“含金量”。通过分析企业的涉税数据，可以得出企业运行的情况。掌握一个企业所有的涉税信息，就掌握了它的经营情况、人员情况、销售情况、进货渠道等。如果税收信息数据存储完全依赖企业构建的私有链或者联盟链，那么资本的力量就将掌握绝对的话语权。税收秩序不再由税务机关规范而由绝对的资本去主导，后果无法想象。

因此，无论是从根本和实现路径，还是数据安全的维度，区块链在税收信息化建设中应该“一慢二看三通过”。我们在实现税收现代化进程中，一定要保持清醒的头脑，要透过现象看本质，不能盲目追求热点，牢牢把握信息化建设中税收信息数据主权、税收信息设备主权和税收信息技术主权三大底线，以我为主、因势利导。

资料来源：秦川．浅议区块链电子发票[J]．国际税收，2018(11)．

第二章　增值税纳税申报(模拟实训)

【实训目标】

熟练掌握增值税一般纳税人和小规模纳税申报表的填写方法。

【实训目的】

(一)巩固所学知识

1. 熟悉增值税的类型
2. 掌握增值税纳税人的分类及依据
3. 熟悉征税范围的具体规定
4. 掌握增值税基本税率与低税率及适用范围
5. 掌握有关增值税优惠政策
6. 掌握增值税的一般计税方法

(二)提高纳税申报操作技能

1. 掌握纳税义务发生时间
2. 了解纳税期限
3. 了解纳税地点

第一节　一般纳税人纳税申报

一、【申报流程】①

1. 单击【我要办税】→【税费申报及缴纳】。

① 为讲解方便，申报流程仅以一般纳税人为例进行说明，其他流程读者如有需要可以查询 http://liaoning.chinatax.gov.cn/。

或通过首页下方单击【我的待办】→【同步数据】→【办理】进入增值税一般纳税人申报表。

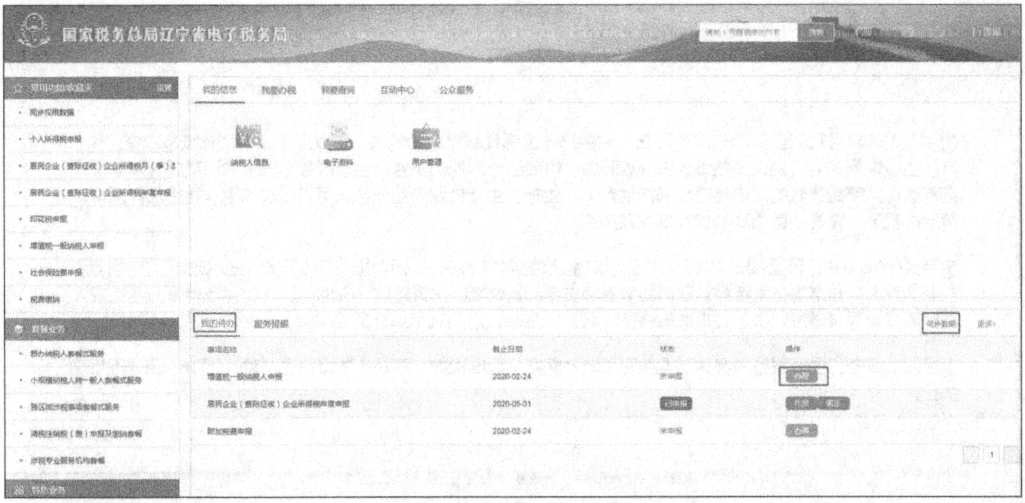

2. 单击【增值税申报】→【增值税一般纳税人申报】。

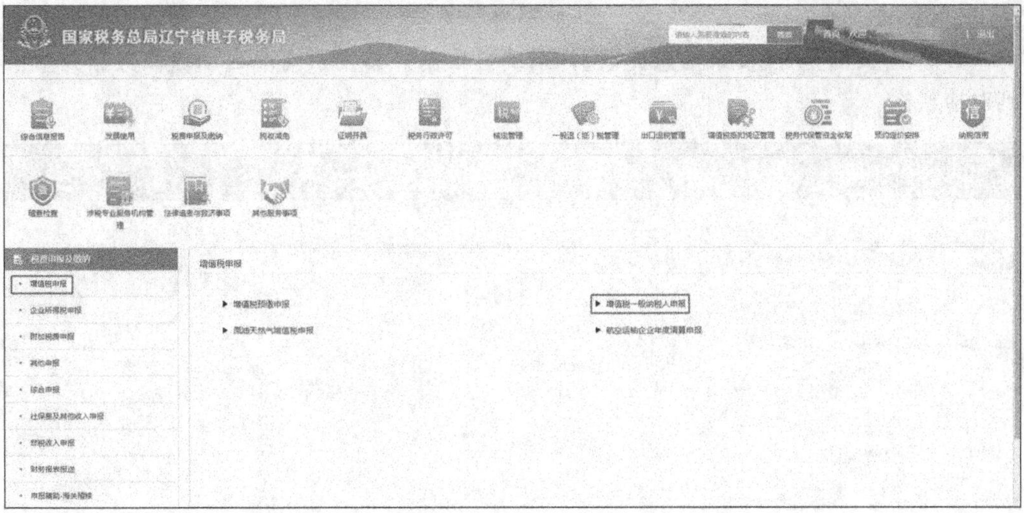

3. 若系统跳出提示加计抵减政策，有需求单击【填写声明】，无需求单击【关闭】；若系统没有跳出此提示，则可忽略此步骤。

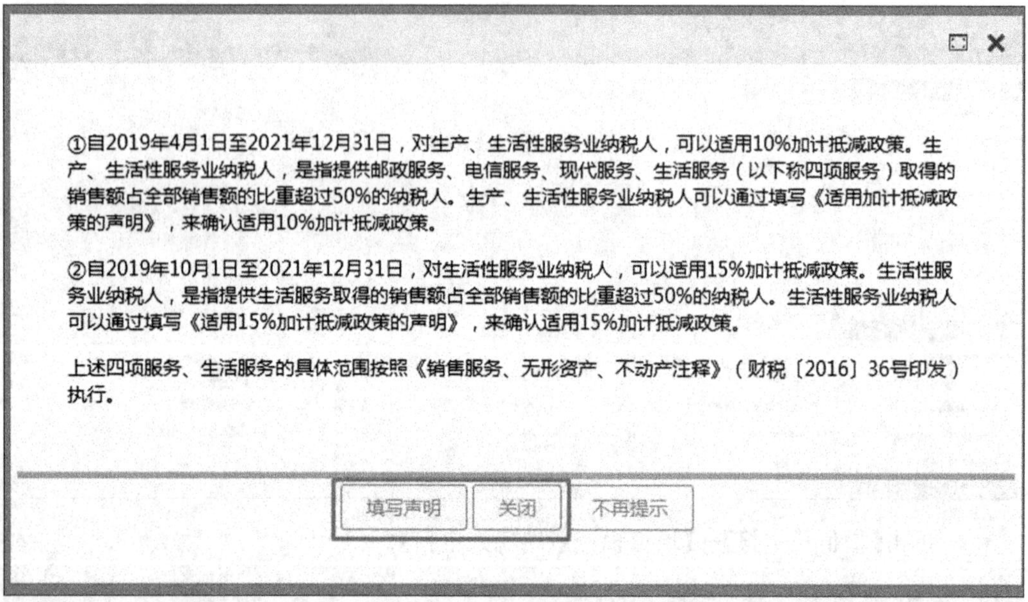

4. 单击页面上方【发票信息提取】，系统会根据开具发票情况自动提取数据并赋值到对应栏次。

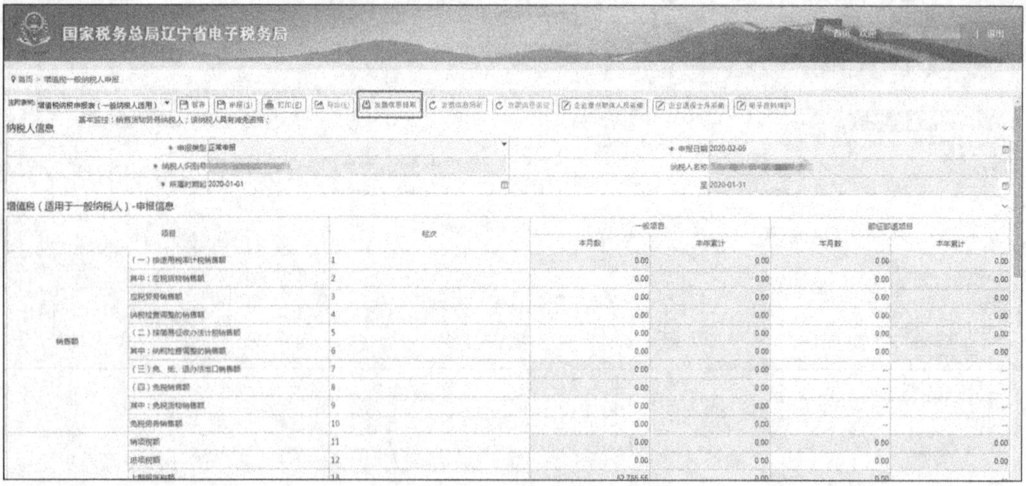

5. 发票信息提取后，单击主附表的下拉箭头，核实附表一、附表二的提取数据，若与开票数据不一致可自行修改，同时按需求填写其他附表。

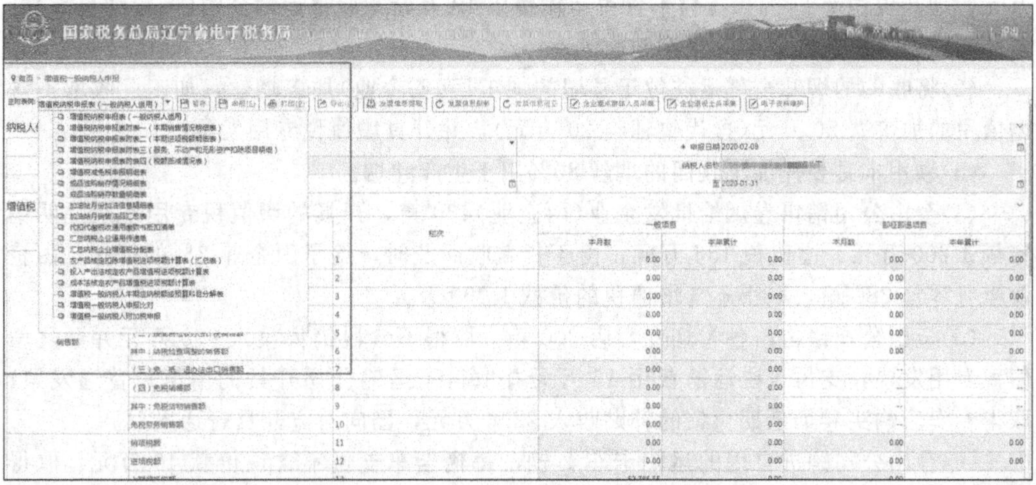

6. 表单数据填写完整后，单击【申报】，完成增值税申报。

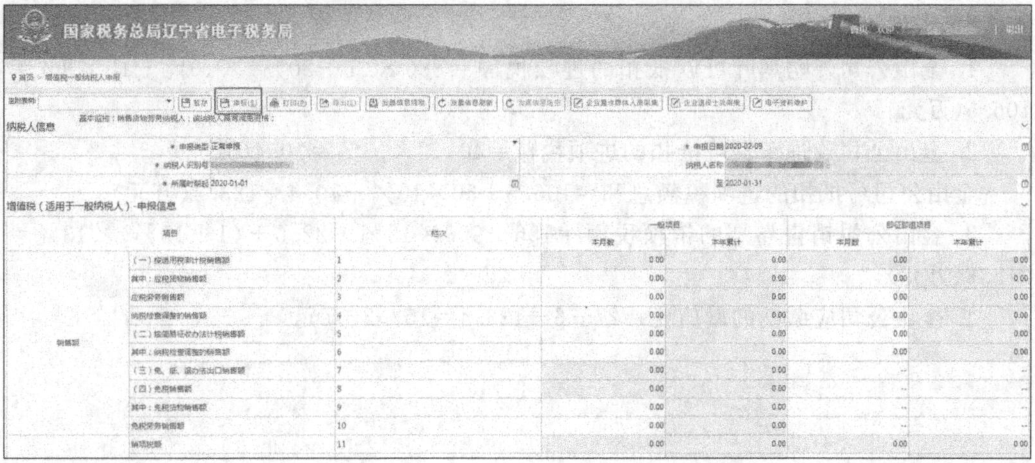

【注】

1. 单击进入增值税申报表后，系统提示未获取到进项税信息，则需要纳税人在发票综合平台进行签名确认。

2. 单击【发票提取】没有获取到数据，可尝试单击【发票刷新】获取数据。

二、【实训案例 1】

金山公司 F 省自贸区卷烟生产企业，增值税一般纳税人，2019 年 11 月有关经营情况如下：

(1)金山公司向农业生产者收购烟叶一批用于加工烟丝，实际支付的价款总额880万元，烟叶税税率20%；支付不含税运输费用10万元，取得运输公司(一般纳税人)开具的增值税专用发票，烟叶当期验收入库。

(2)将收购的烟叶全部运往位于县城的加工厂(乙企业)加工烟丝，加工厂收取不含增值税的加工费50万元(含代垫辅料20万元)，并开具增值税专用发票。

(3)领用本月委托加工收回的烟丝80%用于生产卷烟。

(4)金山公司销售卷烟给批发企业(丙企业)400箱，开具的增值税专用发票注明销售额1 200万元、增值税156万元，由于货款收回及时，给了丙企业2%的折扣；丙企业当月零售280箱，取得不含增值税的价款1 000万元。

(5)金山公司销售给各卷烟专卖店300箱，取得不含税销售收入900万元并开具增值税专用发票，支付含税运输费用15万元并取得了运输公司开具的增值税普通发票；取得专卖店购买卷烟延期付款的补贴收入22.6万元，已向对方开具普通发票。

(6)金山公司购进自用的运输卡车2辆，每辆卡车支付不含税价款40万元，取得增值税专用发票；企业购入一辆客车，用于接送职工上下班，取得增值税专用发票上注明金额为70万元。

【实训解析】

1. 金山公司外购烟叶可以抵扣的进项税额＝880×(1＋20%)×10%＋10×9%＝106.5(万元)

2. 金山公司购进车辆可抵扣的进项税额＝40×2×13%＝10.4(万元)

金山公司可抵扣的进项税额总和＝106.5＋50×13%＋10.4＝123.4(万元)

3. 金山公司销售卷烟的销项税额＝156＋900×13%＋22.6÷(1＋13%)×13%＝275.6(万元)

4. 金山公司应缴纳的增值税＝275.6－123.4＝152.2(万元)

增值税纳税申报表

(一般纳税人适用)

根据国家税收法律法规及增值税相关规定制定本表。纳税人不论有无销售额，均应按税务机关核定的纳税期限填写本表，并向当地税务机关申报。

税款所属时间：2019 年 11 月 01 日—2019 年 11 月 30 日　填表日期：2019 年 12 月 15 日

金额单位：元至角分

<table>
<tr><td>纳税人识别号</td><td>1</td><td>2</td><td>3</td><td>5</td><td>0</td><td>*</td><td>*</td><td>*</td><td>*</td><td>*</td><td>*</td><td>*</td><td>*</td><td>*</td><td>*</td><td>*</td><td>3</td><td>8</td><td>A</td><td colspan="2">所属行业：烟草制品业</td></tr>
<tr><td>纳税人名称</td><td colspan="9">金山公司(公章)</td><td colspan="5">法定代表人姓名</td><td colspan="4">李婷婷</td><td>注册地址</td><td>福州市</td><td>生产经营地址</td><td>福州市</td></tr>
<tr><td>开户银行及账号</td><td colspan="10">中国工商银行福州金山支行
14022************74</td><td colspan="3">登记注册类型</td><td colspan="6"></td><td>电话号码</td><td colspan="2">13*******23</td></tr>
</table>

<table>
<tr><td colspan="2" rowspan="2">项目</td><td rowspan="2">栏次</td><td colspan="2">一般项目</td><td colspan="2">即征即退项目</td></tr>
<tr><td>本月数</td><td>本年累计</td><td>本月数</td><td>本年累计</td></tr>
<tr><td rowspan="10">销售额</td><td>(一)按适用税率计税销售额</td><td>1</td><td>21 200 000.00</td><td>21 200 000.00</td><td></td><td></td></tr>
<tr><td>其中：应税货物销售额</td><td>2</td><td>21 200 000.00</td><td>21 200 000.00</td><td></td><td></td></tr>
<tr><td>应税劳务销售额</td><td>3</td><td></td><td></td><td></td><td></td></tr>
<tr><td>纳税检查调整的销售额</td><td>4</td><td></td><td></td><td></td><td></td></tr>
<tr><td>(二)按简易办法计税销售额</td><td>5</td><td></td><td></td><td></td><td></td></tr>
<tr><td>其中：纳税检查调整的销售额</td><td>6</td><td></td><td></td><td></td><td></td></tr>
<tr><td>(三)免、抵、退办法出口销售额</td><td>7</td><td></td><td></td><td>——</td><td>——</td></tr>
<tr><td>(四)免税销售额</td><td>8</td><td></td><td></td><td>——</td><td>——</td></tr>
<tr><td>其中：免税货物销售额</td><td>9</td><td></td><td></td><td>——</td><td>——</td></tr>
<tr><td>免税劳务销售额</td><td>10</td><td></td><td></td><td>——</td><td>——</td></tr>
<tr><td rowspan="6">税款计算</td><td>销项税额</td><td>11</td><td>2 756 000.00</td><td>2 756 000.00</td><td></td><td></td></tr>
<tr><td>进项税额</td><td>12</td><td>1 234 000.00</td><td>1 234 000.00</td><td></td><td></td></tr>
<tr><td>上期留抵税额</td><td>13</td><td></td><td></td><td></td><td>——</td></tr>
<tr><td>进项税额转出</td><td>14</td><td></td><td></td><td></td><td></td></tr>
<tr><td>免、抵、退应退税额</td><td>15</td><td></td><td></td><td>——</td><td>——</td></tr>
<tr><td>按适用税率计算的纳税检查应补缴税额</td><td>16</td><td></td><td></td><td>——</td><td>——</td></tr>
</table>

续表

项目		栏次	一般项目		即征即退项目	
			本月数	本年累计	本月数	本年累计
税款计算	应抵扣税额合计	17＝12＋13－14－15＋16	1 234 000.00	1 234 000.00		——
	实际抵扣税额	18(如 17＜11，则为 17，否则为 11)	1 234 000.00	1 234 000.00		
	应纳税额	19＝11－18	1 522 000.00	1 522 000.00		
	期末留抵税额	20＝17－18				——
	简易计税办法计算的应纳税额	21				
	按简易计税办法计算的纳税检查应补缴税额	22			——	——
	应纳税额减征额	23				
	应纳税额合计	24＝19＋21－23	1 522 000.00	1 522 000.00		
税款缴纳	期初未缴税额(多缴为负数)	25				
	实收出口开具专用缴款书退税额	26			——	——
	本期已缴税额	27＝28＋29＋30＋31				
	①分次预缴税额	28		——		——
	②出口开具专用缴款书预缴税额	29		——	——	——
	③本期缴纳上期应纳税额	30				
	④本期缴纳欠缴税额	31				
	期末未缴税额(多缴为负数)	32＝24＋25＋26－27				
	其中：欠缴税额(≥0)	33＝25＋26－27		——		——
	本期应补(退)税额	34＝24－28－29	1 522 000.00	1 522 000.00		——
	即征即退实际退税额	35	——	——		
	期初未缴查补税额	36			——	——
	本期入库查补税额	37			——	——
	期末未缴查补税额	38＝16＋22＋36－37			——	——

续表

授权声明	如果你已委托代理人申报，请填写下列资料： 为代理一切税务事宜，现授权 (地址)为本纳税人的代理申报人，任何与本申报表有关的往来文件，都可寄予此人。	申报人声明	本纳税申报表是根据国家税收法律法规及相关规定填报的，我确定它是真实的、可靠的、完整的。
	授权人签字：		声明人签字：

主管税务机关：　　　　　　　接收人：　　　　　　　接收日期：

增值税纳税申报表附列资料(一)
(本期销售情况明细)

税款所属时间：2019 年 11 月 01 日—2019 年 11 月 30 日

纳税人名称：金山公司(公章)　　　　金额单位：元至角分

项目及栏次				开具增值税专用发票		开具其他发票		未开具发票		纳税检查调整		合计			服务、不动产和无形资产扣除项目本期实际扣除金额	扣除后	
				销售额	销项(应纳)税额	销售额	销项(应纳)税额	销售额	销项(应纳)税额	销售额	销项(应纳)税额	销售额	销项(应纳)税额	价税合计		含税(免税)销售额	销项(应纳)税额
				1	2	3	4	5	6	7	8	9＝1＋3＋5＋7	10＝2＋4＋6＋8	11＝9＋10	12	13＝11－12	14＝13÷(100%＋税率或征收率)×税率或征收率
一、一般计税方法计税	全部征税项目	13%税率的货物及加工修理修配劳务	1	21 000 000.00	2 730 000.00	200 000.00	26 000.00					21 200 000.00	2 756 000.00	—	—	—	—
		13%税率的服务、不动产和无形资产	2														
		9%税率的货物及加工修理修配劳务	3											—	—	—	—
		9%税率的服务、不动产和无形资产	4														
		6%税率	5														

续表

项目及栏次				开具增值税专用发票		开具其他发票		未开具发票		纳税检查调整		合计			服务、不动产和无形资产扣除项目本期实际扣除金额	扣除后	
				销售额	销项(应纳)税额	销售额	销项(应纳)税额	销售额	销项(应纳)税额	销售额	销项(应纳)税额	销售额	销项(应纳)税额	价税合计		含税(免税)销售额	销项(应纳)税额
				1	2	3	4	5	6	7	8	9＝1＋3＋5＋7	10＝2＋4＋6＋8	11＝9＋10	12	13＝11－12	14＝13÷(100%＋税率或征收率)×税率或征收率
一、一般计税方法计税	其中：即征即退项目	即征即退货物及加工修理修配劳务	6	—	—	—	—	—	—	—	—			—	—	—	—
		即征即退服务、不动产和无形资产	7	—	—	—	—	—	—	—	—						
二、简易计税方法计税	全部征税项目	6%征收率	8							—	—			—	—	—	—
		5%征收率的货物及加工修理修配劳务	9a							—	—			—	—	—	—
		5%征收率的服务、不动产和无形资产	9b							—	—						
		4%征收率	10							—	—			—	—	—	—
		3%征收率的货物及加工修理修配劳务	11							—	—			—	—	—	—

续表

项目及栏次				开具增值税专用发票		开具其他发票		未开具发票		纳税检查调整		合计			服务、不动产和无形资产扣除项目本期实际扣除金额	扣除后	
				销售额	销项(应纳)税额	销售额	销项(应纳)税额	销售额	销项(应纳)税额	销售额	销项(应纳)税额	销售额	销项(应纳)税额	价税合计		含税(免税)销售额	销项(应纳)税额
				1	2	3	4	5	6	7	8	9＝1＋3＋5＋7	10＝2＋4＋6＋8	11＝9＋10	12	13＝11－12	14＝13÷(100％＋税率或征收率)×税率或征收率
二、简易计税方法计税	全部征税项目	3％征收率的服务、不动产和无形资产	12							—	—						
		预征率％	13a							—	—						
		预征率％	13b							—	—						
		预征率％	13c							—	—						
	其中：即征即退项目	即征即退货物及加工修理修配劳务	14	—	—	—	—	—	—	—	—			—	—	—	—
		即征即退服务、不动产和无形资产	15	—	—	—	—	—	—	—	—						
三、免抵退税	货物及加工修理修配劳务		16	—	—		—		—	—	—		—	—	—	—	—
	服务、不动产和无形资产		17	—	—		—		—	—	—		—				—
四、免税	货物及加工修理修配劳务		18				—		—	—	—		—	—	—	—	—
	服务、不动产和无形资产		19	—	—		—		—	—	—		—				—

增值税纳税申报表附列资料(二)
(本期进项税额明细)

税款所属时间：2019 年 11 月 01 日—2019 年 11 月 30 日

纳税人名称：金山公司(公章)　　　　　　　　　　　　　　　　　金额单位：元至角分

一、申报抵扣的进项税额				
项目	栏次	份数	金额	税额
(一)认证相符的增值税专用发票	1＝2＋3	2	110 000.00	11 900.00
其中：本期认证相符且本期申报抵扣	2	2	110 000.00	11 900.00
前期认证相符且本期申报抵扣	3			
(二)其他扣税凭证	4＝5＋6＋7＋8a＋8b	2	810 500.00	90 365.00
其中：海关进口增值税专用缴款书	5	1	310 500.00	40 365.00
农产品收购发票或者销售发票	6	1	500 000.00	50 000.00
代扣代缴税收缴款凭证	7		——	
加计扣除农产品进项税额	8a	——	——	
其他	8b			
(三)本期用于购建不动产的扣税凭证	9			
(四)本期用于抵扣的旅客运输服务扣税凭证	10			
(五)外贸企业进项税额抵扣证明	11	——	——	
当期申报抵扣进项税额合计	12＝1＋4＋11	4	920 500.00	102 265.00

二、进项税额转出额		
项目	栏次	税额
本期进项税额转出额	13＝14～23 之和	
其中：免税项目用	14	
集体福利、个人消费	15	
非正常损失	16	
简易计税方法征税项目用	17	

续表

二、进项税额转出额				
项目	栏次	税额		
免抵退税办法不得抵扣的进项税额	18			
纳税检查调减进项税额	19			
红字专用发票信息表注明的进项税额	20			
上期留抵税额抵减欠税	21			
上期留抵税额退税	22			
其他应作进项税额转出的情形	23			
三、待抵扣进项税额				
项目	栏次	份数	金额	税额
(一)认证相符的增值税专用发票	24	——	——	——
期初已认证相符但未申报抵扣	25			
本期认证相符且本期未申报抵扣	26			
期末已认证相符但未申报抵扣	27			
其中：按照税法规定不允许抵扣	28			
(二)其他扣税凭证	29＝30～33之和			
其中：海关进口增值税专用缴款书	30			
农产品收购发票或者销售发票	31			
代扣代缴税收缴款凭证	32		——	
其他	33			
	34			
四、其他				
项目	栏次	份数	金额	税额
本期认证相符的增值税专用发票	35			
代扣代缴税额	36	——	——	

增值税纳税申报表附列资料(三)

(服务、不动产和无形资产扣除项目明细)

税款所属时间：2019年11月01日—2019年11月30日

纳税人名称：金山公司(公章)　　　　金额单位：元至角分

项目及栏次		本期服务、不动产和无形资产价税合计额(免税销售额)	服务、不动产和无形资产扣除项目				
			期初余额	本期发生额	本期应扣除金额	本期实际扣除金额	期末余额
		1	2	3	4=2+3	5(5≤1且5≤4)	6=4-5
13%税率的项目	1						
9%税率的项目	2						
6%税率的项目(不含金融商品转让)	3						
6%税率的金融商品转让项目	4						
5%征收率的项目	5						
3%征收率的项目	6						
免抵退税的项目	7						
免税的项目	8						

纳税申增值税报表附列资料(四)

(税额抵减情况表)

税款所属时间：2019 年 11 月 01 日—2019 年 11 月 30 日

纳税人名称：(公章)金山公司　　　　　　　　　　　　　　　　金额单位：元至角分

一、税额抵减情况						
序号	抵减项目	期初余额	本期发生额	本期应抵减税额	本期实际抵减税额	期末余额
		1	2	3=1+2	4≤3	5=3-4
1	增值税税控系统专用设备费及技术维护费					
2	分支机构预征缴纳税款					
3	建筑服务预征缴纳税款					
4	销售不动产预征缴纳税款					
5	出租不动产预征缴纳税款					

二、加计抵减情况							
序号	加计抵减项目	期初余额	本期发生额	本期调减额	本期可抵减额	本期实际抵减额	期末余额
		1	2	3	4=1+2-3		6=4-5
6	一般项目加计抵减额计算						
7	即征即退项目加计抵减额计算						
8	合计						

增值税减免税申报明细表

税款所属时间：2019 年 11 月 01 日—2019 年 11 月 30 日

纳税人名称：(公章)金山公司　　　　金额单位：元至角分

一、减税项目						
减税性质代码及名称	栏次	期初余额	本期发生额	本期应抵减税额	本期实际抵减税额	期末余额
		1	2	3=1+2	4≤3	5=3-4
合计	1					
	2					
	3					
	4					
	5					
	6					

二、免税项目						
免税性质代码及名称	栏次	免征增值税项目销售额	免税销售额扣除项目本期实际扣除金额	扣除后免税销售额	免税销售额对应的进项税额	免税额
		1	2	3=1-2	4	5
合计	7					
出口免税	8		—	—	—	—
其中：跨境服务	9		—	—	—	—
	10					
	11					
	12					
	13					
	14					
	15					
	16					

【延伸阅读 2-1】G20 国家增值税税率表

国别	税率(%)	数据更新时间
阿根廷	21	2020 年 2 月
澳大利亚	10	2020 年 2 月
巴西	17	2020 年 2 月
加拿大	5	2020 年 2 月
中国	13	2020 年 2 月
欧元区	20.8	2018 年 12 月
法国	20	2020 年 2 月
德国	19	2020 年 2 月
印度	18	2020 年 2 月
印度尼西亚	10	2019 年 12 月
意大利	22	2020 年 2 月
日本	10	2020 年 2 月
墨西哥	16	2020 年 2 月
荷兰	21	2020 年 2 月
俄罗斯	20	2020 年 2 月
沙特阿拉伯	5	2020 年 1 月
新加坡	7	2020 年 2 月
南非	15	2019 年 12 月
韩国	10	2020 年 2 月
西班牙	21	2020 年 2 月
瑞士	7.7	2020 年 2 月
土耳其	18	2020 年 2 月
英国	20	2020 年 2 月
美国	0	2020 年 2 月

资料来源：https://zh.tradingeconomics.com/.

三、【实训案例 2】

位于A县城的某筷子生产企业系增值税一般纳税人，2020年3月发生以下业务。

(1)月初进口一批原木筷子用于加工工艺筷子，成交价折合人民币20万元，另向境外支付包装材料和包装劳务费用合计折合人民币1万元，支付运抵我国海关前的运杂费和保险费折合人民币2万元。企业按规定缴纳了关税、进口增值税并取得了海关开具的完税凭证。为将货物从海关运往企业所在地，企业支付运输费5万元，尚未取得增值税专用发票。

(2)委托某商场代销原木工艺筷子5 000套，双方约定，待5 000套全部售出并取得代销清单后，企业再开具增值税专用发票给商场。本月底尚未收到代销清单，但已收到其中的3 000套不含税货款30万元。

(3)将原木工艺筷子4 000套按100元/套的不含税价格赊销给某代理商，双方约定，下个月的25日付款，届时再开具增值税专用发票。

(4)将自产原木工艺筷子1 000套在展销会上作为样品，在展销会结束后无偿赠送给参展的其他客商。

(5)向林业生产者收购一批原木用于生产木制一次性筷子，给林业生产者开具了经主管税收机关批准使用的农产品收购凭证，实际支付的价款总额为50万元，收购款已支付。该批原木通过铁路运往企业所在地，企业支付不含税运输费6万元，取得增值税专用发票。

(6)将成本为20万元的原木移送给位于某市市区的一加工企业，委托其加工成木制一次性筷子，本月收回并取得增值税专用发票，专用发票上注明的加工费及辅料费金额共计5万元。本月将其全部销售，取得不含税销售额40万元。

(7)外购低值易耗品、电力，支付含税价款合计6万元，取得增值税普通发票。

(8)销售本企业已使用了10年的某台机器设备，取得含税销售额21万元。购买该设备时取得的普通发票注明的金额为40万元，本月账面净值为18万元。

(9)销售位于B县的厂房一幢，取得含增值税销售额4 200万元。该厂房系2012年外购，购买价2 300万元。该企业选择简易计税。

(10)将在A县10年购置的办公楼出租，租期1年，2020年3月取得含增值税收入30万元。该企业选择简易计税。

说明：①假设原木筷子的进口关税税率为35%；②木制一次性筷子的消费税税率为5%；③本月取得的合法票据均在本月认证并申报抵扣；④本题简易计税均开具的普通发票。

【实训解析】

1. 应缴纳的进口关税＝(20＋1＋2)×35%＝8.05(万元)

2. 应缴纳的进口增值税＝(20＋1＋2＋8.05)×13％＝4.0365(万元)

3. 代销红木工艺筷子销项税额＝30×13％＝3.9(万元)

【提示】委托代销货物，纳税义务发生时间为收到代销单位的代销清单、收到全部或者部分货款的当天或者发出货物满180天，收到部分货款也要缴纳增值税。

4. 本月赊销原木工艺筷子销项税额＝0(万元)

【提示】采取赊销方式销售货物，纳税义务发生时间为书面合同约定的收款日期当天，没有书面合同约定，纳税义务发生时间为货物发出的当天。

5. 展销会样品无偿赠送给参展客商的增值税销项税额＝1 000×0.01×13％＝1.3(万元)

6. 销售使用过的机器设备应缴纳的增值税＝21÷(1＋3％)×2％＝0.41(万元)

7. 需要在B县税务机关预缴增值税。

预缴增值税税额＝(4 200－2 300)÷(1＋5％)×5％＝90.48(万元)

8. 由于机构所在地与不动产所在地在同一县，因此无须预缴出租不动产的增值税。

9. 销项税额＝3.9＋1.3＋40×13％＝10.4(万元)

进项税额＝4.0365＋50×10％＋6×9％＋5×13％＝10.2265(万元)

【提示】收购原木用于生产13％税率的木制一次性筷子，适用10％的扣除率。

应纳增值税＝10.4－10.2265＋0.41＋90.48＋30÷(1＋5％)×5％－90.48

＝2.01(万元)

【提示】由于四舍五入会有尾差。

增值税纳税申报表
(一般纳税人适用)

根据国家税收法律法规及增值税相关规定制定本表。纳税人不论有无销售额，均应按税务机关核定的纳税期限填写本表，并向当地税务机关申报。

税款所属时间：自 2020 年 03 月 01 日—2020 年 03 月 31 日　填表日期：2020 年 04 月 02 日

金额单位：元至角分

纳税人识别号	12350*********38A				所属行业：原木筷子制品业	
纳税人名称	金山公司(公章)	法定代表人姓名	李婷婷	注册地址	A 县城	生产经营地址
开户银行及账号		登记注册类型	内资企业		电话号码	13 ******* 23

	项目	栏次	一般项目		即征即退项目	
			本月数	本年累计	本月数	本年累计
销售额	(一)按适用税率计税销售额	1	800 000.00	800 000.00		
	其中:应税货物销售额	2	800 000.00	800 000.00		
	应税劳务销售额	3		—		
	纳税检查调整的销售额	4		—		
	(二)按简易办法计税销售额	5	40 489 597.78	40 489 597.78		
	其中:纳税检查调整的销售额	6		—		
	(三)免、抵、退办法出口销售额	7		—		—
	(四)免税销售额	8		—	—	—
	其中:免税货物销售额	9		—		—
	免税劳务销售额	10		—	—	—
税款计算	销项税额	11	104 000.00	104 000.00		
	进项税额	12	102 265.00	102 265.00		
	上期留抵税额	13		—		—
	进项税额转出	14		—		
	免、抵、退应退税额	15		—	—	—
	按适用税率计算的纳税检查应补缴税额	16		—	—	—
	应抵扣税额合计	17=12+13−14−15+16	102 265.00	102 265.00		—

续表

项目		栏次	一般项目		即征即退项目	
			本月数	本年累计	本月数	本年累计
税款计算	实际抵扣税额	18(如 17<11,则为 17,否则为 11)	102 265.00	102 265.00		
	应纳税额	19=11-18	1 735.00	1 735.00		
	期末留抵税额	20=17-18	—	—		—
	简易计税办法计算的应纳税额	21	925 164.12	925 164.12		
	按简易计税办法计算的纳税检查应补缴税额	22		—	—	—
	应纳税额减征额	23	2 038.83	2 038.83		
	应纳税额合计	24=19+21-23	924 860.29	924 860.29		
税款缴纳	期初未缴税额(多缴为负数)	25		—		
	实收出口开具专用缴款书退税额	26		—	—	—
	本期已缴税额	27=28+29+30+31	904 800.00	904 800.00		
	①分次预缴税额	28	904 800.00	904 800.00		—
	②出口开具专用缴款书预缴税额	29		—	—	—
	③本期缴纳上期应纳税额	30		—		
	④本期缴纳欠缴税额	31		—		
	期末未缴税额(多缴为负数)	32=24+25+26-27	20 060.29	20 060.29		
	其中:欠缴税额(≥0)	33=25+26-27		—		—
	本期应补(退)税额	34=24-28-29		—		
	即征即退实际退税额	35	—	—		
	期初未缴查补税额	36		—	—	—
	本期入库查补税额	37		—	—	—
	期末未缴查补税额	38=16+22+36-37		—	—	—

续表

<table>
<tr><td rowspan="2">授权声明</td><td>如果你已委托代理人申报，请填写下列资料：
为代理一切税务事宜，现授权

(地址)为本纳税人的代理申报人，任何与本申报表有关的往来文件，都可寄予此人。</td><td rowspan="2">申报人声明</td><td>本纳税申报表是根据国家税收法律法规及相关规定填报的，我确定它是真实的、可靠的、完整的。</td></tr>
<tr><td>授权人签字：</td><td>声明人签字：</td></tr>
</table>

主管税务机关：　　　　　　　　　　接收人：　　　　　　　　　　接收日期：

增值税纳税申报表附列资料(一)
(本期销售情况明细)

税款所属时间：2020 年 03 月 01 日—2020 年 03 月 31 日

纳税人名称：(公章)金山公司　　　　金额单位：元至角分

项目及栏次				开具增值税专用发票		开具其他发票		未开具发票		纳税检查调整		合计			服务、不动产和无形资产扣除项目本期实际扣除金额	扣除后	
				销售额	销(项)税	销售额	销项(应纳)税额	销售额	销项(应纳)税额	销售额	销项(应纳)税额	销售额	销项(应纳)税额	价税合计		含税(免税)销售额	销项(应纳)税额
				1	2	3	4	5	6	7	8	9=1+3+5+7	10=2+4+6+8	11=9+10	12	13=11−12	14=13÷(100%+税率或征收率)×税率或征收率
一、一般计税方法计税	全部征税项目	13%税率的货物及加工修理修配劳务	1	400 000.00	52 000.00	—	—	400 000.00	52 000.00	—	—	800 000.00	104 000.00	904 000.00	— —	—	
		13%税率的服务、不动产和无形资产	2														
		9%税率的货物及加工修理修配劳务	3											—	— —	—	
		9%税率的服务、不动产和无形资产	4														
		6%税率	5														
	其中：即征即退项目	即征即退货物及加工修理修配劳务	6	—	—	—	—	—	—	—	—			—	— —	—	
		即征即退服务、不动产和无形资产	7	—	—	—	—	—	—	—	—						

续表

项目及栏次			开具增值税专用发票		开具其他发票		未开具发票		纳税检查调整		合计			服务、不动产和无形资产扣除项目本期实际扣除金额	扣除后	
			销售额	销(项)税	销售额	销项(应纳)税额	销售额	销项(应纳)税额	销售额	销项(应纳)税额	销售额	销项(应纳)税额	价税合计		含税(免税)销售额	销项(应纳)税额
			1	2	3	4	5	6	7	8	9=1+3+5+7	10=2+4+6+8	11=9+10	12	13=11−12	14=13÷(100%+税率或征收率)×税率或征收率
二、简易计税方法计税	全部征税项目	6%征收率 8							—	—			—	—	—	—
		5%征收率的货物及加工修理修配劳务 9a							—	—			—	—	—	—
		5%征收率的服务、不动产和无形资产 9b			285 714.29	14 285.71			—	—	285 714.29	14 285.71	300 000.00	—		
		4%征收率 10							—	—	—	—	—	—	—	—
		3%征收率的货物及加工修理修配劳务 11			203 883.50	4 077.67			—	—	203 883.50	4 077.67	210 000.00	—	—	—
		3%征收率的服务、不动产和无形资产 12							—	—	—		—	—	—	—
		预征率5% 13a			40 000 000.00	904 761.90			—	—	40 000 000.00	904 761.90	42 000 000.00	23 000 000.00	19 000 000.00	904 761.90
		预征率% 13b							—	—						
		预征率% 13c							—	—						

续表

项目及栏次				开具增值税专用发票		开具其他发票		未开具发票		纳税检查调整		合计			服务、不动产和无形资产扣除项目本期实际扣除金额		扣除后	
				销售额	销(项)税	销售额	销项(应纳)税额	销售额	销项(应纳)税额	销售额	销项(应纳)税额	销售额	销项(应纳)税额	价税合计			含税(免税)销售额	销项(应纳)税额
				1	2	3	4	5	6	7	8	9=1+3+5+7	10=2+4+6+8	11=9+10	12		13=11−12	14=13÷(100%+税率或征收率)×税率或征收率
二、简易计税方法计税	其中：即征即退项目	即征即退货物及加工修理修配劳务	14	—	—	—	—	—	—	—	—			—	—	—		—
		即征即退服务、不动产和无形资产	15	—	—	—	—	—	—	—	—							
三、免抵退税		货物及加工修理修配劳务	16	—	—		—		—	—	—		—	—	—	—		—
		服务、不动产和无形资产	17	—	—		—		—	—	—		—					—
四、免税		货物及加工修理修配劳务	18				—		—	—	—		—	—	—	—		—
		服务、不动产和无形资产	19	—	—		—		—	—	—		—					—

增值税纳税申报表附列资料(二)
(本期进项税额明细)

税款所属时间：2020 年 03 月 01 日—2020 年 03 月 31 日

纳税人名称：(公章)金山公司　　　　金额单位：元至角分

一、申报抵扣的进项税额				
项目	栏次	份数	金额	税额
(一)认证相符的增值税专用发票	1＝2＋3	2	110 000.00	11 900.00
其中：本期认证相符且本期申报抵扣	2	2	110 000.00	11 900.00
前期认证相符且本期申报抵扣	3			
(二)其他扣税凭证	4＝5＋6＋7＋8a＋8b	2	810 500.00	90 365.00
其中：海关进口增值税专用缴款书	5	1	310 500.00	40 365.00
农产品收购发票或者销售发票	6	1	500 000.00	50 000.00
代扣代缴税收缴款凭证	7		—	
加计扣除农产品进项税额	8a	—	—	
其他	8b			
(三)本期用于购建不动产的扣税凭证	9			
(四)本期用于抵扣的旅客运输服务扣税凭证	10			
(五)外贸企业进项税额抵扣证明	11	—	—	
当期申报抵扣进项税额合计	12＝1＋4＋11	4	920 500.00	102 265.00

二、进项税额转出额		
项目	栏次	税额
本期进项税额转出额	13＝14～23 之和	
其中：免税项目用	14	
集体福利、个人消费	15	
非正常损失	16	
简易计税方法征税项目用	17	
免抵退税办法不得抵扣的进项税额	18	
纳税检查调减进项税额	19	
红字专用发票信息表注明的进项税额	20	
上期留抵税额抵减欠税	21	

续表

二、进项税额转出额				
项目	栏次	税额		
上期留抵税额退税	22			
其他应作进项税额转出的情形	23			
三、待抵扣进项税额				
项目	栏次	份数	金额	税额
(一)认证相符的增值税专用发票	24	—	—	—
期初已认证相符但未申报抵扣	25			
本期认证相符且本期未申报抵扣	26			
期末已认证相符但未申报抵扣	27			
其中：按照税法规定不允许抵扣	28			
(二)其他扣税凭证	29＝30～33之和			
其中：海关进口增值税专用缴款书	30			
农产品收购发票或者销售发票	31			
代扣代缴税收缴款凭证	32		—	
其他	33			
	34			
四、其他				
项目	栏次	份数	金额	税额
本期认证相符的增值税专用发票	35			
代扣代缴税额	36	—	—	

增值税纳税申报表附列资料(三)

(服务、不动产和无形资产扣除项目明细)

税款所属时间：2020 年 03 月 01 日—2020 年 03 月 31 日

纳税人名称：金山公司(公章)　　　　金额单位：元至角分

项目及栏次		本期服务、不动产和无形资产价税合计额(免税销售额)	服务、不动产和无形资产扣除项目				
			期初余额	本期发生额	本期应扣除金额	本期实际扣除金额	期末余额
		1	2	3	4=2+3	5(5≤1 且 5≤4)	6=4−5
13%税率的项目	1						
9%税率的项目	2						
6%税率的项目(不含金融商品转让)	3						
6%税率的金融商品转让项目	4						
5%征收率的项目	5	42 000 000.00	—	23 000 000.00	23 000 000.00	23 000 000.00	—
3%征收率的项目	6						
免抵退税的项目	7						
免税的项目	8						

增值税纳税申报表附列资料(四)
(税额抵减情况表)

税款所属时间：2020 年 03 月 01 日—2020 年 03 月 31 日

纳税人名称：(公章)金山公司　　　　金额单位：元至角分

一、税额抵减情况						
序号	抵减项目	期初余额	本期发生额	本期应抵减税额	本期实际抵减税	期末余额
		1	2	3=1+2	4≤3	5=3−4
1	增值税税控系统专用设备费及技术维护费					
2	分支机构预征缴纳税款					
3	建筑服务预征缴纳税款					
4	销售不动产预征缴纳税款	—	904 800.00	904 800.00	904 800.00	—
5	出租不动产预征缴纳税款					

二、加计抵减情况							
序号	加计抵减项目	期初余额	本期发生额	本期调减额	本期可抵减额	本期实际抵减额	期末余额
		1	2	3	4=1+2−3	5	6=4−5
6	一般项目加计抵减额计算						
7	即征即退项目加计抵减额计算						
8	合计						

增值税减免税申报明细表

税款所属时间：2020 年 03 月 01 日—2020 年 03 月 03 日

纳税人名称(公章)：金山公司　　　　　　　　　　金额单位：元至角分

一、减税项目						
减税性质代码及名称	栏次	期初余额	本期发生额	本期应抵减税额	本期实际抵减税额	期末余额
		1	2	3＝1＋2	4≤3	5＝3－4
合计	1					
	2					
	3					
	4					
	5					
	6					
二、免税项目						
免税性质代码及名称	栏次	免征增值税项目销售额	免税销售额扣除项目本期实际扣除金额	扣除后免税销售额	免税销售额对应的进项税额	免税额
		1	2	3＝1－2	4	5
合计	7					
出口免税	8		—	—	—	—
其中：跨境服务	9		—	—	—	—
	10					
	11					
	12					
	13					

《增值税纳税申报表》填写说明

本纳税申报表及其附列资料填写说明(以下简称本表及填写说明)适用于增值税一般纳税人(以下简称纳税人)。

一、名词解释

(一)本表及填写说明所称"货物",是指增值税的应税货物。

(二)本表及填写说明所称"劳务",是指增值税的应税加工、修理、修配劳务。

(三)本表及填写说明所称"服务、不动产和无形资产",是指销售服务、不动产和无形资产。

(四)本表及填写说明所称"按适用税率计税""按适用税率计算"和"一般计税方法",均指按"应纳税额=当期销项税额-当期进项税额"公式计算增值税应纳税额的计税方法。

(五)本表及填写说明所称"按简易办法计税""按简易征收办法计算"和"简易计税方法",均指按"应纳税额=销售额×征收率"公式计算增值税应纳税额的计税方法。

(六)本表及填写说明所称"扣除项目",是指纳税人销售服务、不动产和无形资产,在确定销售额时,按照有关规定允许其从取得的全部价款和价外费用中扣除价款的项目。

二、《增值税纳税申报表(一般纳税人适用)》填写说明

(一)"税款所属时间":指纳税人申报的增值税应纳税额的所属时间,应填写具体的起止年、月、日。

(二)"填表日期":指纳税人填写本表的具体日期。

(三)"纳税人识别号":填写纳税人的税务登记证件号码(统一社会信用代码)。

(四)"所属行业":按照国民经济行业分类与代码中的小类行业填写。

(五)"纳税人名称":填写纳税人单位名称全称。

(六)"法定代表人姓名":填写纳税人法定代表人的姓名。

(七)"注册地址":填写纳税人税务登记证件所注明的详细地址。

(八)"生产经营地址":填写纳税人实际生产经营地的详细地址。

(九)"开户银行及账号":填写纳税人开户银行的名称和纳税人在该银行的结算账户号码。

(十)"登记注册类型":按纳税人税务登记证件的栏目内容填写。

(十一)"电话号码":填写可联系到纳税人的常用电话号码。

(十二)"即征即退项目"列:填写纳税人按规定享受增值税即征即退政策的货物、劳务和服务、不动产、无形资产的征(退)税数据。

(十三)"一般项目"列:填写除享受增值税即征即退政策以外的货物、劳务和服务、不动产、无形资产的征(免)税数据。

(十四)"本年累计"列:一般填写本年度内各月"本月数"之和。其中,第13、20、25、32、36、38栏及第18栏"实际抵扣税额""一般项目"列的"本年累计"分别按本填写说明第(二十七)、(三十四)、(三十九)、(四十六)、(五十)、(五十二)条要求填写。

(十五)第1栏"(一)按适用税率计税销售额":填写纳税人本期按一般计税方法计算缴纳增值税的销售额,包含:在财务上不作销售但按税法规定应缴纳增值税的视同销售和价外费用的销售额;外贸企业作价销售进料加工复出口货物的销售额;税务、财政、审计部门检查后按一般计税方法计算调整的销售额。

营业税改征增值税的纳税人，服务、不动产和无形资产有扣除项目的，本栏应填写扣除之前的不含税销售额。

本栏“一般项目”列“本月数”=《附列资料(一)》第9列第1～5行之和－第9列第6、7行之和；

本栏“即征即退项目”列“本月数”=《附列资料(一)》第9列第6、7行之和。

(十六)第2栏“其中：应税货物销售额”：填写纳税人本期按适用税率计算增值税的应税货物的销售额。包含在财务上不作销售但按税法规定应缴纳增值税的视同销售货物和价外费用销售额，以及外贸企业作价销售进料加工复出口货物的销售额。

(十七)第3栏“应税劳务销售额”：填写纳税人本期按适用税率计算增值税的应税劳务的销售额。

(十八)第4栏“纳税检查调整的销售额”：填写纳税人因税务、财政、审计部门检查，并按一般计税方法在本期计算调整的销售额，但享受增值税即征即退政策的货物、劳务和服务、不动产、无形资产，经纳税检查属于偷税的，不填入“即征即退项目”列，而应填入“一般项目”列。

营业税改征增值税的纳税人，服务、不动产和无形资产有扣除项目的，本栏应填写扣除之前的不含税销售额。

本栏“一般项目”列“本月数”=《附列资料(一)》第7列第1～5行之和。

(十九)第5栏“按简易办法计税销售额”：填写纳税人本期按简易计税方法计算增值税的销售额。包含纳税检查调整按简易计税方法计算增值税的销售额。

营业税改征增值税的纳税人，服务、不动产和无形资产有扣除项目的，本栏应填写扣除之前的不含税销售额；服务、不动产和无形资产按规定汇总计算缴纳增值税的分支机构，其当期按预征率计算缴纳增值税的销售额也填入本栏。

本栏“一般项目”列“本月数”≥《附列资料(一)》第9列第8～13b行之和－第9列第14、15行之和；

本栏“即征即退项目”列“本月数”≥《附列资料(一)》第9列第14、15行之和。

(二十)第6栏“其中：纳税检查调整的销售额”：填写纳税人因税务、财政、审计部门检查，并按简易计税方法在本期计算调整的销售额，但享受增值税即征即退政策的货物、劳务和服务、不动产、无形资产，经纳税检查属于偷税的，不填入“即征即退项目”列，而应填入“一般项目”列。

营业税改征增值税的纳税人，服务、不动产和无形资产有扣除项目的，本栏应填写扣除之前的不含税销售额。

(二十一)第7栏“免、抵、退办法出口销售额”：填写纳税人本期适用免、抵、退税办法的出口货物、劳务和服务、无形资产的销售额。

营业税改征增值税的纳税人，服务、无形资产有扣除项目的，本栏应填写扣除之前的销售额。

本栏“一般项目”列“本月数”=《附列资料(一)》第9列第16、17行之和。

(二十二)第8栏“免税销售额”：填写纳税人本期按照税法规定免征增值税的销售额和适用零税率的销售额，但零税率的销售额中不包括适用免、抵、退税办法的销售额。

营业税改征增值税的纳税人，服务、不动产和无形资产有扣除项目的，本栏应填写扣除之前的免税销售额。

本栏“一般项目”列“本月数”=《附列资料(一)》第9列第18、19行之和。

(二十三)第9栏“其中：免税货物销售额”：填写纳税人本期按照税法规定免征增值税的货物销售

额及适用零税率的货物销售额，但零税率的销售额中不包括适用免、抵、退税办法出口货物的销售额。

(二十四)第10栏“免税劳务销售额”：填写纳税人本期按照税法规定免征增值税的劳务销售额及适用零税率的劳务销售额，但零税率的销售额中不包括适用免、抵、退税办法的劳务的销售额。

(二十五)第11栏“销项税额”：填写纳税人本期按一般计税方法计税的货物、劳务和服务、不动产、无形资产的销项税额。

营业税改征增值税的纳税人，服务、不动产和无形资产有扣除项目的，本栏应填写扣除之后的销项税额。

本栏“一般项目”列“本月数”=《附列资料(一)》(第10列第1、3行之和－第10列第6行)+(第14列第2、4、5行之和－第14列第7行)；

本栏“即征即退项目”列“本月数”=《附列资料(一)》第10列第6行+第14列第7行。

(二十六)第12栏“进项税额”：填写纳税人本期申报抵扣的进项税额。

本栏“一般项目”列“本月数”+“即征即退项目”列“本月数”=《附列资料(二)》第12栏“税额”。

(二十七)第13栏“上期留抵税额”：“本月数”按上一税款所属期申报表第20栏“期末留抵税额”“本月数”填写。本栏“一般项目”列“本年累计”不填写。

(二十八)第14栏“进项税额转出”：填写纳税人已经抵扣，但按税法规定本期应转出的进项税额。

本栏“一般项目”列“本月数”+“即征即退项目”列“本月数”=《附列资料(二)》第13栏“税额”。

(二十九)第15栏“免、抵、退应退税额”：反映税务机关退税部门按照出口货物、劳务和服务、无形资产免、抵、退办法审批的增值税应退税额。

(三十)第16栏“按适用税率计算的纳税检查应补缴税额”：填写税务、财政、审计部门检查，按一般计税方法计算的纳税检查应补缴的增值税税额。

本栏“一般项目”列“本月数”≤《附列资料(一)》第8列第1～5行之和+《附列资料(二)》第19栏。

(三十一)第17栏“应抵扣税额合计”：填写纳税人本期应抵扣进项税额的合计数。按表中所列公式计算填写。

(三十二)第18栏“实际抵扣税额”：“本月数”按表中所列公式计算填写。本栏“一般项目”列“本年累计”不填写。

(三十三)第19栏“应纳税额”：反映纳税人本期按一般计税方法计算并应缴纳的增值税额。

1. 适用加计抵减政策的纳税人，按以下公式填写。

本栏“一般项目”列“本月数”=第11栏“销项税额”“一般项目”列“本月数”－第18栏“实际抵扣税额”“一般项目”列“本月数”－“实际抵减额”；

本栏“即征即退项目”列“本月数”=第11栏“销项税额”“即征即退项目”列“本月数”－第18栏“实际抵扣税额”“即征即退项目”列“本月数”－“实际抵减额”。

适用加计抵减政策的纳税人是指，按照规定计提加计抵减额，并可从本期适用一般计税方法计算的应纳税额中抵减的纳税人(下同)。“实际抵减额”是指按照规定可从本期适用一般计税方法计算的应纳税额中抵减的加计抵减额，分别对应《附列资料(四)》第6行“一般项目加计抵减额计算”、第7行“即征即退项目加计抵减额计算”的“本期实际抵减额”列。

2. 其他纳税人按表中所列公式填写。

(三十四)第20栏“期末留抵税额”：“本月数”按表中所列公式填写。本栏“一般项目”列“本年累计"不填写。

(三十五)第 21 栏"简易计税办法计算的应纳税额"：反映纳税人本期按简易计税方法计算并应缴纳的增值税额，但不包括按简易计税方法计算的纳税检查应补缴税额。按以下公式计算填写。

本栏"一般项目"列"本月数"=《附列资料(一)》(第 10 列第 8、9a、10、11 行之和－第 10 列第 14 行)+(第 14 列第 9b、12、13a、13b 行之和－第 14 列第 15 行)；

本栏"即征即退项目"列"本月数"=《附列资料(一)》第 10 列第 14 行+第 14 列第 15 行。

营业税改征增值税的纳税人，服务、不动产和无形资产按规定汇总计算缴纳增值税的分支机构，应将预征增值税额填入本栏。预征增值税额=应预征增值税的销售额×预征率。

(三十六)第 22 栏"按简易计税办法计算的纳税检查应补缴税额"：填写纳税人本期因税务、财政、审计部门检查并按简易计税方法计算的纳税检查应补缴税额。

(三十七)第 23 栏"应纳税额减征额"：填写纳税人本期按照税法规定减征的增值税应纳税额。包含按照规定可在增值税应纳税额中全额抵减的增值税税控系统专用设备费用及技术维护费。

当本期减征额小于或等于第 19 栏"应纳税额"与第 21 栏"简易计税办法计算的应纳税额"之和时，按本期减征额实际填写；当本期减征额大于第 19 栏"应纳税额"与第 21 栏"简易计税办法计算的应纳税额"之和时，按本期第 19 栏与第 21 栏之和填写。本期减征额不足抵减部分结转下期继续抵减。

(三十八)第 24 栏"应纳税额合计"：反映纳税人本期应缴增值税的合计数。按表中所列公式计算填写。

(三十九)第 25 栏"期初未缴税额(多缴为负数)"："本月数"按上一税款所属期申报表第 32 栏"期末未缴税额(多缴为负数)""本月数"填写。"本年累计"按上年度最后一个税款所属期申报表第 32 栏"期末未缴税额(多缴为负数)""本年累计"填写。

(四十)第 26 栏"实收出口开具专用缴款书退税额"：本栏不填写。

(四十一)第 27 栏"本期已缴税额"：反映纳税人本期实际缴纳的增值税额，但不包括本期入库的查补税款。按表中所列公式计算填写。

(四十二)第 28 栏"①分次预缴税额"：填写纳税人本期已缴纳的准予在本期增值税应纳税额中抵减的税额。

3. 营业税改征增值税的纳税人，分以下几种情况填写。

(1)服务、不动产和无形资产按规定汇总计算缴纳增值税的总机构，其可以从本期增值税应纳税额中抵减的分支机构已缴纳的税款，按当期实际可抵减数填入本栏，不足抵减部分结转下期继续抵减。

(2)销售建筑服务并按规定预缴增值税的纳税人，其可以从本期增值税应纳税额中抵减的已缴纳的税款，按当期实际可抵减数填入本栏，不足抵减部分结转下期继续抵减。

(3)销售不动产并按规定预缴增值税的纳税人，其可以从本期增值税应纳税额中抵减的已缴纳的税款，按当期实际可抵减数填入本栏，不足抵减部分结转下期继续抵减。

(4)出租不动产并按规定预缴增值税的纳税人，其可以从本期增值税应纳税额中抵减的已缴纳的税款，按当期实际可抵减数填入本栏，不足抵减部分结转下期继续抵减。

(四十三)第 29 栏"②出口开具专用缴款书预缴税额"：本栏不填写。

(四十四)第 30 栏"③本期缴纳上期应纳税额"：填写纳税人本期缴纳上一税款所属期应缴未缴的

增值税额。

(四十五)第31栏"④本期缴纳欠缴税额"：反映纳税人本期实际缴纳和留抵税额抵减的增值税欠税额，但不包括缴纳入库的查补增值税额。

(四十六)第32栏"期末未缴税额(多缴为负数)"："本月数"反映纳税人本期期末应缴未缴的增值税额，但不包括纳税检查应缴未缴的税额。按表中所列公式计算填写。"本年累计"与"本月数"相同。

(四十七)第33栏"其中：欠缴税额(≥0)"：反映纳税人按照税法规定已形成欠税的增值税额。按表中所列公式计算填写。

(四十八)第34栏"本期应补(退)税额"：反映纳税人本期应纳税额中应补缴或应退回的数额。按表中所列公式计算填写。

(四十九)第35栏"即征即退实际退税额"：反映纳税人本期因符合增值税即征即退政策规定，而实际收到的税务机关退回的增值税额。

(五十)第36栏"期初未缴查补税额"："本月数"按上一税款所属期申报表第38栏"期末未缴查补税额""本月数"填写。"本年累计"按上年度最后一个税款所属期申报表第38栏"期末未缴查补税额""本年累计"填写。

(五十一)第37栏"本期入库查补税额"：反映纳税人本期因税务、财政、审计部门检查而实际入库的增值税额，包括按一般计税方法计算并实际缴纳的查补增值税额和按简易计税方法计算并实际缴纳的查补增值税额。

(五十二)第38栏"期末未缴查补税额"："本月数"反映纳税人接受纳税检查后应在本期期末缴纳而未缴纳的查补增值税额。按表中所列公式计算填写，"本年累计"与"本月数"相同。

三、《增值税纳税申报表附列资料(一)》(本期销售情况明细)填写说明

(一)"税款所属时间""纳税人名称"的填写同《增值税纳税申报表(一般纳税人适用)》(以下简称主表)。

(二)各列说明

1. 第1～2列"开具增值税专用发票"：反映本期开具增值税专用发票(含税控机动车销售统一发票，下同)的情况。

2. 第3～4列"开具其他发票"：反映除增值税专用发票以外本期开具的其他发票的情况。

3. 第5～6列"未开具发票"：反映本期未开具发票的销售情况。

4. 第7～8列"纳税检查调整"：反映经税务、财政、审计部门检查并在本期调整的销售情况。

5. 第9～11列"合计"：按照表中所列公式填写。

营业税改征增值税的纳税人，服务、不动产和无形资产有扣除项目的，第1～11列应填写扣除之前的征(免)税销售额、销项(应纳)税额和价税合计额。

6. 第12列"服务、不动产和无形资产扣除项目本期实际扣除金额"：营业税改征增值税的纳税人，服务、不动产和无形资产有扣除项目的，按《附列资料(三)》第5列对应各行次数据填写，其中本列第5栏等于《附列资料(三)》第5列第3行与第4行之和；服务、不动产和无形资产无扣除项目的，本列填写"0"。其他纳税人不填写。

营业税改征增值税的纳税人，服务、不动产和无形资产按规定汇总计算缴纳增值税的分支机构，当期服务、不动产和无形资产有扣除项目的，填入本列第13行。

7. 第13列"扣除后""含税(免税)销售额"：营业税改征增值税的纳税人，服务、不动产和无形资

产有扣除项目的，本列各行次＝第 11 列对应各行次－第 12 列对应各行次。其他纳税人不填写。

8. 第 14 列“扣除后”“销项(应纳)税额”：营业税改征增值税的纳税人，按以下要求填写本列，其他纳税人不填写。

(1)服务、不动产和无形资产按照一般计税方法计税。

本列第 2 行、第 4 行：若本行第 12 列为 0，则该行次第 14 列等于第 10 列。若本行第 12 列不为 0，则仍按照第 14 列所列公式计算。计算后的结果与纳税人实际计提销项税额有差异的，按实际填写。

本列第 5 行＝第 13 列÷(100%＋对应行次税率)×对应行次税率。

本列第 7 行“按一般计税方法计税的即征即退服务、不动产和无形资产”具体填写要求见“各行说明”第 2 条第(2)项第③点的说明。

(2)服务、不动产和无形资产按照简易计税方法计税。

本列各行次＝第 13 列÷(100%＋对应行次征收率)×对应行次征收率。

本列第 13 行“预征率%”不按本列的说明填写。具体填写要求见“各行说明”第 4 条第(2)项。

(3)服务、不动产和无形资产实行免抵退税或免税的，本列不填写。

(三)各行说明

1. 第 1～5 行“一、一般计税方法计税”“全部征税项目”各行：按不同税率和项目分别填写按一般计税方法计算增值税的全部征税项目。有即征即退征税项目的纳税人，本部分数据中既包括即征即退征税项目，又包括不享受即征即退政策的一般征税项目。

2. 第 6～7 行“一、一般计税方法计税”“其中：即征即退项目”各行：只反映按一般计税方法计算增值税的即征即退项目。按照税法规定不享受即征即退政策的纳税人，不填写本行。即征即退项目是全部征税项目的其中数。

(1)第 6 行“即征即退货物及加工修理修配劳务”：反映按一般计税方法计算增值税且享受即征即退政策的货物和加工修理修配劳务。本行不包括服务、不动产和无形资产的内容。

①本行第 9 列“合计”“销售额”栏：反映按一般计税方法计算增值税且享受即征即退政策的货物及加工修理修配劳务的不含税销售额。该栏不按第 9 列所列公式计算，应按照税法规定据实填写。

②本行第 10 列“合计”“销项(应纳)税额”栏：反映按一般计税方法计算增值税且享受即征即退政策的货物及加工修理修配劳务的销项税额。该栏不按第 10 列所列公式计算，应按照税法规定据实填写。

(2)第 7 行“即征即退服务、不动产和无形资产”：反映按一般计税方法计算增值税且享受即征即退政策的服务、不动产和无形资产。本行不包括货物及加工修理修配劳务的内容。

①本行第 9 列“合计”“销售额”栏：反映按一般计税方法计算增值税且享受即征即退政策的服务、不动产和无形资产的不含税销售额。服务、不动产和无形资产有扣除项目的，按扣除之前的不含税销售额填写。该栏不按第 9 列所列公式计算，应按照税法规定据实填写。

②本行第 10 列“合计”“销项(应纳)税额”栏：反映按一般计税方法计算增值税且享受即征即退政策的服务、不动产和无形资产的销项税额。服务、不动产和无形资产有扣除项目的，按扣除之前的销项税额填写。该栏不按第 10 列所列公式计算，应按照税法规定据实填写。

③本行第 14 列“扣除后”“销项(应纳)税额”栏：反映按一般计税方法征收增值税且享受即征即退

政策的服务、不动产和无形资产实际应计提的销项税额。服务、不动产和无形资产有扣除项目的，按扣除之后的销项税额填写；服务、不动产和无形资产无扣除项目的，按本行第 10 列填写。该栏不按第 14 列所列公式计算，应按照税法规定据实填写。

3. 第 8～12 行“二、简易计税方法计税”“全部征税项目”各行：按不同征收率和项目分别填写按简易计税方法计算增值税的全部征税项目。有即征即退征税项目的纳税人，本部分数据中既包括即征即退项目，也包括不享受即征即退政策的一般征税项目。

4. 第 13a～13c 行“二、简易计税方法计税”“预征率%”：反映营业税改征增值税的纳税人，服务、不动产和无形资产按规定汇总计算缴纳增值税的分支机构，预征增值税销售额、预征增值税应纳税额。其中，第 13a 行“预征率%”适用于所有实行汇总计算缴纳增值税的分支机构纳税人；第 13b、13c 行“预征率%”适用于部分实行汇总计算缴纳增值税的铁路运输纳税人。

(1)第 13a～13c 行第 1～6 列按照销售额和销项税额的实际发生数填写。

(2)第 13a～13c 行第 14 列，纳税人按“应预征缴纳的增值税＝应预征增值税销售额×预征率”公式计算后据实填写。

5. 第 14～15 行“二、简易计税方法计税”“其中：即征即退项目”各行：只反映按简易计税方法计算增值税的即征即退项目。按照税法规定不享受即征即退政策的纳税人，不填写本行。即征即退项目是全部征税项目的其中数。

(1)第 14 行“即征即退货物及加工修理修配劳务”：反映按简易计税方法计算增值税且享受即征即退政策的货物及加工修理修配劳务。本行不包括服务、不动产和无形资产的内容。

①本行第 9 列“合计”“销售额”栏：反映按简易计税方法计算增值税且享受即征即退政策的货物及加工修理修配劳务的不含税销售额。该栏不按第 9 列所列公式计算，应按照税法规定据实填写。

②本行第 10 列“合计”“销项(应纳)税额”栏：反映按简易计税方法计算增值税且享受即征即退政策的货物及加工修理修配劳务的应纳税额。该栏不按第 10 列所列公式计算，应按照税法规定据实填写。

(2)第 15 行“即征即退服务、不动产和无形资产”：反映按简易计税方法计算增值税且享受即征即退政策的服务、不动产和无形资产。本行不包括货物及加工修理修配劳务的内容。

①本行第 9 列“合计”“销售额”栏：反映按简易计税方法计算增值税且享受即征即退政策的服务、不动产和无形资产的不含税销售额。服务、不动产和无形资产有扣除项目的，按扣除之前的不含税销售额填写。该栏不按第 9 列所列公式计算，应按照税法规定据实填写。

②本行第 10 列“合计”“销项(应纳)税额”栏：反映按简易计税方法计算增值税且享受即征即退政策的服务、不动产和无形资产的应纳税额。服务、不动产和无形资产有扣除项目的，按扣除之前的应纳税额填写。该栏不按第 10 列所列公式计算，应按照税法规定据实填写。

③本行第 14 列“扣除后”“销项(应纳)税额”栏：反映按简易计税方法计算增值税且享受即征即退政策的服务、不动产和无形资产实际应计提的应纳税额。服务、不动产和无形资产有扣除项目的，按扣除之后的应纳税额填写；服务、不动产和无形资产无扣除项目的，按本行第 10 列填写。

6. 第 16 行“三、免抵退税”“货物及加工修理修配劳务”：反映适用免、抵、退税政策的出口货物、加工修理修配劳务。

7. 第 17 行“三、免抵退税”“服务、不动产和无形资产”：反映适用免、抵、退税政策的服务、不动产和无形资产。

8. 第 18 行“四、免税”“货物及加工修理修配劳务”：反映按照税法规定免征增值税的货物及劳务和适用零税率的出口货物及劳务，但零税率的销售额中不包括适用免、抵、退税办法的出口货物及劳务。

9. 第 19 行“四、免税”“服务、不动产和无形资产”：反映按照税法规定免征增值税的服务、不动产、无形资产和适用零税率的服务、不动产、无形资产，但零税率的销售额中不包括适用免、抵、退税办法的服务、不动产和无形资产。

四、《增值税纳税申报表附列资料(二)》(本期进项税额明细)填写说明

(一)“税款所属时间”“纳税人名称”的填写同主表。

(二)第 1～12 栏“一、申报抵扣的进项税额”：分别反映纳税人按税法规定符合抵扣条件，在本期申报抵扣的进项税额。

1. 第 1 栏“(一)认证相符的增值税专用发票”：反映纳税人取得的认证相符本期申报抵扣的增值税专用发票情况。该栏应等于第 2 栏“本期认证相符且本期申报抵扣”与第 3 栏“前期认证相符且本期申报抵扣”数据之和。适用取消增值税发票认证规定的纳税人，通过增值税发票选择确认平台选择用于抵扣的增值税专用发票，视为“认证相符”(下同)。

2. 第 2 栏“其中：本期认证相符且本期申报抵扣”：反映本期认证相符且本期申报抵扣的增值税专用发票的情况。本栏是第 1 栏的其中数，本栏只填写本期认证相符且本期申报抵扣的部分。

3. 第 3 栏“前期认证相符且本期申报抵扣”：反映前期认证相符且本期申报抵扣的增值税专用发票的情况。

辅导期纳税人依据税务机关告知的稽核比对结果通知书及明细清单注明的稽核相符的增值税专用发票填写本栏。本栏是第 1 栏的其中数。

纳税人本期申报抵扣的收费公路通行费增值税电子普通发票(以下简称通行费电子发票)应当填写在第 1～3 栏对应栏次中。

第 1～3 栏中涉及的增值税专用发票均不包含从小规模纳税人处购进农产品时取得的专用发票，但购进农产品未分别核算用于生产销售 13％税率货物和其他货物服务的农产品进项税额情况除外。

4. 第 4 栏“(二)其他扣税凭证”：反映本期申报抵扣的除增值税专用发票之外的其他扣税凭证的情况。具体包括：海关进口增值税专用缴款书、农产品收购发票或者销售发票(含农产品核定扣除的进项税额)、代扣代缴税收完税凭证、加计扣除农产品进项税额和其他符合政策规定的扣税凭证。该栏应等于第 5～8b 栏之和。

5. 第 5 栏“海关进口增值税专用缴款书”：反映本期申报抵扣的海关进口增值税专用缴款书的情况。按规定执行海关进口增值税专用缴款书先比对后抵扣的，纳税人需依据税务机关告知的稽核比对结果通知书及明细清单注明的稽核相符的海关进口增值税专用缴款书填写本栏。

6. 第 6 栏“农产品收购发票或者销售发票”：反映纳税人本期购进农业生产者自产农产品取得(开具)的农产品收购发票或者销售发票情况。从小规模纳税人处购进农产品时取得增值税专用发票情况填写在本栏，但购进农产品未分别核算用于生产销售 13％税率货物和其他货物服务的农产品进项税额情况除外。

“税额”栏＝农产品销售发票或者收购发票上注明的农产品买价×9％＋增值税专用发票上注明的

金额×9%。

上述公式中的“增值税专用发票”是指纳税人从小规模纳税人处购进农产品时取得的专用发票。

执行农产品增值税进项税额核定扣除办法的，填写当期允许抵扣的农产品增值税进项税额，不填写“份数”“金额”。

7. 第 7 栏“代扣代缴税收缴款凭证”：填写本期按规定准予抵扣的完税凭证上注明的增值税额。

8. 第 8a 栏“加计扣除农产品进项税额”：填写纳税人将购进的农产品用于生产销售或委托受托加工 13%税率货物时加计扣除的农产品进项税额。该栏不填写“份数”“金额”。

9. 第 8b 栏“其他”：反映按规定本期可以申报抵扣的其他扣税凭证情况。

纳税人按照规定不得抵扣且未抵扣进项税额的固定资产、无形资产、不动产，发生用途改变，用于允许抵扣进项税额的应税项目，可在用途改变的次月将按公式计算出的可以抵扣的进项税额，填入本栏“税额”中。

10. 第 9 栏“(三)本期用于购建不动产的扣税凭证”：反映按规定本期用于购建不动产的扣税凭证上注明的金额和税额。

购建不动产是指纳税人 2016 年 5 月 1 日后取得并在会计制度上按固定资产核算的不动产或者 2016 年 5 月 1 日后取得的不动产在建工程。取得不动产，包括以直接购买、接受捐赠、接受投资入股、自建及抵债等各种形式取得不动产，不包括房地产开发企业自行开发的房地产项目。

本栏次包括第 1 栏中本期用于购建不动产的增值税专用发票和第 4 栏中本期用于购建不动产的其他扣税凭证。

本栏“金额”“税额”≥0。

11. 第 10 栏“(四)本期用于抵扣的旅客运输服务扣税凭证”：反映按规定本期购进旅客运输服务，所取得的扣税凭证上注明或按规定计算的金额和税额。

本栏次包括第 1 栏中按规定本期允许抵扣的购进旅客运输服务取得的增值税专用发票和第 4 栏中按规定本期允许抵扣的购进旅客运输服务取得的其他扣税凭证。

本栏“金额”“税额”≥0。

第 9 栏“(三)本期用于购建不动产的扣税凭证”+第 10 栏“(四)本期用于抵扣的旅客运输服务扣税凭证”税额≤第 1 栏“认证相符的增值税专用发票”+第 4 栏“其他扣税凭证”税额。

12. 第 11 栏“(五)外贸企业进项税额抵扣证明”：填写本期申报抵扣的税务机关出口退税部门开具的《出口货物转内销证明》列明允许抵扣的进项税额。

13. 第 12 栏“当期申报抵扣进项税额合计”：反映本期申报抵扣进项税额的合计数。按表中所列公式计算填写。

(三)第 13～23 栏“二、进项税额转出额”各栏：分别反映纳税人已经抵扣但按规定应在本期转出的进项税额明细情况。

1. 第 13 栏“本期进项税额转出额”：反映已经抵扣但按规定应在本期转出的进项税额合计数。按表中所列公式计算填写。

2. 第 14 栏“免税项目用”：反映用于免征增值税项目，按规定应在本期转出的进项税额。

3. 第 15 栏“集体福利、个人消费”：反映用于集体福利或者个人消费，按规定应在本期转出的进项税额。

4. 第 16 栏“非正常损失”：反映纳税人发生非正常损失，按规定应在本期转出的进项税额。

5. 第 17 栏“简易计税方法征税项目用”：反映用于按简易计税方法征税项目，按规定应在本期转出的进项税额。

营业税改征增值税的纳税人，服务、不动产和无形资产按规定汇总计算缴纳增值税的分支机构，当期应由总机构汇总的进项税额也填入本栏。

6. 第 18 栏“免抵退税办法不得抵扣的进项税额”：反映按照免、抵、退税办法的规定，由于征税税率与退税税率存在税率差，在本期应转出的进项税额。

7. 第 19 栏“纳税检查调减进项税额”：反映税务、财政、审计部门检查后而调减的进项税额。

8. 第 20 栏“红字专用发票信息表注明的进项税额”：填写增值税发票管理系统校验通过的，《开具红字增值税专用发票信息表》注明的在本期应转出的进项税额。

9. 第 21 栏“上期留抵税额抵减欠税”：填写本期经税务机关同意，使用上期留抵税额抵减欠税的数额。

10. 第 22 栏“上期留抵税额退税”：填写本期经税务机关批准的上期留抵税额退税额。

11. 第 23 栏“其他应作进项税额转出的情形”：反映除上述进项税额转出情形外，其他应在本期转出的进项税额。

(四)第 24～34 栏“三、待抵扣进项税额”各栏：分别反映纳税人已经取得，但按税法规定不符合抵扣条件，暂不予在本期申报抵扣的进项税额情况及按税法规定不允许抵扣的进项税额情况。

1. 第 24～28 栏涉及的增值税专用发票均不包括从小规模纳税人处购进农产品时取得的专用发票，但购进农产品未分别核算用于生产销售 13% 税率货物和其他货物服务的农产品进项税额情况除外。

2. 第 25 栏“期初已认证相符但未申报抵扣”：反映前期认证相符，但按照税法规定暂不予抵扣及不允许抵扣，结存至本期的增值税专用发票情况。辅导期纳税人填写认证相符但未收到稽核比对结果的增值税专用发票期初情况。

3. 第 26 栏“本期认证相符且本期未申报抵扣”：反映本期认证相符，但按税法规定暂不予抵扣及不允许抵扣，而未申报抵扣的增值税专用发票情况。辅导期纳税人填写本期认证相符但未收到稽核比对结果的增值税专用发票情况。

4. 第 27 栏“期末已认证相符但未申报抵扣”：反映截至本期期末，按照税法规定仍暂不予抵扣及不允许抵扣且已认证相符的增值税专用发票情况。辅导期纳税人填写截至本期期末已认证相符但未收到稽核比对结果的增值税专用发票期末情况。

5. 第 28 栏“其中：按照税法规定不允许抵扣”：反映截至本期期末已认证相符但未申报抵扣的增值税专用发票中，按照税法规定不允许抵扣的增值税专用发票情况。

纳税人本期期末已认证相符待抵扣的通行费电子发票应当填写在第 24～28 栏对应栏次中。

6. 第 29 栏“(二)其他扣税凭证”：反映截至本期期末仍未申报抵扣的除增值税专用发票之外的其他扣税凭证情况。具体包括：海关进口增值税专用缴款书、农产品收购发票或者销售发票、代扣代缴税收完税凭证和其他符合政策规定的扣税凭证。该栏应等于第 30～33 栏之和。

7. 第 30 栏“海关进口增值税专用缴款书”：反映已取得但截至本期期末仍未申报抵扣的海关进口增值税专用缴款书情况，包括纳税人未收到稽核比对结果的海关进口增值税专用缴款书情况。

8. 第 31 栏"农产品收购发票或者销售发票"：反映已取得但截至本期期末仍未申报抵扣的农产品收购发票或者农产品销售发票情况。从小规模纳税人处购进农产品时取得增值税专用发票情况填写在本栏，但购进农产品未分别核算用于生产销售 13%税率货物和其他货物服务的农产品进项税额情况除外。

9. 第 32 栏"代扣代缴税收缴款凭证"：反映已取得但截至本期期末仍未申报抵扣的代扣代缴税收完税凭证情况。

10. 第 33 栏"其他"：反映已取得但截至本期期末仍未申报抵扣的其他扣税凭证的情况。

(五)第 35～36 栏"四、其他"各栏。

1. 第 35 栏"本期认证相符的增值税专用发票"：反映本期认证相符的增值税专用发票的情况。纳税人本期认证相符的通行费电子发票应当填写在本栏次中。

2. 第 36 栏"代扣代缴税额"：填写纳税人根据《中华人民共和国增值税暂行条例》第十八条扣缴的应税劳务增值税额与根据营业税改征增值税有关政策规定扣缴的服务、不动产和无形资产增值税额之和。

五、《增值税纳税申报表附列资料(三)》(服务、不动产和无形资产扣除项目明细)填写说明

(一)本表由服务、不动产和无形资产有扣除项目的营业税改征增值税纳税人填写。其他纳税人不填写。

(二)"税款所属时间""纳税人名称"的填写同主表。

(三)第 1 列"本期服务、不动产和无形资产价税合计额(免税销售额)"：营业税改征增值税的服务、不动产和无形资产属于征税项目的，填写扣除之前的本期服务、不动产和无形资产价税合计额；营业税改征增值税的服务、不动产和无形资产属于免抵退税或免税项目的，填写扣除之前的本期服务、不动产和无形资产免税销售额。本列各行次等于《附列资料(一)》第 11 列对应行次，其中本列第 3 行和第 4 行之和等于《附列资料(一)》第 11 列第 5 栏。

营业税改征增值税的纳税人，服务、不动产和无形资产按规定汇总计算缴纳增值税的分支机构，本列各行次之和等于《附列资料(一)》第 11 列第 13a、13b 行之和。

(四)第 2 列"服务、不动产和无形资产扣除项目""期初余额"：填写服务、不动产和无形资产扣除项目上期期末结存的金额，试点实施之日的税款所属期填写"0"。本列各行次等于上期《附列资料(三)》第 6 列对应行次。

本列第 4 行"6%税率的金融商品转让项目""期初余额"年初首期填报时应填"0"。

(五)第 3 列"服务、不动产和无形资产扣除项目""本期发生额"：填写本期取得的按税法规定准予扣除的服务、不动产和无形资产扣除项目金额。

(六)第 4 列"服务、不动产和无形资产扣除项目""本期应扣除金额"：填写服务、不动产和无形资产扣除项目本期应扣除的金额。

本列各行次＝第 2 列对应各行次＋第 3 列对应各行次。

(七)第 5 列"服务、不动产和无形资产扣除项目""本期实际扣除金额"：填写服务、不动产和无形资产扣除项目本期实际扣除的金额。

本列各行次≤第 4 列对应各行次，且本列各行次≤第 1 列对应各行次。

(八)第 6 列"服务、不动产和无形资产扣除项目""期末余额"：填写服务、不动产和无形资产扣除

项目本期期末结存的金额。

本列各行次＝第4列对应各行次－第5列对应各行次。

六、《增值税纳税申报表附列资料(四)》(税额抵减情况表)填写说明

(一)税额抵减情况

1. 本表第1行由发生增值税税控系统专用设备费用和技术维护费的纳税人填写，反映纳税人增值税税控系统专用设备费用和技术维护费按规定抵减增值税应纳税额的情况。

2. 本表第2行由营业税改征增值税纳税人，服务、不动产和无形资产按规定汇总计算缴纳增值税的总机构填写，反映其分支机构预征缴纳税款抵减总机构应纳增值税税额的情况。

3. 本表第3行由销售建筑服务并按规定预缴增值税的纳税人填写，反映其销售建筑服务预征缴纳税款抵减应纳增值税税额的情况。

4. 本表第4行由销售不动产并按规定预缴增值税的纳税人填写，反映其销售不动产预征缴纳税款抵减应纳增值税税额的情况。

5. 本表第5行由出租不动产并按规定预缴增值税的纳税人填写，反映其出租不动产预征缴纳税款抵减应纳增值税税额的情况。

(二)加计抵减情况

本表第6～8行仅限适用加计抵减政策的纳税人填写，反映其加计抵减情况。其他纳税人不需填写。第8行“合计”等于第6行、第7行之和。各列说明如下。

1. 第1列“期初余额”：填写上期期末结余的加计抵减额。

2. 第2列“本期发生额”：填写按照规定本期计提的加计抵减额。

3. 第3列“本期调减额”：填写按照规定本期应调减的加计抵减额。

4. 第4列“本期可抵减额”：按表中所列公式填写。

5. 第5列“本期实际抵减额”：反映按照规定本期实际加计抵减额，按以下要求填写。

若第4列≥0，且第4列＜主表第11栏－主表第18栏，则第5列＝第4列；

若第4列≥主表第11栏－主表第18栏，则第5列＝主表第11栏－主表第18栏；

若第4列＜0，则第5列等于0。

计算本列“一般项目加计抵减额计算”行和“即征即退项目加计抵减额计算”行时，公式中主表各栏次数据分别取主表“一般项目”“本月数”列、“即征即退项目”“本月数”列对应数据。

6. 第6列“期末余额”：填写本期结余的加计抵减额，按表中所列公式填写。

七、《增值税减免税申报明细表》填写说明

(一)本表由享受增值税减免税优惠政策的增值税一般纳税人和小规模纳税人(以下简称增值税纳税人)填写。仅享受月销售额不超过10万元(按季纳税30万元)免征增值税政策或未达起征点的增值税小规模纳税人不需填报本表，即小规模纳税人当期《增值税纳税申报表(小规模纳税人适用)》第12栏“其他免税销售额”“本期数”和第16栏“本期应纳税额减征额”“本期数”均无数据时，不需填报本表。

(二)“税款所属时间”“纳税人名称”的填写同申报表主表，申报表主表是指《增值税纳税申报表(一般纳税人适用)》或者《增值税纳税申报表(小规模纳税人适用)》(下同)。

(三)“一、减税项目”由本期按照税收法律、法规及国家有关税收规定享受减征(包含税额式减征、税率式减征)增值税优惠的增值税纳税人填写。

1.“减税性质代码及名称”：根据国家税务总局最新发布的《减免性质及分类表》所列减免性质代码、项目名称填写。同时有多个减征项目的，应分别填写。

2. 第1列“期初余额”：填写应纳税额减征项目上期“期末余额”，为对应项目上期应抵减而不足抵减的余额。

3. 第2列“本期发生额”：填写本期发生的按照规定准予抵减增值税应纳税额的金额。

4. 第3列“本期应抵减税额”：填写本期应抵减增值税应纳税额的金额。本列按表中所列公式填写。

5. 第4列“本期实际抵减税额”：填写本期实际抵减增值税应纳税额的金额。本列各行≤第3列对应各行。

一般纳税人填写时，第1行“合计”本列数＝申报表主表第23行“一般项目”列“本月数”。

小规模纳税人填写时，第1行“合计”本列数＝申报表主表第16行“本期应纳税额减征额”“本期数”。

6. 第5列“期末余额”：按表中所列公式填写。

(四)“二、免税项目”由本期按照税收法律、法规及国家有关税收规定免征增值税的增值税纳税人填写。仅享受小微企业免征增值税政策或未达起征点的小规模纳税人不需填写，即小规模纳税人申报表主表第12栏“其他免税销售额”“本期数”无数据时，不需填写本栏。

1.“免税性质代码及名称”：根据国家税务总局最新发布的《减免性质及分类表》所列减免性质代码、项目名称填写。同时有多个免税项目的，应分别填写。

2.“出口免税”填写增值税纳税人本期按照税法规定出口免征增值税的销售额，但不包括适用免、抵、退税办法出口的销售额。小规模纳税人不填写本栏。

3. 第1列“免征增值税项目销售额”：填写增值税纳税人免税项目的销售额。免税销售额按照有关规定允许从取得的全部价款和价外费用中扣除价款的，应填写扣除之前的销售额。

一般纳税人填写时，本列“合计”等于申报表主表第8行“一般项目”列“本月数”。

4. 第2列“免税销售额扣除项目本期实际扣除金额”：免税销售额按照有关规定允许从取得的全部价款和价外费用中扣除价款的，据实填写扣除金额；无扣除项目的，本列填写“0”。

5. 第3列“扣除后免税销售额”：按表中所列公式填写。

6. 第4列“免税销售额对应的进项税额”：本期用于增值税免税项目的进项税额。小规模纳税人不填写本列，一般纳税人按下列情况填写。

(1)一般纳税人兼营应税和免税项目的，按当期免税销售额对应的进项税额填写。

(2)一般纳税人本期销售收入全部为免税项目，且当期取得合法扣税凭证的，按当期取得的合法扣税凭证注明或计算的进项税额填写。

(3)当期未取得合法扣税凭证的，一般纳税人可根据实际情况自行计算免税项目对应的进项税额；无法计算的，本栏次填“0”。

7. 第5列“免税额”：一般纳税人和小规模纳税人分别按下列公式计算填写，且本列各行数应大于或等于0。

一般纳税人公式：第5列“免税额”≤第3列“扣除后免税销售额”×适用税率－第4列“免税销售额对应的进项税额”。

小规模纳税人公式：第5列“免税额”＝第3列“扣除后免税销售额”×征收率。

第二节　小规模纳税人纳税申报(样表)

增值税纳税申报表

(小规模纳税人适用)

纳税人识别号：12350＊＊＊＊＊＊＊＊38A

纳税人名称(公章)金山公司　　　　金额单位：元至角分

税款所属期：2020 年 03 月 01 日—2020 年 03 月 31 日　　　　填表日期：2020 年 04 月 12 日

	项目	栏次	本期数		本年累计	
			货物及劳务	服务、不动产和无形资产	货物及劳务	服务、不动产和无形资产
一、计税依据	(一)应征增值税不含税销售额(3%征收率)	1	100 000.00	388 349.51	100 000.00	388 349.51
	税务机关代开的增值税专用发票不含税销售额	2	50 000.00	200 000.00	50 000.00	200 000.00
	税控器具开具的普通发票不含税销售额	3	50 000.00	188 349.51	50 000.00	188 349.51
	(二)应征增值税不含税销售额(5%征收率)	4	—	0	—	0
	税务机关代开的增值税专用发票不含税销售额	5	—	0	—	0
	税控器具开具的普通发票不含税销售额	6	—	0	—	0
	(三)销售使用过的固定资产不含税销售额	7(7≥8)	0	—	0	—
	其中：税控器具开具的普通发票不含税销售额	8		—		—
	(四)免税销售额	9=10+11+12	0	0	0	0
	其中：小微企业免税销售额	10				
	未达起征点销售额	11				
	其他免税销售额	12				
	(五)出口免税销售额	13(13≥14)				
	其中：税控器具开具的普通发票销售额	14				

续表

<table>
<tr><td colspan="2" rowspan="2">项目</td><td rowspan="2">栏次</td><td colspan="2">本期数</td><td colspan="2">本年累计</td></tr>
<tr><td>货物及劳务</td><td>服务、不动产和无形资产</td><td>货物及劳务</td><td>服务、不动产和无形资产</td></tr>
<tr><td rowspan="8">二、税款计算</td><td>本期应纳税额</td><td>15</td><td>3 000.00</td><td>11 650.49</td><td>3 000.00</td><td>11 650.49</td></tr>
<tr><td>本期应纳税额减征额</td><td>16</td><td>0</td><td>0</td><td>0</td><td>0</td></tr>
<tr><td>本期免税额</td><td>17</td><td>0</td><td>0</td><td>0</td><td>0</td></tr>
<tr><td>其中：小微企业免税额</td><td>18</td><td></td><td></td><td></td><td></td></tr>
<tr><td>未达起征点免税额</td><td>19</td><td></td><td></td><td></td><td></td></tr>
<tr><td>应纳税额合计</td><td>20=15-16</td><td>3 000.00</td><td>11 650.49</td><td>3 000.00</td><td>11 650.49</td></tr>
<tr><td>本期预缴税额</td><td>21</td><td>1 500.00</td><td>6 000.00</td><td>—</td><td>—</td></tr>
<tr><td>本期应补(退)税额</td><td>22=20-21</td><td>1 500.00</td><td>5 650.49</td><td>—</td><td>—</td></tr>
<tr><td colspan="2">纳税人或代理人声明：</td><td colspan="5">如纳税人填报，由纳税人填写以下各栏：</td></tr>
<tr><td colspan="2" rowspan="4">本纳税申报表是根据国家税收法律法规及相关规定填报的，我确定它是真实的、可靠的、完整的</td><td colspan="5">办税人员：李婷婷 财务负责人：周琳琳
法定代表人：郑总 联系电话：13*******23</td></tr>
<tr><td colspan="5">如委托代理人填报，由代理人填写以下各栏：</td></tr>
<tr><td colspan="5">代理人名称(公章)： 经办人：
联系电话：</td></tr>
</table>

主管税务机关： 接收人： 接收日期：

增值税纳税申报表(小规模纳税人适用)

税款所属期：2020 年 03 月 01 日—2020 年 03 月 31 日　　　　填表日期：2020 年 04 月 12 日

纳税人名称(公章)：金山公司　　　　金额单位：元至角分

应税行为(3%征收率)扣除额计算			
期初余额	本期发生额	本期扣除额	期末余额
1	2	3(3≤1+2 之和，且 3≤5)	4=1+2−3
0	100 000.00	100 000.00	0
应税行为(3%征收率)计税销售额计算			
全部含税收入(适用 3%征收率)	本期扣除额	含税销售额	不含税销售额
5	6=3	7=5−6	8=7÷1.03
500 000	100 000.00	400 000.00	388 349.51
应税行为(5%征收率)扣除额计算			
期初余额	本期发生额	本期扣除额	期末余额
9	10	11(11≤9+10 之和，且 11≤13)	12=9+10−11
0	0	0	0
应税行为(5%征收率)计税销售额计算			
全部含税收入(适用 5%征收率)	本期扣除额	含税销售额	不含税销售额
13	14=11	15=13−14	16=15÷1.05
0	0	0	0

《增值税纳税申报表(小规模纳税人适用)》填写说明

本纳税申报表及其附列资料填写说明(以下简称本表及填写说明)适用于增值税小规模纳税人(以下简称纳税人)。

一、名词解释

(一)本表及填写说明所称“货物”，是指增值税的应税货物。

(二)本表及填写说明所称“劳务”，是指增值税的应税加工、修理、修配劳务。

(三)本表及填写说明所称“服务、不动产和无形资产”，是指销售服务、不动产和无形资产(以下简称应税行为)。

(四)本表及填写说明所称“扣除项目”，是指纳税人发生应税行为，在确定销售额时，按照有关规定允许其从取得的全部价款和价外费用中扣除价款的项目。

二、《增值税纳税申报表(小规模纳税人适用)》填写说明

本表“货物及劳务”与“服务、不动产和无形资产”各项目应分别填写。

(一)“税款所属期”是指纳税人申报的增值税应纳税额的所属时间，应填写具体的起止年、月、日。

(二)“纳税人识别号”栏，填写纳税人的税务登记证件号码。

(三)“纳税人名称”栏，填写纳税人名称全称。

(四)第1栏“应征增值税不含税销售额(3%征收率)”：填写本期销售货物及劳务、发生应税行为适用3%征收率的不含税销售额，不包括应税行为适用5%征收率的不含税销售额、销售使用过的固定资产和销售旧货的不含税销售额、免税销售额、出口免税销售额、查补销售额。

纳税人发生适用3%征收率的应税行为且有扣除项目的，本栏填写扣除后的不含税销售额，与当期《增值税纳税申报表(小规模纳税人适用)附列资料》第8栏数据一致。

(五)第2栏“税务机关代开的增值税专用发票不含税销售额”：填写税务机关代开的增值税专用发票销售额合计。

(六)第3栏“税控器具开具的普通发票不含税销售额”：填写税控器具开具的货物及劳务、应税行为的普通发票金额换算的不含税销售额。

(七)第4栏“应征增值税不含税销售额(5%征收率)”：填写本期发生应税行为适用5%征收率的不含税销售额。

纳税人发生适用5%征收率应税行为且有扣除项目的，本栏填写扣除后的不含税销售额，与当期《增值税纳税申报表(小规模纳税人适用)附列资料》第16栏数据一致。

(八)第5栏“税务机关代开的增值税专用发票不含税销售额”：填写税务机关代开的增值税专用发票销售额合计。

(九)第6栏“税控器具开具的普通发票不含税销售额”：填写税控器具开具的发生应税行为的普通发票金额换算的不含税销售额。

(十)第7栏“销售使用过的固定资产不含税销售额”：填写销售自己使用过的固定资产(不含不动产，下同)和销售旧货的不含税销售额，销售额=含税销售额/(1+3%)。

(十一)第8栏“税控器具开具的普通发票不含税销售额”：填写税控器具开具的销售自己使用过的固定资产和销售旧货的普通发票金额换算的不含税销售额。

(十二)第9栏“免税销售额”：填写销售免征增值税的货物及劳务、应税行为的销售额，不包括出口免税销售额。

应税行为有扣除项目的纳税人，填写扣除之前的销售额。

(十三)第10栏“小微企业免税销售额”：填写符合小微企业免征增值税政策的免税销售额，不包括符合其他增值税免税政策的销售额。个体工商户和其他个人不填写本栏次。

(十四)第11栏“未达起征点销售额”：填写个体工商户和其他个人未达起征点(含支持小微企业免征增值税政策)的免税销售额，不包括符合其他增值税免税政策的销售额。本栏次由个体工商户和其他个人填写。

(十五)第12栏“其他免税销售额”：填写销售免征增值税的货物及劳务、应税行为的销售额，不包括符合小微企业免征增值税和未达起征点政策的免税销售额。

(十六)第13栏“出口免税销售额”：填写出口免征增值税货物及劳务、出口免征增值税应税行为的销售额。

应税行为有扣除项目的纳税人，填写扣除之前的销售额。

(十七)第14栏“税控器具开具的普通发票销售额”：填写税控器具开具的出口免征增值税货物及劳务、出口免征增值税应税行为的普通发票销售额。

(十八)第15栏“本期应纳税额”：填写本期按征收率计算缴纳的应纳税额。

(十九)第16栏“本期应纳税额减征额”：填写纳税人本期按照税法规定减征的增值税应纳税额。包含可在增值税应纳税额中全额抵减的增值税税控系统专用设备费用以及技术维护费，可在增值税应纳税额中抵免的购置税控收款机的增值税税额。

当本期减征额小于或等于第15栏“本期应纳税额”时，按本期减征额实际填写；当本期减征额大于第15栏“本期应纳税额”时，按本期第15栏填写，本期减征额不足抵减部分结转下期继续抵减。

(二十)第17栏“本期免税额”：填写纳税人本期增值税免税额，免税额根据第9栏“免税销售额”和征收率计算。

(二十一)第18栏“小微企业免税额”：填写符合小微企业免征增值税政策的增值税免税额，免税额根据第10栏“小微企业免税销售额”和征收率计算。

(二十二)第19栏“未达起征点免税额”：填写个体工商户和其他个人未达起征点(含支持小微企业免征增值税政策)的增值税免税额，免税额根据第11栏“未达起征点销售额”和征收率计算。

(二十三)第21栏“本期预缴税额”：填写纳税人本期预缴的增值税额，但不包括查补缴纳的增值税额。

三、《增值税纳税申报表(小规模纳税人适用)附列资料》填写说明

本附列资料由发生应税行为且有扣除项目的纳税人填写，各栏次均不包含免征增值税项目的金额。

(一)“税款所属期”是指纳税人申报的增值税应纳税额的所属时间，应填写具体的起止年、月、日。

(二)“纳税人名称”栏，填写纳税人名称全称。

(三)第1栏“期初余额”：填写适用3%征收率的应税行为扣除项目上期期末结存的金额，试点实施之日的税款所属期填写“0”。

(四)第 2 栏“本期发生额”：填写本期取得的按税法规定准予扣除的适用 3%征收率的应税行为扣除项目金额。

(五)第 3 栏“本期扣除额”：填写适用 3%征收率的应税行为扣除项目本期实际扣除的金额。

第 3 栏“本期扣除额”≤第 1 栏“期初余额”+第 2 栏“本期发生额”之和，且第 3 栏“本期扣除额”≤第 5 栏“全部含税收入(适用 3%征收率)”。

(六)第 4 栏“期末余额”：填写适用 3%征收率的应税行为扣除项目本期期末结存的金额。

(七)第 5 栏“全部含税收入(适用 3%征收率)”：填写纳税人适用 3%征收率的应税行为取得的全部价款和价外费用数额。

(八)第 6 栏“本期扣除额”：填写本附列资料第 3 栏“本期扣除额”的数据。

第 6 栏“本期扣除额”=第 3 栏“本期扣除额”。

(九)第 7 栏“含税销售额”：填写适用 3%征收率的应税行为的含税销售额。

第 7 栏“含税销售额”=第 5 栏“全部含税收入(适用 3%征收率)”-第 6 栏“本期扣除额”。

(十)第 8 栏“不含税销售额”：填写适用 3%征收率的应税行为的不含税销售额。

第 8 栏“不含税销售额”=第 7 栏“含税销售额”÷1.03，与《增值税纳税申报表(小规模纳税人适用)》第 1 栏“应征增值税不含税销售额(3%征收率)”“本期数”“服务、不动产和无形资产”栏数据一致。

(十一)第 9 栏“期初余额”：填写适用 5%征收率的应税行为扣除项目上期期末结存的金额，试点实施之日的税款所属期填写“0”。

(十二)第 10 栏“本期发生额”：填写本期取得的按税法规定准予扣除的适用 5%征收率的应税行为扣除项目金额。

(十三)第 11 栏“本期扣除额”：填写适用 5%征收率的应税行为扣除项目本期实际扣除的金额。

第 11 栏“本期扣除额”≤第 9 栏“期初余额”+第 10 栏“本期发生额”之和，且第 11 栏“本期扣除额”≤第 13 栏“全部含税收入(适用 5%征收率)”。

(十四)第 12 栏“期末余额”：填写适用 5%征收率的应税行为扣除项目本期期末结存的金额。

(十五)第 13 栏“全部含税收入(适用 5%征收率)”：填写纳税人适用 5%征收率的应税行为取得的全部价款和价外费用数额。

(十六)第 14 栏“本期扣除额”：填写本附列资料第 11 栏“本期扣除额”的数据。

第 14 栏“本期扣除额”=第 11 栏“本期扣除额”。

(十七)第 15 栏“含税销售额”：填写适用 5%征收率的应税行为的含税销售额。

第 15 栏“含税销售额”=第 13 栏“全部含税收入(适用 5%征收率)”-第 14 栏“本期扣除额”。

(十八)第 16 栏“不含税销售额”：填写适用 5%征收率的应税行为的不含税销售额。

第 16 栏“不含税销售额”=第 15 栏“含税销售额”÷1.05，与《增值税纳税申报表(小规模纳税人适用)》第 4 栏“应征增值税不含税销售额(5%征收率)”“本期数”“服务、不动产和无形资产”栏数据一致。

增值税预缴税款表

(以建筑行业小规模纳税人跨县、市、区提供建筑服务为例)增值税预缴税款表

税款所属时间：2020 年 03 月 01 日—2020 年 03 月 31 日

纳税人识别号：12350***********38A　　是否适用一般计税方法　是☐　否☑

纳税人名称：(公章)		金山公司		金额单位：元(列至角分)	×××
项目编号		No.×××	项目名称	筷子生产加工工程	
项目地址		×××省×××市×××县×××镇			
预征项目和栏次		销售额	扣除金额	预征率	预征税额
		1	2	3	4
建筑服务	1	100 000.00	0	3%	2 912.62
销售不动产	2				
出租不动产	3				
合计	4	100 000.00	0	3%	2 912.62
授权声明	如果你已委托代理人填报，请填写下列资料： 为代理一切税务事宜，现授权(地址)为本次纳税人的代理填报人，任何与本表有关的往来文件，都可寄予此人。 授权人签字：		填表人申明	以上内容是真实的、可靠的、完整的。 纳税人签字：	

【延伸阅读 2-2】韩国增值税申报管理对我国的启示

韩国从 1977 年开始实行增值税课税制度，通过 40 余年的摸索和实践，韩国的增值税管理日趋完善和严谨，在申报服务、信息保护、发票管理等诸多方面都有独到之处。通过分析韩国增值税申报管理的特点，结合“放管服”工作实际，可以为优化营商环境提供更好的参考和借鉴。

韩国对增值税的定义是对销售货物、提供劳务和进口货物所发生的交易额征收一定金额的税金。在韩国，增值税又称为一般消费税，是普遍征收的税种；与增值税对应的是特别消费税，类似于我国的消费税，主要针对老虎机等娱乐性设备、珠宝首饰、香水、高档相机、高档皮革、高档家具、汽车、汽柴油等几类商品，以及赌场、赛马

场等几类应收税场所开征的特别税金。根据韩国国税厅最新出版的《2016年税收统计报告》披露，2015年韩国增值税征收3 651.17亿元人民币，占当年韩国税收总收入的29.23%；其中，国税厅征收的国内增值税1 146.46亿元人民币，占增值税总收入的31.4%，海关征收的进口环节增值税2 504.71亿元人民币，占比68.4%。

韩国实行消费性增值税，从销项税额中扣除前一环节的进项税额，即中间链条的货物、劳务和资本全额扣除，增值税最终由消费者承担。韩国的增值税设计两档税率，10%的基础税率，出口实行零税率。课税对象为商品、原材料等有形货物，动力、热能等自然资源，建筑业、住宿业、饮食业等劳务提供和进口货物。对国民生活必需品实行增值税免税，主要包括两类：一是谷物、果实、蔬菜、家庭用蜂窝煤、自来水、住宅租赁劳务等与百姓生计密切相关的货物劳务；二是医疗保健、教育等国民福利和报纸等文化产品劳务。

韩国将增值税纳税人分为法人和个体经营者两类。法人按季度申报，个体经营者每半年申报一次，对申报结束后6个月内发现错误及时纠正的，免于课征滞纳金。申报方式上，实行一般申报和定额申报。一般申报范围包括法人和年销售额超过30万元人民币的个体经营者，申报缴纳税金时，按销售税金(销售额×10%)减去买入税金(买入额×10%)的差额确定应纳税额。定额申报指年销售额低于30万元人民币的个体经营者，按年度应税收入、事先确定的行业增值率和法定税率相乘计算应纳税额。

为促进增值税制度的健康运行，韩国围绕发票管理实行“数据管税”，而非“以票控税”。具体举措上，韩国国税厅针对法人和年销售额3亿韩元(等价180万元人民币)以上的个体经营者在发生应税行为时，必须开具《电子税金计算书》，低于3亿韩元的个体经营者不强制开具《电子税金计算书》，但通过信用卡制度和现金发票制度，将可能游离于征收范围之外的应税行为纳入信息管控。《电子税金计算书》、现金发票数据、信用卡数据分别通过网上申报系统和银行系统传输至国税厅，通过数据比对，确认纳税人增值税申报行为的完整性和真实性。通过数据管税，2004—2016年，韩国增值税纳税人年度收入金额透明化比例从37.7%提升至96.5%，有效预防了不诚实申报行为的发生。

资料来源：苏小全，马龙，王佳. 韩国增值税申报管理对我国的启示[J]. 财政科学，2017(10)：155-158.

【复习思考题】

1. 北京某传媒有限责任公司为增值税一般纳税人，主要经营电视剧、电影等广播影视节目的制作和发行。2020年3月企业发生如下业务。

(1)9日，传媒公司为某电视剧提供片头、片尾、片花制作服务，取得含税服务费

106 万元。

(2)同日，公司购入 8 台计算机，用于公司的日常生产经营，支付含税价款 4.64 万元，取得增值税专用发票，当月通过认证。

(3)10 日，公司购入一台生产经营用小汽车，取得机动车销售统一发票，支付价税合计金额 23.2 万元。

(4)11 日，取得设计服务收入含税价款 53 万元。

(5)22 日，该电影在某影院开始上映，传媒公司向影院支付含税上映费用 15 万元，取得增值税专用发票(影院选择采用一般计税方法核算)(上述企业均为增值税一般纳税人，取得的专用发票当月认证当月抵扣)。

要求：根据上述资料，填写增值税纳税申报表。

2. 甲建筑公司为增值税一般纳税人，机构所在地为 A 市，从事建筑、安装、装饰等多业经营，2020 年 4 月发生如下业务：

(1)承包 B 市一家毛巾生产厂的厂房改造工程，当月竣工结算，工程总价款为 6 550 万元，发生分包支出 1 550 万元，取得分包企业开具的增值税专用发票。

(2)承包本市一家钢铁厂的库房建设工程，本月全部完工，建设施工合同中注明工程总价款为 1 660 万元。另外取得对方支付的提前竣工奖 135 万元。甲建筑公司购进用于改造工程的材料，取得的增值税专用发票上注明的含税金额为 460 万元。

(3)承包一家超市的装饰工程，完工后向超市收取人工费 18 万元、管理费 3 万元、辅助材料费 5 万元。工程主要材料由超市提供。

(4)将一处闲置仓库对外出租，取得当月租金收入 33 万元。

(5)转让一项已进入建筑施工阶段的在建项目，取得转让收入 1 300 万元(含税)，该项目 2015 年 12 月开始施工(选择简易计税方法计税，购进的货物和服务单独核算，未抵扣进项税)。

已知：上述均为含税金额，上述业务除明确已知以外，一律按一般计税方法计税；本月无其他购进业务。

要求：根据上述资料，填写增值税纳税申报表。

【政策依据】

一、增值税一般纳税人申报

【政策依据】

1.《中华人民共和国增值税暂行条例》

2.《中华人民共和国增值税暂行条例实施细则》

3.《增值税一般纳税人登记管理办法》(国家税务总局令 43 号)

4.《成品油零售加油站增值税征收管理办法》(国家税务总局令第 2 号)

5.《电力产品增值税征收管理办法》(国家税务总局令第 10 号)

6.《财政部税务总局关于调整增值税税率的通知》(财税〔2018〕32 号)

7.《国家税务总局关于在部分行业试行农产品增值税进项税额核定扣除办法有关问题的公告》(国家税务总局公告 2012 年第 35 号)

8.《国家税务总局关于全面推开营业税改征增值税试点后增值税纳税申报有关事项的公告》(国家税务总局公告 2016 年第 13 号)

9.《国家税务总局关于调整增值税纳税申报有关事项的公告》(国家税务总局公告 2016 年第 27 号)

10.《国家税务总局关于营业税改征增值税部分试点纳税人增值税纳税申报有关事项调整的公告》(国家税务总局公告 2016 年第 30 号)

11.《国家税务总局关于调整增值税纳税申报有关事项的公告》(国家税务总局公告 2018 年第 17 号)

12.《国家税务总局关于增值税一般纳税人登记管理若干事项的公告》(国家税务总局公告 2018 年 6 号)

13.《国家税务总局关于统一小规模纳税人标准等若干增值税问题的公告》(国家税务总局公告 2018 年第 18 号)

14.《国家税务总局关于印发〈增值税一般纳税人纳税辅导期管理办法〉的通知》(国税发〔2010〕40 号)

二、增值税一般纳税人选择简易计税方法申报

【政策依据】

1.《中华人民共和国增值税暂行条例》

2.《中华人民共和国增值税暂行条例实施细则》

3.《财政部国家税务总局关于部分货物适用增值税低税率和简易办法征收增值税政策的通知》(财税〔2009〕9 号)

4.《财政部海关总署国家税务总局关于对化肥恢复征收增值税政策的通知》(财税〔2015〕90 号)

5.《财政部国家税务总局关于全面推开营业税改征增值税试点的通知》(财税〔2016〕36 号)

6.《财政部国家税务总局关于进一步明确全面推开营改增试点金融业有关政策的通知》(财税〔2016〕46 号)

7.《财政部国家税务总局关于进一步明确全面推开营改增试点有关劳务派遣服务、收费公路通行费抵扣等政策的通知》(财税〔2016〕47 号)

8.《财政部国家税务总局关于进一步明确全面推开营改增试点有关再保险、不动产租赁和非学历教育等政策的通知》(财税〔2016〕68 号)

9.《财政部税务总局关于建筑服务等营改增试点政策的通知》(财税〔2017〕58号)

10.《财政部海关总署税务总局国家药品监督管理局关于抗癌药品增值税政策的通知》(财税〔2018〕47号)

11.《国家税务总局关于药品经营企业销售生物制品有关增值税问题的公告》(国家税务总局公告2012年第20号)

12.《国家税务总局关于营业税改征增值税试点期间有关增值税问题的公告》(国家税务总局公告2015年第90号)

13.《国家税务总局关于兽用药品经营企业销售兽用生物制品有关增值税问题的公告》(国家税务总局公告2016年第8号)

14.《国家税务总局关于发布〈纳税人转让不动产增值税征收管理暂行办法〉的公告》(国家税务总局公告2016年第14号)

15.《国家税务总局关于发布〈纳税人提供不动产经营租赁服务增值税征收管理暂行办法〉的公告》(国家税务总局公告2016年第16号)

16.《国家税务总局关于发布〈纳税人跨县(市、区)提供建筑服务增值税征收管理暂行办法〉的公告》(国家税务总局公告2016年第17号)

17.《国家税务总局关于发布〈房地产开发企业销售自行开发的房地产项目增值税征收管理暂行办法〉的公告》(国家税务总局公告2016年第18号)

18.《国家税务总局关于物业管理服务中收取的自来水水费增值税问题的公告》(国家税务总局公告2016年第54号)

19.《国家税务总局关于简化建筑服务增值税简易计税方法备案事项的公告》(国家税务总局公告2017年第43号)

20.《国家税务总局关于增值税简易征收政策有关管理问题的通知》(国税函〔2009〕90号)

21.《财政部国家税务总局关于明确金融、房地产开发、教育辅助服务等增值税政策的通知》(财税〔2016〕140号)

22.《财政部国家税务总局关于资管产品增值税有关问题的通知》(财税〔2017〕56号)

23.《国家税务总局关于进一步明确营改增有关征管问题的公告》(国家税务总局公告2017年第11号)

三、增值税小规模纳税人(非定期定额户)申报

【政策依据】

1.《中华人民共和国增值税暂行条例》

2.《中华人民共和国增值税暂行条例实施细则》

3.《财政部税务总局关于统一增值税小规模纳税人标准的通知》(财税〔2018〕33号)

4.《国家税务总局关于全面推开营业税改征增值税试点后增值税纳税申报有关事项

的公告》(国家税务总局公告 2016 年第 13 号)

5.《国家税务总局关于在境外提供建筑服务等有关问题的公告》(国家税务总局公告 2016 年第 69 号)

6.《国家税务总局关于开展鉴证咨询业增值税小规模纳税人自开增值税专用发票试点工作有关事项的公告》(国家税务总局公告 2017 年第 4 号)

7.《国家税务总局关于进一步明确营改增有关征管问题的公告》(国家税务总局公告 2017 年第 11 号)

8.《国家税务总局关于增值税发票管理若干事项的公告》(国家税务总局公告 2017 年第 45 号)

9.《国家税务总局关于统一小规模纳税人标准等若干增值税问题的公告》(国家税务总局公告 2018 年第 18 号)

10.《国家税务总局关于统一小规模纳税人标准有关出口退(免)税问题的公告》(国家税务总局公告 2018 年第 20 号)

四、农产品增值税进行税额扣除标准核定

【政策依据】

1.《财政部税务总局关于调整增值税税率的通知》(财税〔2018〕32 号)

2.《财政部国家税务总局关于在部分行业试行农产品增值税进项税额核定扣除办法的通知》(财税〔2012〕38 号)

3.《财政部国家税务总局关于扩大农产品增值税进项税额核定扣除试点行业范围的通知》(财税〔2013〕57 号)

4.《财政部国家税务总局关于全面推开营业税改征增值税试点的通知》(财税〔2016〕36 号)

5.《财政部国家税务总局关于简并增值税税率有关政策的通知》(财税〔2017〕37 号)

6.《国家税务总局关于在部分行业试行农产品增值税进项税额核定扣除办法有关问题的公告》(国家税务总局公告 2012 年第 35 号)

7.《国家税务总局关于明确营改增试点若干征管问题的公告》(国家税务总局公告 2016 年第 26 号)

五、增值税预缴申报

【政策依据】

1.《财政部国家税务总局关于全面推开营业税改征增值税试点的通知》(财税〔2016〕36 号)

2.《国家税务总局关于全面推开营业税改征增值税试点后增值税纳税申报有关事项的公告》(国家税务总局公告 2016 年第 13 号)

3.《国家税务总局关于发布〈纳税人转让不动产增值税征收管理暂行办法〉的公告》

(国家税务总局公告2016年第14号)

4.《国家税务总局关于发布〈纳税人提供不动产经营租赁服务增值税征收管理暂行办法〉的公告》(国家税务总局公告2016年第16号)

5.《国家税务总局关于发布〈纳税人跨县(市、区)提供建筑服务增值税征收管理暂行办法〉的公告》(国家税务总局公告2016年第17号)

6.《国家税务总局关于发布〈房地产开发企业销售自行开发的房地产项目增值税征收管理暂行办法〉的公告》(国家税务总局公告2016年第18号)

7.《国家税务总局关于营改增试点若干征管问题的公告》(国家税务总局公告2016年第53号)

8.《财政部税务总局关于建筑服务等营改增试点政策的通知》(财税〔2017〕58号)

9.《国家税务总局关于进一步明确营改增有关征管问题的公告》(国家税务总局公告2017年第11号)

10.《国家税务总局关于发布〈纳税人转让不动产增值税征收管理暂行办法〉的公告》(国家税务总局公告2016年第14号)

第三章　消费税纳税申报(模拟实训)

【实训目标】

熟练掌握消费税纳税申报表的填写方法。

【实训目的】

(一)巩固所学知识

1. 熟悉消费税现行税率

2. 掌握应纳税额的一般计算

3. 熟悉自产自用应税消费品应纳税额的计算

4. 熟悉委托加工应税消费品应纳税额的计算

5. 掌握进口应税消费品组成计税价格的计算

(二)提高纳税申报操作技能

1. 了解纳税义务发生时间

2. 了解纳税地点

3. 熟悉纳税环节

4. 了解纳税期限

5. 熟悉报缴税款的方法

第一节　烟类应税消费品消费税纳税申报

一、【申报流程】

1. 填写《其他应税消费品消费税纳税申报表》：登录网上税务局系统，单击【消费税及附加税申报】→【其他应税消费税】。

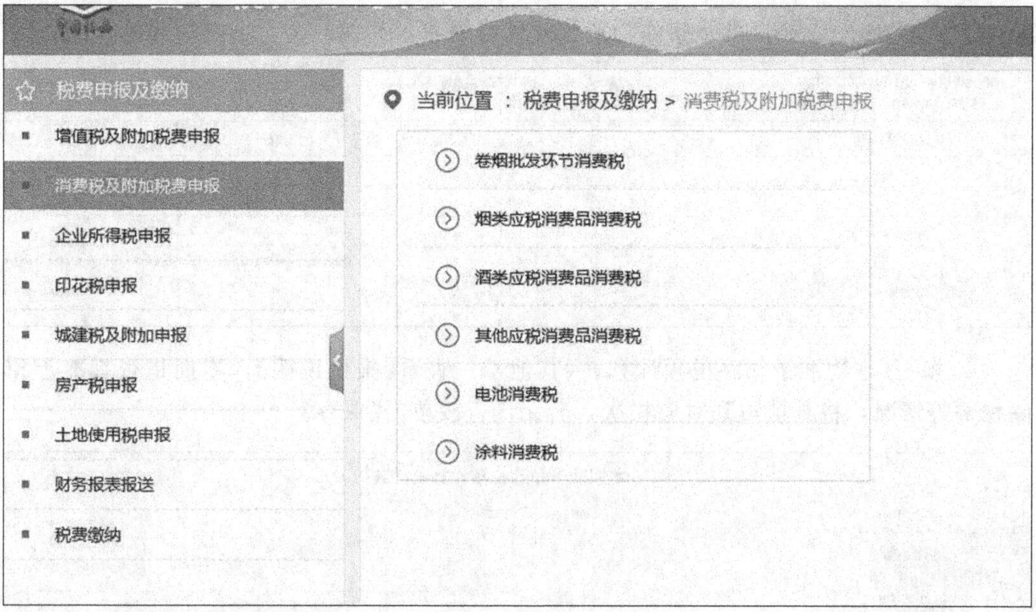

查看【业务协同报税说明】，将相关数据填入表格中。

其他应税消费品消费税纳税申报表

纳税人识别号：91110103302785116X　　纳税人名称：北京优格家具有限公司

所属时期：20190601　至20190630　　填表日期：20190710　　金额单位:元(列至角分)

项目 应税消费品名称	适用税率	销售数量	销售额	应纳税额
	0.00	0.00	0.00	0.00
合计	--	--	--	0.00
本期准予扣除税额:	0.00		声明 此纳税申报表是根据国家税收法律的规定填报的，我确定它是真实的、可靠的、完整的。 经办人(签章): 财务负责人(签章): 联系电话:	
本期减（免）税额:	0.00			
期初未缴税额:	28,000.00			
本期缴纳前期应纳税额:	28,000.00		(如果你已委托代理人申报，请填写) 授权声明 为代理一切税务事宜，现授权＿＿＿＿＿（地址）＿＿＿＿＿为本纳税人的代理申报人，任何与本申报表有关的往来文件，都可寄予此人。 授权人签章:	
本期预缴税额:	0.00			
本期应补（退）税额:	0.00			
期末未缴税额:	0.00			

提示：（选中任一输入框后） ctrl+insert：插入行 ctrl+delete：删除行

2. 填写《准予扣除消费税凭证明细表(其他)》：查看【报税说明】，本期是否有准予扣除消费税等情况，将其填写到对应栏次，若无，直接单击【保存】。

准予扣除消费税凭证明细表（其他）

纳税人识别号：91110103302785116X　　纳税人名称：北京优格家具有限公司

所属时期：20190601　至 20190630　　填表日期：20190710　　金额单位：元（列至角分）

应税消费品名称	凭证类别	凭证号码	开票日期	数量	金额	适用税率	消费税税额
				0.00	0.00	0.00	0.00
				0.00	0.00	0.00	0.00
				0.00	0.00	0.00	0.00
				0.00	0.00	0.00	0.00
合计	--	--	--	--	--	--	0.00

3. 填写《本期准予扣除税额计算表(其他)》：查看【报税说明】，本期是否有准予扣除税额等情况，将其填写到对应栏次，若无，直接单击【保存】。

本期准予扣除税额计算表（其他）

纳税人识别号：91110103302785116X　　纳税人名称：北京优格家具有限公司

所属时期：20190601　至 20190630　　填表日期：20190710　　金额单

项目	应税消费品名称								
当期准予扣除的委托加工应税消费品已纳税款计算	期初库存委托加工应税消费品已纳税款	0.00	0.00	0.00	0.00	0.00	0.00	0.00	0.00
	当期收回委托加工应税消费品已纳税款	0.00	0.00	0.00	0.00	0.00	0.00	0.00	0.00
	期末库存委托加工应税消费品已纳税款	0.00	0.00	0.00	0.00	0.00	0.00	0.00	0.00
	当期准予扣除委托加工应税消费品已纳税款	0.00	0.00	0.00	0.00	0.00	0.00	0.00	0.00
当期准予扣除的外购应税消费品已纳税款计算	期初库存外购应税消费品买价	0.00	0.00	0.00	0.00	0.00	0.00	0.00	0.00
	当期购进应税消费品买价	0.00	0.00	0.00	0.00	0.00	0.00	0.00	0.00
	期末库存外购应税消费品买价	0.00	0.00	0.00	0.00	0.00	0.00	0.00	0.00
	外购应税消费品适用税率	0.00	0.00	0.00	0.00	0.00	0.00	0.00	0.00
	当期准予扣除外购应税消费品已纳税款	0.00	0.00	0.00	0.00	0.00	0.00	0.00	0.00
本期准予扣除税款合计		0.00	0.00	0.00	0.00	0.00	0.00	0.00	0.00

4. 填写《本期减(免)税额明细表》：查看【报税说明】，本期是否有减税项目及免税项目，将其填写到对应栏次，若无，直接单击【保存】。

本期减（免）税额明细表

纳税人识别号：91110103302785116X　　纳税人名称：北京优格家具有限公司

所属时期：20190601　至 20190630　　填表日期：20190710　　金额单位：元（列至角分）

项目 应税消费品名称	减（免）性质代码	减（免）项目名称	减（免）金额	适用税率（从价定率）	减（免）数量	适用税率（从量定额）	减（免）税额
1	2	3	4	5	6	7	8=4×5+6×7
			0.00	0.00	0.00	0.00	0.00
			0.00	0.00	0.00	0.00	0.00
			0.00	0.00	0.00	0.00	0.00
			0.00	0.00	0.00	0.00	0.00
合计	--	--	--	--	--	--	0.00

5. 填写《生产经营情况表(其他)》：这个表是全年的，第 2 年申报 12 月的税额时才需填写，查看【报税说明】，看月份是几月，若是要求申报 12 月消费税，将相应数据填写到对应栏次，若不是，直接单击【保存】。

生产经营情况表（其他）

纳税人识别号：91110103302785116X　　纳税人名称：北京优格家具有限公司
所属时期：20190601　至 20190630　　填表日期：20190710　　金额单位：元(列至角分)

应税消费品名称 / 项目								
生产数量	0.00	0.00	0.00	0.00	0.00	0.00	0.00	0.00
销售数量	0.00	0.00	0.00	0.00	0.00	0.00	0.00	0.00
委托加工收回应税消费品直接销售数量	0.00	0.00	0.00	0.00	0.00	0.00	0.00	0.00
委托加工收回应税消费品直接销售额	0.00	0.00	0.00	0.00	0.00	0.00	0.00	0.00
出口免税销售数量	0.00	0.00	0.00	0.00	0.00	0.00	0.00	0.00
出口免税销售额	0.00	0.00	0.00	0.00	0.00	0.00	0.00	0.00

6. 填写《本期代收代缴税额计算表(其他)》：查看【报税说明】，本期是否有需要代收代缴税额，将其填写到对应栏次，若无，直接单击【保存】。

本期代收代缴税额计算表

纳税人识别号：91110103302785116X　　纳税人名称：北京优格家具有限公司
所属时期：20190601　至 20190630　　填表日期：20190710　　金额单

应税消费品名称 / 项目								
适用税率	0.00	0.00	0.00	0.00	0.00	0.00	0.00	0.00
受托加工数量	0.00	0.00	0.00	0.00	0.00	0.00	0.00	0.00
同类产品销售价格	0.00	0.00	0.00	0.00	0.00	0.00	0.00	0.00
材料成本	0.00	0.00	0.00	0.00	0.00	0.00	0.00	0.00
加工费	0.00	0.00	0.00	0.00	0.00	0.00	0.00	0.00
组成计税价格	0.00	0.00	0.00	0.00	0.00	0.00	0.00	0.00
本期代收代缴税款	0.00	0.00	0.00	0.00	0.00	0.00	0.00	0.00

7. 全部填写完成后，单击【正式申报】。

二、【实训案例】

金山公司为 F 省自贸区生产企业，增值税一般纳税人，2019 年 11 月有关经营情况如下：

(1)金山公司向农业生产者收购烟叶一批用于加工烟丝，实际支付的价款总额 880 万元，烟叶税税率为 20%；支付不含税运输费用 10 万元，取得运输公司(一般纳税人)开具的增值税专用发票，烟叶当期验收入库。

(2)将收购的烟叶全部运往位于县城的加工厂(乙企业)加工烟丝，加工厂收取不含增值税的加工费 50 万元(含代垫辅料 20 万元)，并开具增值税专用发票。

(3)领用本月委托加工收回的烟丝 80%用于生产卷烟。

(4)金山公司销售卷烟给批发企业(丙企业)400 箱，开具的增值税专用发票注明销售额 1 200 万元、增值税 156 万元，由于货款收回及时，给了丙企业 2%的折扣；丙企业当月零售 280 箱，取得不含增值税的价款 1 000 万元。

(5)金山公司销售给各卷烟专卖店300箱，取得不含税销售收入900万元，支付含税运输费用15万元并取得了运输公司开具的增值税普通发票；取得专卖店购买卷烟延期付款的补贴收入22.6万元，已向对方开具了普通发票。

(6)金山公司购进自用的运输卡车2辆，每辆卡车支付不含税价款40万元，取得增值税专用发票；企业购入一辆客车，用于接送职工上下班，取得增值税专用发票上注明金额为70万元。

其他相关资料：生产环节甲类卷烟消费税比例税率为56%、定额税率为150元/箱；烟丝消费税比例税率为30%；批发环节卷烟消费税比例税率为11%、定额税率为250元/箱；相关票据已通过主管税务机关认证。

【实训解析】

1. 乙企业受托加工烟丝应代收代缴的消费税＝[880×(1＋20%)×88%＋10＋50]÷(1－30%)×30%＝423.98(万元)

2. 丙企业批发卷烟应缴纳的消费税＝1 000×11%＋280×250÷10 000＝117(万元)

3. 金山公司应缴纳的消费税＝1 200×56%＋400×0.015＋[900＋22.6÷(1＋13%)]×56%＋300×0.015－423.98×80%＝858.516(万元)

【申报模板】

烟类应税消费品消费税纳税申报表

税款所属期：2019 年 11 月 01 日—2019 年 11 月 30 日

纳税人名称(公章)：金山公司　纳税人识别号：| 1 | 2 | 3 | 5 | 0 | * | * | * | * | * | * | * | * | * | * | * | 3 | 8 | A |

填表日期：2019 年 12 月 15 日

单位：卷烟万支、雪茄烟支、烟丝千克；金额单位：元(列至角分)

项目 应税消费品名称	适用税率 定额税率	适用税率 比例税率	销售数量	销售额	应纳税额
甲类卷烟	30 元/万支	56%	3 500.00	21 200 000.00	11 977 000.00
乙类卷烟	30 元/万支	36%	—	—	—
雪茄烟	—	36%	—	—	—
烟丝	—	30%	—	—	—
合计	—	—	3 500.00	21 200 000.00	11 977 000.00

本期准予扣除税额：3 391 840.00 本期减(免)税额：— 期初未缴税额：—	声明 此纳税申报表是根据国家税收法律的规定填报的，我确定它是真实的、可靠的、完整的。 经办人(签章)：李婷婷 财务负责人(签章)：周琳琳 联系电话：13 ******* 23
本期缴纳前期应纳税额：— 本期预缴税额：— 本期应补(退)税额：8 585 160.00 期末未缴税额：8 585 160.00	(如果你已委托代理人申报，请填写) 授权声明 为代理一切税务事宜，现授权(地址)为本纳税人的代理申报人，任何与本申报表有关的往来文件，都可寄予此人。 授权人签章：

以下由税务机关填写

受理人(签章)：　　　受理日期：　年　月　日　　　受理税务机关(章)：

填表说明

一、本表仅限烟类消费税纳税人使用。

二、本表“销售数量”为《中华人民共和国消费税暂行条例》《中华人民共和国消费税暂行条例实施细则》规定的当期应申报缴纳消费税的烟类应税消费品销售(不含出口免税)数量。

三、本表“销售额”为《中华人民共和国消费税暂行条例》《中华人民共和国消费税暂行条例实施细则》规定的当期应申报缴纳消费税的烟类应税消费品销售(不含出口免税)收入。

四、根据《中华人民共和国消费税暂行条例》和《财政部国家税务总局关于调整烟类产品消费税政策的通知》(财税〔2001〕91号)的规定，本表“应纳税额”计算公式如下。

(一)卷烟

应纳税额＝销售数量×定额税率＋销售额×比例税率

(二)雪茄烟、烟丝

应纳税额＝销售额×比例税率

五、本表“本期准予扣除税额”按本表附件一的本期准予扣除税款合计金额填写。

六、本表“本期减(免)税额”不含出口退(免)税额。

七、本表“期初未缴税额”填写本期期初累计应缴未缴的消费税额，多缴为负数。其数值等于上期“期末未缴税额”。

八、本表“本期缴纳前期应纳税额”填写本期实际缴纳入库的前期消费税额。

九、本表“本期预缴税额”填写纳税申报前已预先缴纳入库的本期消费税额。

十、本表“本期应补(退)税额”计算公式如下，多缴为负数。

本期应补(退)税额＝应纳税额(合计栏金额)－本期准予扣除税额－本期减(免)税额－本期预缴税额

十一、本表“期末未缴税额”计算公式如下，多缴为负数。

期末未缴税额＝期初未缴税额＋本期应补(退)税额－本期缴纳前期应纳税额

十二、本表为A4竖式，所有数字小数点后保留两位。一式两份，一份纳税人留存，一份税务机关留存。

附 1

本期准予扣除税额计算表

税款所属期：2019 年 11 月 01—2019 年 11 月 30 日

纳税人名称(公章)：金山公司　纳税人识别号：| 1 | 2 | 3 | 5 | 0 | * | * | * | * | * | * | * | * | * | * | * | 3 | 8 | A |

填表日期：2019 年 12 月 15 日

金额单位：元(列至角分)

一、当期准予扣除的委托加工烟丝已纳税款计算
1. 期初库存委托加工烟丝已纳税款：—
2. 当期收回委托加工烟丝已纳税款：3 391 817.14
3. 期末库存委托加工烟丝已纳税款：—
4. 当期准予扣除的委托加工烟丝已纳税款：3 391 817.14
二、当期准予扣除的外购烟丝已纳税款计算
1. 期初库存外购烟丝买价：—
2. 当期购进烟丝买价：—
3. 期末库存外购烟丝买价：—
4. 当期准予扣除的外购烟丝已纳税款：—
三、本期准予扣除税款合计：3 391 817.14

填表说明

一、本表作为《烟类应税消费品消费税纳税申报表》的附报资料，由外购或委托加工收回烟丝后连续生产卷烟的纳税人填报。

二、根据《国家税务总局关于用外购和委托加工收回的应税消费品连续生产应税消费品征收消费税问题的通知》(国税发〔1995〕94 号)的规定，本表"当期准予扣除的委托加工烟丝已纳税款"计算公式如下。

当期准予扣除的委托加工烟丝已纳税款＝期初库存委托加工烟丝已纳税款＋当期收回委托加工烟丝已纳税款－期末库存委托加工烟丝已纳税款

三、根据《国家税务总局关于用外购和委托加工收回的应税消费品连续生产应税消费品征收消费税问题的通知》(国税发〔1995〕94 号)的规定，本表"当期准予扣除的外购烟丝已纳税款"计算公式如下。

当期准予扣除的外购烟丝已纳税款＝(期初库存外购烟丝买价＋当期购进烟丝买价－期末库存外购烟丝买价)×外购烟丝适用税率(30%)。

四、本表"本期准予扣除税款合计"为本期外购及委托加工收回烟丝后连续生产卷烟准予扣除烟丝已纳税款的合计数，应与《烟类应税消费品消费税纳税申报表》中对应项目一致。

五、本表为 A4 竖式，所有数字小数点后保留两位。一式两份，一份纳税人留存，一份税务机关留存。

附 2

本期代收代缴税额计算表

税款所属期：2019 年 11 月 01 日—2019 年 11 月 30 日

纳税人名称(公章)：金山公司　纳税人识别号：| 1 | 2 | 3 | 5 | 0 | * | * | * | * | * | * | * | * | * | * | * | 3 | 8 | A |

填表日期：2019 年 12 月 15 日

金额单位：元(列至角分)

项目＼应税消费品名称		卷烟	卷烟	雪茄烟	烟丝	合计
适用税率	定额税率	30 元/万支	30 元/万支	—	—	—
	比例税率	56%	36%	36%	30%	—
受托加工数量		—	—	—	—	—
同类产品销售价格		—	—	—	—	—
材料成本		—	—	—	9 392 800.00	9 392 800.00
加工费		—	—	—	500 000.00	500 000.00
组成计税价格		—	—	—	14 132 571.43	14 132 571.43
本期代收代缴税款		—	—	—	4 239 771.43	4 239 771.43

填表说明

一、本表作为《烟类应税消费品消费税纳税申报表》的附报资料，由烟类应税消费品受托加工方填报。

二、本表“受托加工数量”的计量单位为卷烟为万支，雪茄烟为支，烟丝为千克。

三、本表“同类产品销售价格”为受托方同类产品销售价格。

四、根据《中华人民共和国消费税暂行条例》的规定，本表“组成计税价格”的计算公式如下。

组成计税价格=(材料成本+加工费)÷(1-消费税税率)

五、根据《中华人民共和国消费税暂行条例》的规定，本表“本期代收代缴税款”的计算公式如下：

(一)当受托方有同类产品销售价格时，

本期代收代缴税款=同类产品销售价格×受托加工数量×适用税率+受托加工数量×适用税率

(二)当受托方没有同类产品销售价格时，

本期代收代缴税款=组成计税价格×适用税率+受托加工数量×适用税率

五、本表为 A4 竖式，所有数字小数点后保留两位。一式两份，一份纳税人留存，一份税务机关留存。

附 3

卷烟销售明细表

税款所属期：2019 年 11 月 01 日—2019 年 11 月 30 日

纳税人名称(公章)：金山公司　纳税人识别号：1 2 3 5 0 * * * * * * * * * * * * 3 8 A

填表日期：2019 年 12 月 15 日

单位：万支、元、元/条(200 支)

卷烟牌号	烟支包装规格	产量	销量	消费税计税价格	销售额	备注
合计	—			—	—	—

填表说明

一、本表为年报，作为《烟类应税消费品消费税纳税申报表》的附报资料，由卷烟消费税纳税人于年度终了后填写，次年 1 月份办理消费税纳税申报时报送。同时报送本表的 Excel 格式电子文件。

二、本表“消费税计税价格”为计算缴纳消费税的卷烟价格。已核定消费税计税价格的卷烟，实际销售价格高于核定消费税计税价格的，填写实际销售价格；实际销售价格低于核定消费税计税价格的，填写核定消费税计税价格；同时，在备注栏中填写核定消费税计税价格的文号。未核定消费税计税价格的，以及出口、委托加工收回后直接销售的卷烟，填写实际销售价格。在同一所属期内该栏数值发生变化的，应分行填写，并在备注栏中标注变动日期。

三、已核定消费税计税价格但已停产卷烟、新牌号新规格卷烟、交易价格变动牌号卷烟、出口卷烟、委托加工收回后直接销售卷烟分别在备注栏中注明“停产”“新牌号”“价格变动”“出口”“委托加工收回后直接销售”字样。新牌号新规格卷烟需同时在备注栏中注明投放市场的月份。委托加工收回后直接销售卷烟需同时注明受托加工方企业名称。

四、本表“销售额”按照以下公式计算填写。

销售额＝销量×消费税计税价格

五、本表为 A4 横式，所有数字小数点后保留两位。一式两份，一份纳税人留存，一份税务机关留存。

附 4

卷烟批发环节消费税纳税申报表

税款所属期：2019 年 11 月 01 日—2019 年 11 月 30 日

纳税人名称(公章)：金山公司　纳税人识别号：1 2 3 5 0 * * * * * * * * * * * * 3 8 A

填表日期：2019 年 12 月 15 日

单位：万支、元(列至角分)

项目 应税消费品名称	适用税率		销售数量	销售额	应纳税额
	定额税率	比例税率			
卷烟	50 元/万支	11%	1 400.00	10 000 000.00	1 170 000.00
合计	—	—	1 400.00	10 000 000.00	1 170 000.00
期初未缴税额：—				声明 此纳税申报表是根据国家税收法律、法规规定填报的，我确定它是真实的、可靠的、完整的。 经办人(签章)：李婷婷 财务负责人(签章)：周琳琳 联系电话：13 ******* 23	
本期缴纳前期应纳税额：—					
本期预缴税额：—				(如果你已委托代理人申报，请填写) 授权声明 为代理一切税务事宜，现授权(地址)为本纳税人的代理申报人，任何与本申报表有关的往来文件，都可寄予此人。 授权人签字：	
本期应补(退)税额：1 170 000.00					
期末未缴税额：1 170 000.00					

以下由税务机关填写

受理人(签章)：　　受理日期：　年　月　日　　受理税务机关(章)：

填表说明

一、本表仅限卷烟批发环节消费税纳税人使用。

二、本表“税款所属期”是指纳税人申报的消费税应纳税额的所属时间，应填写具体的起止年、月、日。

三、本表“纳税人识别号”栏，填写纳税人的税务登记证号码。

四、本表“纳税人名称”栏，填写纳税人单位名称全称。

五、本表“销售数量”栏，填写按照税收法规规定的本期应当申报缴纳消费税的卷烟批发销售数量。

六、本表“销售额”栏，填写按照税收法规规定的本期应当申报缴纳消费税的卷烟批发销售收入。

七、本表“应纳税额”栏，填写本期按照税收法规规定的适用税率计算缴纳的消费税应纳税额，计算公式如下。

应纳税额＝销售数量×定额税率＋销售额×比例税率

八、本表“期初未缴税额”栏，填写本期期初累计应缴未缴的消费税额，多缴为负数。其数值等于上期申报表“期末未缴税额”栏数值。

九、本表“本期缴纳前期应纳税额”栏，填写纳税人本期实际缴纳入库的前期应缴未缴消费税额。

十、本表“本期预缴税额”栏，填写纳税申报前纳税人已预先缴纳入库的本期消费税额。

十一、本表“本期应补(退)税额”栏，填写纳税人本期应纳税额中应补缴或应退回的数额，计算公式如下，多缴为负数。

本期应补(退)税额＝应纳税额(合计栏金额)－本期预缴税额

十二、本表“期末未缴税额”栏，填写纳税人本期期末应缴未缴的消费税税额，计算公式如下，多缴为负数。

期末未缴税额＝期初未缴税额＋本期应补(退)税额－本期缴纳前期应纳税额

十三、本表为A4竖式，所有数字小数点后保留两位。一式两份，一份纳税人留存，一份税务机关留存。

【延伸阅读 3-1】对新型烟草制品征收消费税的国际经验与政策建议

2016 年 10 月,《"健康中国 2030"规划纲要》由中共中央、国务院印发并实施,其中明确提出要全面推进控烟履约,加大控烟力度,运用价格、税收、法律等手段提高控烟成效。2019 年 6 月,国务院《关于实施健康中国行动的意见》再次强调实施控烟行动需要利用税收和价格进行调节。税收不仅是政府筹集财政收入的政策工具,也是实现各种社会经济目标的重要手段,税收的这种调节经济和追求社会健康目标的作用在对烟草等对健康有危害的商品征收消费税(Excise Duty)方面体现得非常明显。大多数国家已经对烟、酒产品征收消费税,但新近一些新兴烟草产品的出现、流行和使用对消费税的调节功能提出了新的挑战。

近年来,全球传统卷烟销量下降明显,从 2011 年的 60 656.9 亿支下降到 2018 年的 54 255 亿支。与此同时,全球新型烟草制品的消费量出现明显上升,其中电子烟产品销售额从 2013 年的 49.21 亿美元增长到 2018 年的 145.2 亿美元,年均复合增长率达到 24.16%;加热不燃烧烟草制品销售额从 2013 的 0.5 亿美元增长至 2018 年的 102 亿美元,年均复合增长率达到 359.12%。针对新型烟草制品的市场扩张和流行趋势,一些国家相继出台了针对新型烟草制品的控制措施,包括征收消费税。其中,具有代表性的是美国一些州政府对电子烟征收消费税;日本政府对加热不燃烧烟草制品征收消费税。

近年来,中国电子烟市场增长迅猛,销售额从 2012 年的 8.53 亿元人民币增长到 2017 年的 39.99 亿元人民币,年均复合增速高达 36.2%。目前,国家烟草专卖局将加热不燃烧烟草产品纳入烟草制品范畴,但禁止进口和市场销售;对电子烟则是敦促电子烟企业关闭互联网销售网站或客户端,暂时还没有其他全国性监管政策。鉴于新型烟草制品在我国发展的趋势,研究其他国家对新型烟草制品征收消费税的税制设计与征管经验,对我国相关烟草税收政策的完善具有重要的借鉴意义。

过去半个多世纪广泛累积的科学研究证据已经充分证明,吸烟严重危害人类健康,烟草使用不仅导致吸烟者成瘾、健康不良、过早死亡和残疾,并且对二手烟和三手烟暴露者同样造成危害(DHHS, 2014)。目前,对烟草制品征收消费税、实施公共场所无烟立法及禁止向青少年售卖烟草制品,已经成为被各国政府广泛接受并实施的政策举措,以预防和减少烟草使用对人类健康的有害影响。

随着世界范围内电子烟和加热不燃烧烟草制品市场份额的持续扩大和使用人数的持续增长,关于此类新型烟草制品是否也应被纳入烟草制品而适用于和传统卷烟同样的政策监管,已经成为各国政府必须要面对的问题。回答这一问题的关键在于:有没有足够令人信服的科学研究证据能够证明,电子烟和加热不燃烧烟草制品如烟草公司所声称的那样,是为了保护吸烟者免受(或少受)烟草危害而发明的高科技产品,从而可以免除针对烟草制品制定的监管措施。

对此，科学界有代表性的研究结论是，使用电子烟存在健康风险。美国卫生与公众服务部的一份更全面的研究则认为，对于青少年来说，任何形式烟草制品(包括电子烟)的使用都是不安全的。近年来，电子烟在美国青少年人群中的流行速度惊人增长。该研究警告称，电子烟是一种含有尼古丁的烟草产品，而尼古丁是一种高度上瘾和有毒的物质，电子烟可能会造成许多使用电子烟的年轻人成为未来吸食传统卷烟的烟民。此外，接触尼古丁会损害大脑发育，可能会影响儿童和青少年的神经发育和心理健康(DHHS，2016)。

美国和欧盟对电子烟的监管态度清楚地表明了政府对电子烟存在潜在健康风险的认同。在美国，电子烟、加热不燃烧烟草制品和其他卷烟产品一样，受美国食品和药品管理局(FDA)的监管。在欧盟，自2017年5月起，电子烟和传统卷烟接受同样的监管，包括全面禁止广告和其他促销活动(Oppel&Geller，2016)。世界卫生组织《烟草控制框架公约》秘书处明确建议各成员国对电子烟实施和其他烟草制品同样的政策监管(Fleck，2014；WHO，2019)。

美国、欧盟及世界卫生组织对电子烟的监管态度均表明，对新型烟草制品实施和传统卷烟类似的政策监管正在成为国际趋势。根据科学研究与相关国家的经验，对传统烟草制品征收消费税的理论依据，应同样适用于新型烟草制品(郑榕等，2016)。

资料来源：郑榕，张自力. 关于对新型烟草制品征收消费税的国际经验与政策议[J]. 国际税收，2020(1).

【延伸阅读3-2】OECD成员国烟草消费税税率表

国家	香烟		雪茄		用于制造香烟的卷烟	
	美元/1 000支	税率(%)	美元/1 000支	税率(%)	美元/1 000支	税率(%)
澳大利亚	398.92	0.00	—	0.00	498.66	0.00
奥地利	49.94	40.00	0.00	13.00	0.00	56.00
比利时	43.86	45.84	0.00	10.00	26.30	31.50
加拿大	82.28	—	17.91	—	102.85	
智利	70.80	30.00	—	52.60	—	59.70
捷克	52.45	27.00	57.74	—	77.10	—
丹麦	175.84	1.00	74.35	10.00	117.25	0.00
爱沙尼亚	51.61	34.00	234.18	0.00	67.70	0.00
芬兰	41.62	52.00	0.00	31.00	28.86	0.00
法国	54.11	49.70	21.09	23.00	74.92	32.00
德国	108.99	21.69	15.54	1.47	53.82	14.76

续表

国家	香烟		雪茄		用于制造香烟的卷烟	
	美元/1 000 支	税率(%)	美元/1 000 支	税率(%)	美元/1 000 支	税率(%)
希腊	91.56	20.00	0.00	35.00	173.92	0.00
匈牙利	56.23	25.00	0.00	14.00	50.14	52.00
冰岛	174.30	0.00	16 450 克朗/千克	0.00	124.72	0.00
爱尔兰	301.84	9.20	315.359 欧元/千克	0.00	323.73	0.00
以色列	101.62	270(批发价)	0.00	90(批发价)	116.81	0.00
意大利	19.25	58.70	0.00	23.00	0.00	58.50
日本	101.19	0.00	101.19	0.00	101.19	0.00
韩国	109.25	64.64	294 800 韩元/千克	0.00	77.52	0.00
拉脱维亚	60.16	25.00	47.38	—	64.37	—
卢森堡	20.41	46.65	0.00	10.00	11.10	34.30
墨西哥	22.05	38.77	0.35 墨西哥披索/0.75 克/0.00	160/30.4	0.35 墨西哥披索/0.75 克/0.00	160/30.4
荷兰	197.87	1.09	0.00	5.00	87.33	4.60
新西兰	545.39/777.18 新西兰元	0.00	681.72 新西兰元	0.00	269.27	0.00
挪威	310.02	0.00	310.02	0.00	310.02	0.00
波兰	54.84	31.41	104.24	—	37.48	31.41
葡萄牙	100.83	17.00	0.00	25.00	86.57	20.00
斯洛伐克	66.04	23.00	78.92	—	78.92	0.00
斯洛文尼亚	76.38	21.87	0.00	6.00	44.40	35.00
西班牙	26.75	51.00	0.00	15.80	24.42	41.50
瑞典	177.96	1.00	156.60	0.00	217.46	0.00
瑞士	122.99	25.00	5.82	1.00	39.50	25.00
土耳其	81.16	65.25	81.16	40.00	81.16	65.25
英国	289.74	16.50	361.42	0.00	284.01	0.00
美国	135.00		—	—	—	—

资料来源：世界税制现状与趋势课题组．世界税制现状与趋势(2016)[M]．北京：中国财政经济出版社，2017：335-339．

第二节　其他类应税消费品消费税纳税申报(样表)

一、成品油消费税纳税申报表填写范例

成品油消费税纳税申报表

税款所属期：20××年××月××日—20××年××月××日

纳税人名称(公章)：××××　纳税人识别号：| * | * | * | * | * | * | * | * | * | * | * | * | * | * | * | * | * | * | * | * |

填表日期：20××年××月××日

计量单位：升；金额单位：元(列至角分)

项目 应税 消费品名称	适用税率 (元/升)	本期销售数量	本期应纳税额
汽油			
柴油			
石脑油			
溶剂油		据实填写	
润滑油			
燃料油			
航空煤油			
1. 合计	—	—	

2. 本期减(免)税额： 据实填写	声明 此纳税申报表是根据国家税收法律、法规规定填报的，我确定它是真实的、可靠的、完整的。 声明人签字：
3. 期初留抵税额：	
4. 本期准予扣除税额：	
5. 本期应抵扣税额：	
6. 期初未缴税额：	
7. 本期实际抵扣税额：	
8. 期末留抵税额：	(如果你已委托代理人申报，请填写) 授权声明 为代理一切税务事宜，现授权×(地址)为本纳税人的代理申报人，任何与本申报表有关的往来文件，都可寄予此人。 授权人签字：
9. 本期缴纳前期应纳税额：	
10. 本期预缴税额：	
11. 本期应补(退)税额：	
12. 期末未缴税额：	

以下由税务机关填写

受理人(签字)：　　受理日期：　年　月　日　　受理税务机关(公章)：

填表说明

一、本表由成品油消费税纳税人使用。

二、本表"税款所属期"是指纳税人申报的消费税应纳税额的所属时间，应填写具体的起止年、月、日。

三、本表"纳税人识别号"栏，填写纳税人的税务登记证号码。

四、本表"纳税人名称"栏，填写纳税人单位名称全称。

五、本表"适用税率"栏填写税法规定的应税消费税品税率。

六、本表"本期销售数量"栏，填写按照税法规定，本期应当申报缴纳成品油消费税的应税消费品(含外购、进口直接销售的应税消费品，不含出口免税、委托加工收回直接销售的应税消费品)销售数量。用自产汽油生产的乙醇汽油，按照生产乙醇汽油所耗用的汽油数量填写；以废矿物油生产的润滑油基础油为原料生产的润滑油，按扣除耗用的废矿物油生产的润滑油基础油后的数量填写。

七、本表"本期应纳税额"栏，填写本期按适用税率计算缴纳的消费税应纳税额，计算公式：本期应纳税额＝本期销售数量×适用税率，"本期应纳税额"合计栏等于汽油、柴油、石脑油、溶剂油、润滑油、燃料油"本期应纳税额"的合计数。

八、本表"本期减(免)税额"栏填写本期按照税法规定减免的消费税应纳税额，不包括暂缓征收的成品油。本期减免消费税应纳税额情况，需填报《本期减(免)税额明细表》予以反映。本栏数值应等于《本期减(免)税额明细表》应税成品油的"减(免)税额"合计。

九、本表"期初留抵税额"栏按上期申报表"期末留抵税额"栏数值填写。

十、本表"本期准予扣除税额"栏，填写按税法规定，外购、进口或委托加工收回汽油、柴油、石脑油、润滑油、燃料油用于连续生产应税消费品准予扣除汽油、柴油、石脑油、润滑油、燃料油的消费税已纳税款，应等于本表附1《本期准予扣除税额计算表》"本期准予扣除税额"栏合计值。

十一、本表"本期应抵扣税额"栏，填写纳税人本期应抵扣的消费税税额，计算公式为：本期应抵扣税额＝期初留抵税额＋本期准予扣除税额。

十二、本表"期初未缴税额"栏，填写本期期初累计应缴未缴的消费税额，多缴为负数。其数值等于上期申报表"期末未缴税额"栏数值。

十三、本表"本期实际抵扣税额"栏，填写纳税人本期实际抵扣的消费税税额，计算公式为：当本期应纳税额合计－本期减(免)税额≥本期应抵扣税额时，本期实际抵扣税额＝本期应抵扣税额；当本期应纳税额合计－本期减(免)税额＜本期应抵扣税额时，本期实际抵扣税额＝本期应纳税额合计－本期减(免)税额。

十四、本表"期末留抵税额"栏，计算公式：期末留抵税额＝本期应抵扣税额－本期实际抵扣税额。当其值大于零时按实际数值填写，小于等于零时填写零。

十五、本表"本期缴纳前期应纳税额"栏，填写纳税人本期实际缴纳入库的前期应缴未缴消费税额。

十六、本表"本期预缴税额"栏，填纳税申报前纳税人已预先缴纳入库的本期消费税额。

十七、本表"本期应补(退)税额"栏，填写纳税人本期应纳税额中应补缴或应退回的数额，计算公式如下，多缴为负数：本期应补(退)税额＝本期应纳税额合计－本期减(免)税额－本期实际抵扣税额－本期预缴税额。

十八、本表"期末未缴税额"栏，填写纳税人本期期末应缴未缴的消费税额，计算公式如下，多缴为负数：期末未缴税额＝期初未缴税额＋本期应补(退)税额－本期缴纳前期应纳税额。

十九、本表为A4竖式，所有数字小数点后保留两位。一式两份，一份纳税人留存，一份税务机关留存。

附 1

本期准予扣除税额计算表

税款所属期：20××年××月××日—20××年××月××日

纳税人名称(公章)：××××　纳税人识别号：| * | * | * | * | * | * | * | * | * | * | * | * | * | * | * | * | * | * | * | * |

填表日期：20××年××月××日

单位：升、吨、金额

一、扣除税额及库存计算

扣除油品类别	上期库存数量	本期外购入库数量	委托加工收回数量	本期准予扣除数量	本期准予扣除税额	本期领用未用于连续生产不准予扣除数量	期末库存数量
汽油							
柴油							
石脑油		据实填写					
润滑油							
燃料油							
合计							

二、润滑油基础油(废矿物油)和变性燃料乙醇领用存

产品名称	上期库存数量	本期入库数量	本期生产领用数量	期末库存数量
润滑油基础油(废矿物油)	据实填写			
变性燃料乙醇				

填表说明

一、本表作为《成品油消费税纳税申报表》的附列资料，填报纳税人外购、进口或委托加工收回的已税汽油、柴油、石脑油、润滑油、燃料油(以下简称应税油品)进行连续生产应税消费品等相关信息。

二、本表“税款所属期”“纳税人名称”“纳税人识别号”栏的填写同主表。

三、本表变性燃料乙醇的计量单位为“吨”，其余计量单位全部为“升”。

四、本表第一部分“上期库存数量”栏，按上期《本期准予扣除税额计算表》第一部分“期末库存数量”栏数值填写。

五、本表“本期外购入库数量”栏填写纳税人本期外购、进口用于连续生产的应税油品数量。不含依据定点直供计划采购的石脑油、燃料油；外购、进口或委托加工收回的甲醇汽油、乙醇汽油、纯生物柴油、溶剂油、航空煤油；以及利用废矿物油生产的油品数量。

六、本表“委托加工收回数量”栏填写纳税人委托加工收回用于连续生产的各种应税油品数量，应与《本期委托加工情况报告表》中第 2 部分第 2 项中“本期委托加工收回用于连续生产数量”栏对应一致。

七、本表“本期准予扣除数量”栏，填写纳税人按税法规定在本期申报扣除外购、进口或委托加工收回用于连续生产的应税油品数量。本栏次对应的汽油、柴油、润滑油数量应分别小于等于《成品油消费税纳税申报表》的汽油、柴油、润滑油“本期销售数量”数量。

八、本表“本期准予扣除税额”栏，填写纳税人符合税法规定在本期申报扣除外购、进口或委托加工收回用于连续生产的应税油品已纳消费税税额。计算公式：本期准予扣除税额＝本期准予扣除数量×适用税率

九、本表“本期领用未用于连续生产不准予扣除数量”栏，填写纳税人由外购、进口或委托加工收回的应税油品，未用于连续生产应税成品油而不允许扣除的成品油数量。

十、本表第一部分“期末库存数量”栏，填写期末留存的应税油品库存数量，计算公式：期末库存数量＝上期库存数量＋本期外购入库数量＋委托加工收回数量－本期准予扣除数量－本期领用未用于连续生产不准予扣除数量。

十一、本表“合计”栏，应填写“上期库存数量”“本期外购入库数量”“委托加工收回数量”“本期准予扣除数量”“本期准予扣除税额”“本期领用未用于连续生产不准予扣除数量”“期末库存数量”合计数。

十二、本表“润滑油基础油(废矿物油)”行，填写利用废矿物油生产的润滑油基础油领用存情况，“本期入库数量”包括外购和自产的润滑油基础油(废矿物油)。自产的润滑油基础油(废矿物油)应与《本期减(免)税额明细表》润滑油基础油的“减(免)数量”一致。用于连续生产润滑油的其他润滑油基础油数量不填入本行。

十三、本表第二部分“上期库存数量栏”栏，分别按上期《本期准予扣除税额计算表》第 2 部分的润滑油基础油(废矿物油)和变性燃料乙醇的“期末库存数量”栏数值填写。

十四、本表第二部分“期末库存数量”栏填写期末库存润滑油基础油(废矿物油)和变性燃料乙醇的数量，计算公式：期末库存数量＝上期库存数量＋本期入库数量－本期生产领用数量。

十五、本表为 A4 竖式，所有数字小数点后保留两位。一式两份，一份纳税人留存，一份税务机关留存。

附 2

本期委托加工情况报告表

税款所属期：20××年××月××日—20××年××月××日

纳税人名称(公章)：××××　纳税人识别号：| * | * | * | * | * | * | * | * | * | * | * | * | * | * | * | * | * | * | * | * |

填表日期：20××年××月××日

金山公司

计量单位：升；金额单位：元(列至角分)

一、代收代缴税款情况

委托方纳税人名称	委托方纳税人识别号	应税消费品名称	商品和服务税收分类编码	适用税率	受托加工数量	本期代收代缴税款
合计						

据　实　填　写

二、委托加工收回情况

1. 受托方代扣代缴税款情况

受托方扣缴义务人名称	受托方扣缴义务人识别号	税收缴款书(代扣代收专用)号码	税收缴款书(代扣代收专用)开具日期	应税消费品名称	商品和服务税收分类编码	适用税率	委托加工收回数量	代收代缴的税款
合计								

据　实　填　写

2. 委托加工收回的应税消费品领用存情况

应税消费品名称	商品和服务税收分类编码	适用税率	上期库存数量	本期委托加工收回数量	本期委托加工收回直接销售数量	本期委托加工收回用于连续生产数量	本期结存数量
合计							

据　实　填　写

填表说明

一、本表作为《成品油消费税纳税申报表》的附列资料，第一部分填报受托加工应税消费品并代收代缴税款的情况；第二部分填报委托加工收回的相关情况。

二、本表“税款所属期”“纳税人名称”“纳税人识别号”栏的填写同主表。

三、本表第一部分中“委托方纳税人名称”“委托方纳税人识别号”栏，填写受托加工业务发生时的委托方纳税人信息。

四、本表“商品和服务税收分类编码”栏，按成品油发票开具模块中对应的税收分类编码填写。

五、本表第一部分中“本期代收代缴税款”栏，填写本期实际代收代缴的消费税额。计算公式为：本期代收代缴税款＝受托加工数量×适用税率。

六、本表第二部分第1项中“受托方扣缴义务人名称”“受托方扣缴义务人识别号”栏，填写受托加工方的信息。

七、本表第二部分第1项中“税收缴款书(代扣代收专用)号码”“税收缴款书(代扣代收专用)开具日期”栏，填写受托加工方代扣代缴税款凭证上注明的信息。

八、本表第二部分第1项中“委托加工收回数量”栏，填写委托加工收回并取得税收缴款书(代扣代收专用)的各应税油品的数量。

九、本表第二部分第1项中“代收代缴的税款”栏填写受托方代收代缴的税款，计算公式：代收代缴的税款＝委托加工收回数量×适用税率。

十、本表第二部分第2项中“上期库存数量”栏按上期《本期委托加工情况报告表》第2部分第2项“本期结存数量”栏数值填写。

十一、本表第二部分第2项中“本期委托加工收回数量”栏等于本表第2部分第1项中“委托加工收回数量”栏数值。

十二、本表第二部分第2项中“本期结存数量”栏，填写期末留存的委托加工收回应税消费品库存数量，计算公式：本期结存数量＝上期库存数量＋本期委托加工收回数量－本期委托加工收回直接销售数量－本期委托加工收回用于连续生产数量“本期委托加工收回用于连续生产数量”栏数据，应与《本期准予扣除税额计算表》“委托加工收回数量”栏数据对应一致。

十三、本表为A4竖式，所有数字小数点后保留两位。一式两份，一份纳税人留存，一份税务机关留存。

二、电池消费税纳税申报表范例

电池消费税纳税申报表

税款所属期：20××年××月××日—20××年××月××日

纳税人名称(公章)：×××× 纳税人识别号：＊＊＊＊＊＊＊＊＊＊＊＊＊＊＊＊＊＊＊＊

填表日期：20××年××月××日

计量单位：只 金额单位：元(列至角分)

<table>
<tr><td>项目
应税
消费品名称</td><td>适用
税率</td><td>销售数量</td><td>销售额</td><td>应纳税额</td></tr>
<tr><td>电池(不含铅蓄电池)</td><td>4%</td><td rowspan="3" colspan="3">据实填写</td></tr>
<tr><td>铅蓄电池</td><td>4%</td></tr>
<tr><td>合计</td><td>—</td></tr>
<tr><td>本期准予扣除税额：</td><td rowspan="7">据
实
填
写</td><td colspan="3" rowspan="3">声明
此纳税申报表是根据国家税收法律规定填报的，我确定它是真实的、可靠的、完整的。
经办人(签章)：×××
财务负责人(签章)：××××
联系电话：</td></tr>
<tr><td>本期减(免)税额：</td></tr>
<tr><td>期初未缴税额：</td></tr>
<tr><td>本期缴纳前期应纳税额：</td><td colspan="3" rowspan="4">(如果你已委托代理人申报，请填写)
授权声明
为代理一切税务事宜，现授权
(地址)为
本纳税人的代理申报人，任何与本申报表有关的往来文件，都可寄予此人。
授权人签章：</td></tr>
<tr><td>本期预缴税额：</td></tr>
<tr><td>本期应补(退)税额：</td></tr>
<tr><td>期末未缴税额：</td></tr>
</table>

以下由税务机关填写

受理人(签章)： 受理日期： 年 月 日 受理税务机关(章)：

填表说明

一、本表限电池消费税纳税人使用。

二、本表“税款所属期”是指纳税人申报的消费税应纳税额的所属时间，应填写具体的起止年、月、日。

三、本表“纳税人识别号”栏，填写纳税人的税务登记证号码。

四、本表“纳税人名称”栏，填写纳税人单位名称全称。

五、本表“销售数量”栏，填写按照税收法规规定本期应当申报缴纳消费税的电池应税消费品销售(不含出口免税)数量。

六、本表“销售额”栏，填写按照税收法规规定的本期应当申报缴纳消费税的电池应税消费品销售(不含出口免税)收入。

七、本表“应纳税额”栏，填写本期按4%适用税率计算缴纳的消费税应纳税额，计算公式为：应纳税额＝销售额×4%。

八、本表“本期准予扣除税额”填写按税收法规规定委托加工收回电池并以高于受托方的计税价格出售电池应税消费品，准予扣除的电池消费税已纳税款。

“本期准予扣除税额”栏数值与《电池、涂料税款抵扣台账》第12栏“本月抵扣领用合计”已纳税款数值一致。

九、本表“本期减(免)税额”栏，填写本期按照税收法规规定减免的电池消费税应纳税额，不含出口退(免)税额。其减免的电池消费税应纳税额情况，需填报本表附1《本期减(免)税额计算表》予以反映。

“本期减(免)税额”栏数值与本表附1《本期减(免)税额计算表》“本期减(免)税额”合计栏数值一致。

十、“期初未缴税额”栏，填写本期期初累计应缴未缴的消费税额，多缴为负数。其数值等于上期申报表“期末未缴税额”栏数值。

十一、本表“本期缴纳前期应纳税额”栏，填写纳税人本期实际缴纳入库的前期应缴未缴消费税额。

十二、本表“本期预缴税额”栏，填写纳税申报前纳税人已预先缴纳入库的本期消费税额。

十三、本表“本期应补(退)税额”栏，填写纳税人本期应纳税额中应补缴或应退回的数额，计算公式如下，多缴为负数：

本期应补(退)税额＝应纳税额－本期减(免)税额－本期准予扣除税额－本期预缴税额

十四、本表“期末未缴税额”栏，填写纳税人本期期末应缴未缴的消费税额，计算公式如下，多缴为负数：

期末未缴税额＝期初未缴税额＋本期应补(退)税额－本期缴纳前期应纳税额

十五、本表为A4竖式，所有数字小数点后保留两位。一式两份，一份纳税人留存，一份税务机关留存。

附 1

本期减(免)税额计算表

税款所属期：20××年××月××日—20××年××月××日

纳税人名称(公章)：×××　纳税人识别号：| * | * | * | * | * | * | * | * | * | * | * | * | * | * | * | * | * | * | * | * |

填表日期：20××年××月××日

计量单位：只　金额单位：元(列至角分)

项目 应税 消费品名称	本期减(免)数量	本期减(免) 销售额	适用税率	本期减(免)税额
无汞原电池		据实填写	4%	据实填写
金属氢化物镍蓄电池			4%	
锂原电池			4%	
锂离子蓄电池			4%	
全钒液流电池			4%	
燃料电池			4%	
太阳能电池			4%	
合计			—	

填表说明

一、本表作为《电池消费税纳税申报表》的附列资料，由按照税收法规规定减免税电池产品消费税的纳税人填写。未发生减免电池消费税业务的纳税人和电池受托加工方不填报本表。

二、本表“税款所属期”“纳税人名称”“纳税人识别号”的填写同主表。

三、本表“本期减(免)数量”栏，填写本期应当申报减征、免征消费税的电池应税消费品数量。

四、本表“本期减(免)销售额”栏，填写按照税收法规规定的本期应当减征、免征消费税的电池应税消费品销售(不含出口免税)收入。

五、本表“本期减(免)税额”栏，填写本期按4%适用税率计算的电池减征、免征消费税额。计算公式为：本期减(免)税额＝本期减(免)销售额×4%。

该栏数值应与《电池消费税纳税申报表》“本期减(免)税额”栏数值一致。

六、本表为A4竖式，所有数字小数点后保留两位。一式两份，一份纳税人留存，一份税务机关留存。

附 2

本期代收代缴税额计算表

税款所属期：20××年××月××日—20××年××月××日

纳税人名称(公章)：××××　纳税人识别号：| * | * | * | * | * | * | * | * | * | * | * | * | * | * | * | * | * | * | * | * |

填表日期：20××年××月××日

计量单位：只　金额单位：元(列至角分)

项目 \ 应税消费品名称	非减(免)税电池	减(免)税电池
适用税率	4%	4%
受托加工数量		
同类产品销售价格		
材料成本	据实填写	
加工费		
组成计税价格		
本期代收代缴税款		—
本期受托加工减(免)税款	—	

填表说明

一、本表作为《电池消费税纳税申报表》的附列资料，由电池受托加工方填报。委托方和未发生受托加工业务的纳税人不填报本表。

二、本表“税款所属期”“纳税人名称”“纳税人识别号”的填写同主表。

三、本表“受托加工数量”的计量单位为：只。

四、本表“同类产品销售价格”为电池受托方同类产品销售价格。

五、根据《中华人民共和国消费税暂行条例》的规定，本表“组成计税价格”的计算公式如下：

组成计税价格＝(材料成本＋加工费)÷(1－消费税税率)

六、根据《中华人民共和国消费税暂行条例》的规定，本表“本期代收代缴税款”“本期受托加工减(免)税款”的计算公式如下：

(一)当受托方有同类产品销售价格时

本期代收代缴税款(本期受托加工减(免)税款)＝同类产品销售价格×受托加工数量×适用税率

(二)当受托方没有同类产品销售价格时

本期代收代缴税款(本期受托加工减(免)税款)＝组成计税价格×适用税率

七、本表为A4竖式，所有数字小数点后保留两位。一式两份，一份纳税人留存，一份税务机关留存。

三、酒类应税消费品纳税申报表范例

酒类应税消费品消费税纳税申报表

税款所属期：20××年××月××日—20××年××月××日

纳税人名称(公章)：××××　纳税人识别号：| * | * | * | * | * | * | * | * | * | * | * | * | * | * | * | * | * | * | * | * |

填表日期：20××年××月××日　　　　金额单位：元(列至角分)

项目 应税消费品名称	适用税率		销售数量	销售额	应纳税额
	定额税率	比例税率			
粮食白酒	0.5元/斤	20%	据实填写		
薯类白酒	0.5元/斤	20%			
啤酒	250元/吨	—			
啤酒	220元/吨	—			
黄酒	240元/吨	—			
其他酒	—	10%			
合计	—	—	—	—	

本期准予抵减税额： 本期减(免)税额： 期初未缴税额： 本期缴纳前期应纳税额： 本期预缴税额： 本期应补(退)税额： 期末未缴税额： 据实填写	**声明** 此纳税申报表是根据国家税收法律的规定填报的，我确定它是真实的、可靠的、完整的。 经办人(签章)：×××× 财务负责人(签章)：×××× 联系电话：
	(如果你已委托代理人申报，请填写) **授权声明** 为代理一切税务事宜，现授权(地址)为本纳税人的代理申报人，任何与本申报表有关的往来文件，都可寄予此人。 授权人签章：

以下由税务机关填写

受理人(签章)：　　　受理日期：　　年　　月　　日　　　受理税务机关(章)：

填表说明

一、本表仅限酒类应税消费品消费税纳税人使用。

二、本表“税款所属期”是指纳税人申报的消费税应纳税额的所属时间，应填写具体的起止年、月、日。

三、本表“纳税人识别号”栏，填写纳税人的税务登记证号码。

四、本表“纳税人名称”栏，填写纳税人单位名称全称。

五、本表“销售数量”为《中华人民共和国消费税暂行条例》《中华人民共和国消费税暂行条例实施细则》规定的当期应申报缴纳消费税的酒类应税消费品销售(不含出口免税)数量。计量单位：粮食白酒和薯类白酒为斤(如果实际销售商品按照体积标注计量单位，应按500毫升为1斤换算)，啤酒、黄酒和其他酒为吨。

六、本表“销售额”为《中华人民共和国消费税暂行条例》《中华人民共和国消费税暂行条例实施细则》规定的当期应申报缴纳消费税的酒类应税消费品销售(不含出口免税)收入。

七、根据《中华人民共和国消费税暂行条例》和《财政部国家税务总局关于调整酒类产品消费税政策的通知》(财税〔2001〕84号)的规定，本表“应纳税额”计算公式如下。

(一)粮食白酒、薯类白酒

应纳税额＝销售数量×定额税率＋销售额×比例税率

(二)啤酒、黄酒

应纳税额＝销售数量×定额税率

(三)其他酒

应纳税额＝销售额×比例税率

八、本表“本期准予抵减税额”填写按税收法规规定的本期准予抵减的消费税应纳税额。其准予抵减的消费税应纳税额情况，需填报本表附1《本期准予抵减税额计算表》予以反映。

“本期准予抵减税额”栏数值与本表附1《本期准予抵减税额计算表》“本期准予抵减税款合计”栏数值一致。

九、本表“本期减(免)税额”不含出口退(免)税额。

十、本表“期初未缴税额”栏，填写本期期初累计应缴未缴的消费税额，多缴为负数。其数值等于上期申报表“期末未缴税额”栏数值。

十一、本表“本期缴纳前期应纳税额”填写本期实际缴纳入库的前期应缴未缴消费税额。

十二、本表“本期预缴税额”填写纳税申报前纳税人已预先缴纳入库的本期消费税额。

十三、本表“本期应补(退)税额”填写纳税人本期应纳税额中应补缴或应退回的数额，计算公式如下，多缴为负数：

本期应补(退)税额＝应纳税额(合计栏金额)－本期准予抵减税额－本期减(免)税额－本期预缴税额

十四、本表“期末未缴税额”填写纳税人本期期末应缴未缴的消费税额，计算公式如下，多缴为负数：

期末未缴税额＝期初未缴税额＋本期应补(退)税额－本期缴纳前期应纳税额

十五、本表为A4竖式，所有数字小数点后保留两位。一式两份，一份纳税人留存，一份税务机关留存。

附 1

本期准予抵减税额计算表

税款所属期：20××年××月××日—20××年××月××日

纳税人名称(公章)：××××　纳税人识别号：| * | * | * | * | * | * | * | * | * | * | * | * | * | * | * | * | * | * | * | * |

填表日期：20××年××月××日

单位：吨、元(列至角分)

一、当期准予抵减的外购啤酒液已纳税款计算
1. 期初库存外购啤酒液数量：
2. 当期购进啤酒液数量：　　　　据　实　填　写
3. 期末库存外购啤酒液数量：
4. 当期准予抵减的外购啤酒液已纳税款：
二、当期准予抵减的进口葡萄酒已纳税款：
三、本期准予抵减税款合计：

附：准予抵减消费税凭证明细

啤酒(增值税专用发票)	号码	开票日期	数量	单价	定额税率(元/吨)
		据　实	填　写		
	合计	—		—	—
葡萄酒(海关进口消费税专用缴款书)	号码	开票日期	数量	完税价格	税款金额
		据　实	填　写		
	合计	—			

填表说明

一、本表作为《酒类应税消费品消费税纳税申报表》的附列资料，由以外购啤酒液为原料连续生产啤酒的纳税人或以进口葡萄酒为原料连续生产葡萄酒的纳税人填报。未发生以外购啤酒液为原料连续生产啤酒或以进口葡萄酒为原料连续生产葡萄酒业务的纳税人不填报本表。

二、本表“税款所属期”“纳税人名称”“纳税人识别号”的填写同主表。

三、根据《国家税务总局关于用外购和委托加工收回的应税消费品连续生产应税消费品征收消费税问题的通知》(国税发〔1995〕94 号)和《国家税务总局关于啤酒集团内部企业间销售(调拨)啤酒液征收消费税问题的批复》(国税函〔2003〕382 号)的规定，本表“当期准予抵减的外购啤酒液已纳税款”计算公式如下：

当期准予抵减的外购啤酒液已纳税款＝(期初库存外购啤酒液数量＋当期购进啤酒液数量－期末库存外购啤酒液数量)×外购啤酒液适用定额税率

其中，外购啤酒液适用定额税率由购入方取得的销售方销售啤酒液所开具的增值税专用发票上记载的单价确定。适用定额税率不同的，应分别核算外购啤酒液数量和当期准予抵减的外购啤酒液已纳税款，并在表中填写合计数。

四、根据《国家税务总局关于印发〈葡萄酒消费税管理办法(试行)〉的通知》(国税发〔2006〕66 号)的规定，本表“当期准予抵减的进口葡萄酒已纳税款”为纳税人进口葡萄酒取得的《海关进口消费税专用缴款书》注明的消费税款。

五、本表“本期准予抵减税款合计”栏数值应与《酒类应税消费品消费税纳税申报表》“本期准予抵减税额”栏数值一致。

六、以外购啤酒液为原料连续生产啤酒的纳税人应在“附：准予抵减消费税凭证明细”栏据实填写购入啤酒液取得的增值税专用发票上载明的“号码”“开票日期”“数量”“单价”等项目内容。

七、以进口葡萄酒为原料连续生产葡萄酒的纳税人应在“附：准予抵减消费税凭证明细”栏据实填写进口消费税专用缴款书上载明的“号码”“开票日期”“数量”“完税价格”“税款金额”等项目内容。

八、本表为 A4 竖式，所有数字小数点后保留两位。一式两份，一份纳税人留存，一份税务机关留存。

附 2

本期代收代缴税额计算表

税款所属期：20××年××月××日—20××年××月××日

纳税人名称(公章)：××××　纳税人识别号：| * | * | * | * | * | * | * | * | * | * | * | * | * | * | * | * | * | * | * | * |

填表日期：20××年××月××日　　　　金额单位：元(列至角分)

项目＼应税消费品名称		粮食白酒	薯类白酒	啤酒	啤酒	黄酒	其他酒	合计
适用税率	定额税率	0.5元/斤	0.5元/斤	250元/吨	220元/吨	240元/吨	—	—
	比例税率	20%	20%	—	—	—	10%	—
受托加工数量								—
同类产品销售价格						—		—
材料成本		据实填写				—		—
加工费						—		—
组成计税价格						—		—
本期代收代缴税款								

填表说明

一、本表作为《酒类应税消费品消费税纳税申报表》的附列资料，由酒类应税消费品受托加工方纳税人填报。委托方和未发生受托加工业务的纳税人不填报本表。

二、本表“税款所属期”“纳税人名称”“纳税人识别号”的填写同主表。

三、本表“受托加工数量”的计量单位是：粮食白酒和薯类白酒为斤(如果实际销售商品按照体积标注计量单位，应按500毫升为1斤换算)，啤酒、黄酒、其他酒为吨。

四、本表“同类产品销售价格”为受托方同类产品销售价格。

五、根据《中华人民共和国消费税暂行条例》的规定，本表“组成计税价格”的计算公式如下：

组成计税价格＝(材料成本＋加工费)÷(1－消费税税率)

六、根据《中华人民共和国消费税暂行条例》的规定，本表“本期代收代缴税款”的计算公式如下。

(一)当受托方有同类产品销售价格时

本期代收代缴税款＝同类产品销售价格×受托加工数量×适用税率＋受托加工数量×适用税率

(二)当受托方没有同类产品销售价格时

本期代收代缴税款＝组成计税价格×适用税率＋受托加工数量×适用税率

“本期代收代缴税款合计”为粮食白酒、薯类白酒、啤酒、黄酒、其他酒的“本期代收代缴税款”合计数。

七、本表为A4竖式，所有数字小数点后保留两位。一式两份，一份纳税人留存，一份税务机关留存。

附 3

生产经营情况表

税款所属期：20××年××月××日—20××年××月××日

纳税人名称(公章)：××××　纳税人识别号：| * | * | * | * | * | * | * | * | * | * | * | * | * | * | * | * | * | * | * | * |

填表日期：20××年××月××日　　　　金额单位：元(列至角分)

应税消费品名称项目	粮食白酒	薯类白酒	啤酒(适用税率250元/吨)	啤酒(适用税率220元/吨)	黄酒	其他酒
生产数量						
销售数量						
委托加工收回酒类应税消费品直接销售数量		据　实　填　写				
委托加工收回酒类应税消费品直接销售额						
出口免税销售数量						
出口免税销售额						

填表说明

一、本表为年报，作为《酒类应税消费品消费税纳税申报表》的附列资料，由酒类应税消费品消费税纳税人于年度终了后填写，次年1月办理消费税纳税申报时报送。

二、本表“税款所属期”“纳税人名称”“纳税人识别号”和“销售数量”的填写要求同主表。

三、本表“生产数量”，填写本期生产的产成品数量。

四、本表“出口免税销售数量”和“出口免税销售额”为享受出口免税政策的应税消费品销售数量和销售额。

五、本表计量单位：粮食白酒和薯类白酒为斤(如果实际销售商品按照体积标注计量单位，应按500毫升为1斤换算)，啤酒、黄酒、其他酒为吨。

六、本表为A4竖式，所有数字小数点后保留两位。一式两份，一份纳税人留存，一份税务机关留存。

四、小汽车消费税纳税申报表范例

小汽车消费税纳税申报表

税款所属期：2019 年 11 月 01 日—2019 年 11 月 30 日

纳税人名称(公章)：××××　纳税人识别号：| 1 | 2 | 3 | 5 | 0 | * | * | * | * | * | * | * | * | * | * | * | 3 | 8 | A |

填表日期：2019 年 12 月 15 日

单位：辆、元(列至角分)

应税项目消费品名称		适用税率	销售数量	销售额	应纳税额
乘用车	气缸容量≤1.0 L	1%	2.00	10 000.00	100.00
	1.0 L＜气缸容量≤1.5 L	3%			
	1.5 L＜气缸容量≤2.0 L	5%			
	2.0 L＜气缸容量≤2.5 L	9%			
	2.5 L＜气缸容量≤3.0 L	12%			
	3.0 L＜气缸容量≤4.0 L	25%			
	气缸容量＞4.0 L	40%			
中轻型商用客车		5%			
合计		—	—	—	100.00

	声明 此纳税申报表是根据国家税收法律的规定填报的，我确定它是真实的、可靠的、完整的。 经办人(签章)：李婷婷 财务负责人(签章)：周琳琳 联系电话：13*******23
本期准予扣除税额：0.00	
本期减(免)税额：0.00	
期初未缴税额：0.00	
本期缴纳前期应纳税额：0.00	(如果你已委托代理人申报，请填写) **授权声明** 为代理一切税务事宜，现授权(地址)为本纳税人的代理申报人，任何与本申报表有关的往来文件，都可寄予此人。 授权人签章：
本期预缴税额：0.00	
本期应补(退)税额：100.00	
期末未缴税额：0.00	

以下由税务机关填写

受理人(签章)：　　　　受理日期：　年　月　日　　　　受理税务机关(章)：

填表说明

一、本表仅限小汽车消费税纳税人使用。

二、纳税人生产的改装、改制车辆，应按照《财政部国家税务总局关于调整和完善消费税政策的通知》(财税〔2006〕33号)中规定的适用税目、税率填写本表。

三、本表“销售数量”为《中华人民共和国消费税暂行条例》《中华人民共和国消费税暂行条例实施细则》规定的当期应申报缴纳消费税的小汽车类应税消费品销售(不含出口免税)数量。

四、本表“销售额”为《中华人民共和国消费税暂行条例》《中华人民共和国消费税暂行条例实施细则》规定的当期应申报缴纳消费税的小汽车类应税消费品销售(不含出口免税)收入。

五、根据《中华人民共和国消费税暂行条例》的规定，本表“应纳税额”计算公式如下：

应纳税额＝销售额×比例税率

六、本表“本期减(免)税额”不含出口退(免)税额。

七、本表“期初未缴税额”填写本期期初累计应缴未缴的消费税额，多缴为负数。其数值等于上期“期末未缴税额”。

八、本表“本期缴纳前期应纳税额”填写本期实际缴纳入库的前期消费税额。

九、本表“本期预缴税额”填写纳税申报前已预先缴纳入库的本期消费税额。

十、本表“本期应补(退)税额”计算公式如下，多缴为负数：

本期应补(退)税额＝应纳税额(合计栏金额)－本期减(免)税额－本期预缴税额

十一、本表“期末未缴税额”计算公式如下，多缴为负数：

期末未缴税额＝期初未缴税额＋本期应补(退)税额－本期缴纳前期应纳税额

十二、本表为A4竖式，所有数字小数点后保留两位。一式两份，一份纳税人留存，一份税务机关留存。

附 1

本期代收代缴税额计算表

税款所属期：20××年××月××日—20××年××月××日

纳税人名称(公章)：××××　纳税人识别号：* * * * * * * * * * * * * * * * * * * *

填表日期：20××年××月××日

金额单位：元(列至角分)

应税消费品名称 项目	乘用车：气缸容量≤1.0 L	乘用车：1.0 L<气缸容量≤1.5 L	乘用车：1.5 L<气缸容量≤2.0 L	乘用车：2.0 L<气缸容量≤2.5 L	乘用车：2.5 L<气缸容量≤3.0 L	乘用车：3.0 L<气缸容量≤4.0 L	乘用车：气缸容量>4.0 L	中轻型商用客车	合计
适用税率	1%	3%	5%	9%	12%	25%	40%	5%	
受托加工数量									—
同类产品销售价格									—
材料成本	据实填写								—
加工费									—
组成计税价格									—
本期代收代缴税款									

填表说明

一、本表作为《小汽车消费税纳税申报表》的附报资料，由小汽车受托加工方填写。

二、生产和受托加工的改装、改制车辆，应按照《财政部国家税务总局关于调整和完善消费税政策的通知》(财税〔2006〕33号)中规定的适用税目、税率填写本表。

三、本表"受托加工数量"的计量单位为辆。

四、本表"同类产品销售价格"为受托方同类产品销售价格。

五、根据《中华人民共和国消费税暂行条例》的规定，本表"组成计税价格"的计算公式如下：

组成计税价格＝(材料成本＋加工费)÷(1－消费税税率)

六、根据《中华人民共和国消费税暂行条例》的规定，本表"本期代收代缴税款"的计算公式如下：

(一)当受托方有同类产品销售价格时，

本期代收代缴税款＝同类产品销售价格×受托加工数量×适用税率

(二)当受托方没有同类产品销售价格时，

本期代收代缴税款＝组成计税价格×适用税率

七、本表为A4竖式，所有数字小数点后保留两位。一式两份，一份纳税人留存，一份税务机关留存。

附 2

生产经营情况表

税款所属期：20××年××月××日—20××年××月××日

纳税人名称(公章)：××××　纳税人识别号：| * | * | * | * | * | * | * | * | * | * | * | * | * | * | * | * | * | * | * | * |

金山公司

填表日期：20××年××月××日

金额单位：元(列至角分)

应税消费品名称 / 项目	乘用车：气缸容量≤1.0 L	乘用车：1.0 L＜气缸容量≤1.5 L	乘用车：1.5 L＜气缸容量≤2.0 L	乘用车：2.0 L＜气缸容量≤2.5 L	乘用车：2.5 L＜气缸容量≤3.0 L	乘用车：3.0 L＜气缸容量≤4.0 L	乘用车：气缸容量＞4.0 L	中轻型商用客车
生产数量								
销售数量								
委托加工收回应税消费品直接销售数量		据	实		填	写		
委托加工收回应税消费品直接销售额								
出口免税销售数量								
出口免税销售额								

填表说明

一、本表为年报，作为《小汽车消费税纳税申报表》的附报资料，由纳税人于每年年度终了后填写，次年1月办理消费税纳税申报时报送。

二、纳税人生产的改装、改制车辆，应按照《财政部国家税务总局关于调整和完善消费税政策的通知》中规定的适用税目、税率填写本表。

三、本表“应税消费品”“销售数量”填写要求同《小汽车消费税纳税申报表》。

四、本表“生产数量”，填写本期生产的产成品数量。

五、本表“出口免税销售数量”和“出口免税销售额”为享受出口免税政策的应税消费品销售数量和销售额。

六、本表为A4竖式。所有数字小数点后保留两位。一式两份，一份纳税人留存，一份税务机关留存。

五、涂料消费税纳税申报表范例

涂料消费税纳税申报表

金山公司

税款所属期：20××年××月××日—20××年××月××日

纳税人名称(公章)：××××　纳税人识别号：| * | * | * | * | * | * | * | * | * | * | * | * | * | * | * | * | * | * | * | * |

填表日期：20××年××月××日　　　　计量单位：吨金额单位：元(列至角分)

项目	适用税率	销售数量	销售额	应纳税额
涂料	4%	据实填写		

本期准予扣除税额： 据实填写	**声明** 此纳税申报表是根据国家税收法律的规定填报的，我确定它是真实的、可靠的、完整的。 经办人(签章)：×××× 财务负责人(签章)：×××× 联系电话：
本期减(免)税额：	
期初未缴税额：	
本期缴纳前期应纳税额：	(如果你已委托代理人申报，请填写) **授权声明** 为代理一切税务事宜，现授权(地址)为本纳税人的代理申报人，任何与本申报表有关的往来文件，都可寄予此人。 授权人签章：
本期预缴税额：	
本期应补(退)税额：	
期末未缴税额：	

以下由税务机关填写

受理人(签章)：　　　受理日期：　年　月　日　　　受理税务机关(章)：

填表说明

一、本表仅限涂料消费税纳税人使用。

二、本表“税款所属期”是指纳税人申报的消费税应纳税额的所属时间，应填写具体的起止年、月、日。

三、本表“纳税人识别号”栏，填写纳税人的税务登记证号码。

四、本表“纳税人名称”栏，填写纳税人单位名称全称。

五、本表“销售数量”栏，填写按照税收法规规定本期应当申报缴纳消费税的涂料应税消费品销售(不含出口免税)数量。

六、本表“销售额”栏，填写按照税收法规规定的本期应当申报缴纳消费税的涂料应税消费品销售(不含出口免税)收入。

七、本表“应纳税额”栏，填写本期按4%适用税率计算缴纳的消费税应纳税额，计算公式为：

应纳税额＝销售额×4%

八、本表“本期准予扣除税额”填写按税收法规规定委托加工收回涂料并以高于受托方的计税价格出售涂料应税消费品，准予扣除的涂料消费税已纳税款。

“本期准予扣除税额”栏数值与《电池、涂料税款抵扣台账》第12栏“本月抵扣领用合计”已纳税款数值一致。

九、本表“本期减(免)税额”栏，填写本期按照税收法规规定减免的涂料消费税应纳税额，不含出口退(免)税额。其减免的涂料消费税应纳税额情况，需填报本表附1《本期减(免)税额计算表》予以反映。

“本期减(免)税额”栏数值与本表附1《本期减(免)税额计算表》“本期减(免)税额”数值一致。

十、本表“期初未缴税额”栏，填写本期期初累计应缴未缴的消费税额，多缴为负数。其数值等于上期申报表“期末未缴税额”栏数值。

十一、本表“本期缴纳前期应纳税额”栏，填写纳税人本期实际缴纳入库的前期应缴未缴消费税额。

十二、本表“本期预缴税额”栏，填写纳税申报前纳税人已预先缴纳入库的本期消费税额。

十三、本表“本期应补(退)税额”栏，填写纳税人本期应纳税额中应补缴或应退回的数额，计算公式如下，多缴为负数：

本期应补(退)税额＝应纳税额－本期减(免)税额－本期准予扣除税额－本期预缴税额

十四、本表“期末未缴税额”栏，填写纳税人本期期末应缴未缴的消费税额，计算公式如下，多缴为负数：

期末未缴税额＝期初未缴税额＋本期应补(退)税额－本期缴纳前期应纳税额

十五、本表为A4竖式，所有数字小数点后保留两位。一式两份，一份纳税人留存，一份税务机关留存。

附 1

本期减(免)税额计算表

税款所属期：20××年××月××日—20××年××月××日

纳税人名称(公章)：××××　纳税人识别号：| * | * | * | * | * | * | * | * | * | * | * | * | * | * | * | * | * | * | * | * |

填表日期：20××年××月××日

计量单位：吨　金额单位：元(列至角分)

项目	适用税率	本期减(免)数量	本期减(免)销售额	本期减(免)税额
涂料	4%	据　实　填　写		

填表说明

一、本表作为《涂料消费税纳税申报表》的附列资料，由按照税收法规规定减(免)施工状态下挥发性有机化合物(VOC)含量420 g/L(含)以下的涂料消费税的纳税人填报。未发生减(免)涂料消费税业务的纳税人和涂料受托加工方不填报本表。

二、本表“税款所属期”“纳税人名称”“纳税人识别号”的填写同主表。

三、本表“本期减(免)数量”栏，填写本期应当申报减征、免征消费税的涂料应税消费品数量。

四、本表“本期减(免)销售额”栏，填写按照税收法规规定的本期应当减征、免征消费税的涂料应税消费品销售(不含出口免税)收入。

五、本表“本期减(免)税额”栏，填写本期按4%适用税率计算的涂料减征、免征消费税额。计算公式为：本期减(免)税额=本期减(免)销售额×4%

该栏数值应与《涂料消费税纳税申报表》“本期减(免)税额”栏数值一致。

六、本表为A4横式，所有数字小数点后保留两位。一式两份，一份纳税人留存，一份税务机关留存。

附 2

本期代收代缴税额计算表

税款所属期：20××年××月××日—20××年××月××日

纳税人名称(公章)：××××　纳税人识别号：| * | * | * | * | * | * | * | * | * | * | * | * | * | * | * | * | * | * | * | * |

填表日期：20××年××月××日

计量单位：吨　金额单位：元(列至角分)

项目 \ 应税消费品名称	非减(免)税涂料	减(免)税涂料
适用税率	4%	4%
受托加工数量		
同类产品销售价格		
材料成本	据实填写	
加工费		
组成计税价格		
本期代收代缴税款		—
本期受托加工减(免)税款	—	

填表说明

一、本表作为《涂料消费税纳税申报表》的附列资料，由涂料受托加工方填报。委托方和未发生受托加工业务的纳税人不填报本表。

二、本表"税款所属期""纳税人名称""纳税人识别号"的填写同主表。

三、本表"受托加工数量"的计量单位是：吨。

四、本表"同类产品销售价格"为涂料受托方同类产品销售价格。

五、根据《中华人民共和国消费税暂行条例》的规定，本表"组成计税价格"的计算公式如下：

组成计税价格＝(材料成本＋加工费)÷(1－消费税税率)

六、根据《中华人民共和国消费税暂行条例》的规定，本表"本期代收代缴税款""本期受托加工减(免)税款"的计算公式如下：

(一)当受托方有同类产品销售价格时

本期代收代缴税款(本期受托加工减(免)税款)＝同类产品销售价格×受托加工数量×适用税率

(二)当受托方没有同类产品销售价格时

本期代收代缴税款(本期受托加工减(免)税款)＝组成计税价格×适用税率

七、本表为A4竖式，所有数字小数点后保留两位。一式两份，一份纳税人留存，一份税务机关留存。

六、其他应税消费品纳税申报表范例

其他应税消费品消费税纳税申报表

税款所属期：20××年××月××日—20××年××月××日

纳税人名称(公章)：金山公司　纳税人识别号：12350************38A

填表日期：2019年12月15日

金额单位：元(列至角分)

项目 应税消费品名称	适用税率	销售数量	销售额	应纳税额
鞭炮焰火	15%	1 000.00	10 000.00	1 500.00
合计	—	—	—	1 500.00

本期准予抵减税额：0.00 本期减(免)税额：0.00 期初未缴税额：0.00	**声明** 此纳税申报表是根据国家税收法律的规定填报的，我确定它是真实的、可靠的、完整的。 经办人(签章)李婷婷 财务负责人(签章)：周琳琳 联系电话：13*******23
本期缴纳前期应纳税额：0.00 本期预缴税额：0.00 本期应补(退)税额：1 500.00 期末未缴税额：0.00	(如果你已委托代理人申报，请填写) **授权声明** 为代理一切税务事宜，现授权(地址)为本纳税人的代理申报人，任何与本申报表有关的往来文件，都可寄予此人。 授权人签章：

以下由税务机关填写

受理人(签章)：　　受理日期：　年　月　日　　受理税务机关(章)：

填表说明

一、本表限高档化妆品、贵重首饰及珠宝玉石、鞭炮焰火、摩托车(排量＞250 mL)、摩托车(排量＝250 mL)、高尔夫球及球具、高档手表、游艇、木制一次性筷子、实木地板、超豪华小汽车等消费税纳税人使用。

二、本表“税款所属期”是指纳税人申报的消费税应纳税额的所属时间，应填写具体的起止年、月、日。

三、本表“纳税人识别号”栏，填写纳税人的税务登记证号码。

四、本表“纳税人名称”栏，填写纳税人单位名称全称。

五、本表“应税消费品名称”和“适用税率”按照以下内容填写。

高档化妆品：15％；贵重首饰及珠宝玉石：10％；金银首饰(铂金首饰、钻石及钻石饰品)：5％；鞭炮焰火：15％；摩托车(排量＞250 mL)：10％；摩托车(排量＝250 mL)：3％；高尔夫球及球具：10％；高档手表：20％；游艇：10％；木制一次性筷子：5％；实木地板：5％；超豪华小汽车：10％。

六、本表“销售数量”为《中华人民共和国消费税暂行条例》《中华人民共和国消费税暂行条例实施细则》及其他法规、规章规定的当期应申报缴纳消费税的应税消费品销售(不含出口免税)数量。计量单位是：摩托车为辆；超豪华小汽车为辆；高档手表为只；游艇为艘；实木地板为平方米；木制一次性筷子为万双；高档化妆品、贵重首饰及珠宝玉石(含金银首饰、铂金首饰、钻石及钻石饰品)、鞭炮焰火、高尔夫球及球具按照纳税人实际使用的计量单位填写并在本栏中注明。

七、本表“销售额”为《中华人民共和国消费税暂行条例》《中华人民共和国消费税暂行条例实施细则》及其他法规、规章规定的当期应申报缴纳消费税的应税消费品销售(不含出口免税)收入。

八、根据《中华人民共和国消费税暂行条例》的规定，本表“应纳税额”计算公式如下：

应纳税额＝销售额×适用税率

九、本表“本期准予扣除税额”填写按税收法规规定本期外购或委托加工收回应税消费品后连续生产应税消费品准予扣除的消费税应纳税额。其准予扣除的消费税应纳税额情况，需填报本表附1《本期准予扣除税额计算表》予以反映。

“本期准予扣除税额”栏数值与本表附1《本期准予扣除税额计算表》“本期准予扣除税款合计”栏数值一致。

十、本表“本期减(免)税额”不含出口退(免)税额。

十一、本表“期初未缴税额”填写本期期初累计应缴未缴的消费税额，多缴为负数。其数值等于上期申报表“期末未缴税额”。

十二、本表“本期缴纳前期应纳税额”填写本期实际缴纳入库的前期应缴未缴消费税额。

十三、本表“本期预缴税额”填写纳税申报前纳税人已预先缴纳入库的本期消费税额。

十四、本表“本期应补(退)税额”填写纳税人本期应纳税额中应补缴或应退回的数额，计算公式如下，多缴为负数：

本期应补(退)税额＝应纳税额(合计栏金额)－本期准予扣除税额－本期减(免)税额－本期预缴税额

十五、本表“期末未缴税额”填写纳税人本期期末应缴未缴的消费税额，计算公式如下，多缴为负数：

期末未缴税额＝期初未缴税额＋本期应补(退)税额－本期缴纳前期应纳税额

十六、本表为A4竖式，所有数字小数点后保留两位。一式两份，一份纳税人留存，一份税务机关留存。

附 1

本期准予扣除税额计算表

税款所属期：20××年××月××日—20××年××月××日

纳税人名称(公章)：××××　纳税人识别号：| * | * | * | * | * | * | * | * | * | * | * | * | * | * | * | * | * | * | * | * |

填表日期：20××年××月××日

金额单位：元(列至角分)

项目 \ 应税消费品名称					合计
当期准予扣除的委托加工应税消费品已纳税款计算	期初库存委托加工应税消费品已纳税款				—
	当期收回委托加工应税消费品已纳税款				—
	期末库存委托加工应税消费品已纳税款		据实填写		—
	当期准予扣除委托加工应税消费品已纳税款				
当期准予扣除的外购应税消费品已纳税款计算	期初库存外购应税消费品买价				—
	当期购进应税消费品买价				—
	期末库存外购应税消费品买价				—
	外购应税消费品适用税率				—
	当期准予扣除外购应税消费品已纳税款				
本期准予扣除税款合计					

填表说明

一、本表作为《其他应税消费品消费税纳税申报表》的附列资料，由外购或委托加工收回应税消费品后连续生产应税消费品的纳税人填报。未发生外购或委托加工收回应税消费品后连续生产应税消费品的纳税人不填报本表。

二、本表“税款所属期”“纳税人名称”“纳税人识别号”的填写同主表。

三、本表“应税消费品名称”填写高档化妆品、珠宝玉石、鞭炮焰火、摩托车(排量＞250 mL)、摩托车(排量＝250 mL)、高尔夫球及球具、木制一次性筷子、实木地板。

四、根据《国家税务总局关于用外购和委托加工收回的应税消费品连续生产应税消费品征收消费税问题的通知》(国税发〔1995〕94 号)的规定，本表“当期准予扣除的委托加工应税消费品已纳税款”计算公式如下：

当期准予扣除的委托加工应税消费品已纳税款＝期初库存委托加工应税消费品已纳税款＋当期收回委托加工应税消费品已纳税款－期末库存委托加工应税消费品已纳税款

五、根据《国家税务总局关于用外购和委托加工收回的应税消费品连续生产应税消费品征收消费税问题的通知》(国税发〔1995〕94 号)的规定，本表“当期准予扣除的外购应税消费品已纳税款”计算公式如下：

当期准予扣除的外购应税消费品已纳税款＝(期初库存外购应税消费品买价＋当期购进应税消费品买价－期末库存外购应税消费品买价)×外购应税消费品适用税率

六、本表“本期准予扣除税款合计”为本期外购及委托加工收回应税消费品后连续生产应税消费品准予扣除应税消费品已纳税款的合计数，应与《其他应税消费品消费税纳税申报表》“本期准予扣除税额”栏数值一致。

七、本表为 A4 竖式，所有数字小数点后保留两位。一式两份，一份纳税人留存，一份税务机关留存。

附 2

准予扣除消费税凭证明细表

税款所属期：20××年××月××日—20××年××月××日

纳税人名称(公章)：××××　纳税人识别号：| * | * | * | * | * | * | * | * | * | * | * | * | * | * | * | * | * | * | * | * |

填表日期：20××年××月××日

金额单位：元(列至角分)

应税消费品名称	凭证类别	凭证号码	开票日期	数量	金额	适用税率	消费税税额
合计	—	—	—	—	—	—	

据实填写

填表说明

一、本表作为《其他应税消费品消费税纳税申报表》的附列资料，由外购或委托加工收回应税消费品后连续生产应税消费品的纳税人填报。未发生外购或委托加工收回应税消费品后连续生产应税消费品的纳税人不填报本表。

二、本表“税款所属期”“纳税人名称”“纳税人识别号”的填写同主表。

三、本表“应税消费品名称”填写高档化妆品、珠宝玉石、鞭炮焰火、摩托车(排量＞250 mL)、摩托车(排量＝250 mL)、高尔夫球及球具、木制一次性筷子、实木地板。

四、本表“凭证类别”填写准予扣除凭证名称，如：增值税专用发票、海关进口消费税专用缴款书、代扣代收税款凭证。

五、本表“凭证号码”填写准予扣除凭证的号码。

六、本表“开票日期”填写准予扣除凭证的开票日期。

七、本表“数量”填写准予扣除凭证载明的应税消费品数量，并在本栏中注明计量单位。

八、本表“金额”填写准予扣除凭证载明的应税消费品金额。

九、本表“适用税率”填写应税消费品的适用税率。

十、本表“消费税税额”填写凭该准予扣除凭证申报抵扣的消费税税额。

十一、本表为A4竖式，所有数字小数点后保留两位。一式两份，一份纳税人留存，一份税务机关留存。

附 3

本期代收代缴税额计算表

税款所属期：20××年××月××日—20××年××月××日

纳税人名称(公章)：××××　纳税人识别号：| * | * | * | * | * | * | * | * | * | * | * | * | * | * | * | * | * | * | * | * |

填表日期：20××年××月××日

金额单位：元(列至角分)

项目 \ 应税消费品名称				合计
适用税率				—
受托加工数量				—
同类产品销售价格				—
材料成本				—
加工费				—
组成计税价格				—
本期代收代缴税款				

据　实　填　写

填表说明

一、本表作为《其他应税消费品消费税纳税申报表》的附列资料，由应税消费品受托加工方填报。委托方和未发生受托加工业务的纳税人不填报本表。

二、本表“税款所属期”“纳税人名称”“纳税人识别号”的填写同主表。

三、本表“应税消费品名称”和“税率”按照以下内容填写。

高档化妆品：15%；贵重首饰及珠宝玉石：10%；金银首饰(铂金首饰、钻石及钻石饰品)：5%；鞭炮焰火：15%；摩托车(排量>250 mL)：10%；摩托车(排量=250 mL)：3%；高尔夫球及球具：10%；高档手表：20%；游艇：10%；木制一次性筷子：5%；实木地板：5%。

四、本表“受托加工数量”的计量单位是：摩托车为辆；高档手表为只；游艇为艘；实木地板为平方米；木制一次性筷子为万双；高档化妆品、贵重首饰及珠宝玉石(含金银首饰、铂金首饰、钻石及钻石饰品)、鞭炮焰火、高尔夫球及球具按照受托方实际使用的计量单位填写并在本栏中注明。

五、本表“同类产品销售价格”为受托方同类产品销售价格。

六、根据《中华人民共和国消费税暂行条例》的规定，本表“组成计税价格”的计算公式如下。

组成计税价格=(材料成本+加工费)÷(1-消费税税率)

七、根据《中华人民共和国消费税暂行条例》的规定，本表“本期代收代缴税款”的计算公式如下。

(一)当受托方有同类产品销售价格时

本期代收代缴税款=同类产品销售价格×受托加工数量×适用税率

(二)当受托方没有同类产品销售价格时

本期代收代缴税款=组成计税价格×适用税率

八、本表为A4竖式，所有数字小数点后保留两位。一式两份，一份纳税人留存，一份税务机关留存。

附 4

生产经营情况表

税款所属期：20××年××月××日—20××年××月××日

纳税人名称(公章)：×××　纳税人识别号：* * * * * * * * * * * * * * * * * * * *

填表日期：20××年××月××日

金额单位：元(列至角分)

应税消费品名称 项目				
生产数量				
销售数量				
委托加工收回应税消费品直接销售数量			据　实　填　写	
委托加工收回应税消费品直接销售额				
出口免税销售数量				
出口免税销售额				

填表说明

一、本表为年报，作为《其他应税消费品消费税纳税申报表》的附列资料，由纳税人于年度终了后填写，次年1月办理消费税纳税申报时报送。

二、本表“税款所属期”“纳税人名称”“纳税人识别号”“应税消费品名称”和“销售数量”填写要求同主表。

三、本表“生产数量”，填写本期生产的产成品数量，计量单位应与销售数量一致。

四、本表“出口免税销售数量”和“出口免税销售额”为享受出口免税政策的应税消费品销售数量和销售额。

五、本表计量单位：摩托车为辆；高档手表为只；游艇为艘；实木地板为平方米；木制一次性筷子为万双；高档化妆品、贵重首饰及珠宝玉石(含金银首饰、铂金首饰、钻石及钻石饰品)、鞭炮焰火、高尔夫球及球具按照纳税人实际使用的计量单位填写并在本栏中注明。

六、本表为A4竖式。所有数字小数点后保留两位。一式两份，一份纳税人留存，一份税务机关留存。

【延伸阅读 3-3】新一轮消费税改革的现实阻碍与前景展望

消费税针对货物和劳务消费进行征税，是现代税制体系中的主体税种之一。包括我国在内的世界多数国家在课征实践中大多是有选择地对特定商品征税，反映出明显的调控意图和政策导向，属于选择性消费税。2019 年，我国国内消费税规模已达 12 562 亿元，同比增长了 18.2%，占全国一般公共预算收入比重约为 6.6%。

我国现行消费税是 1994 年税制改革设立的，之后经历了多次重大改革。2019 年 9 月 26 日，国务院印发《关于实施更大规模减税降费后调整中央与地方收入划分改革推进方案》(国发〔2019〕21 号)，提出后移消费税征收环节并稳步下划地方，12 月 3 日，财政部、国家税务总局在官方网站上发布《中华人民共和国消费税法(征求意见稿)》，公开向社会征求意见。收入划分改革方案和消费税法征求意见稿的制定出台，表明新一轮消费税改革已经进入了实质性操作阶段。此次消费税改革无论是从现实需要还是从法治建设层面来看，都具有重大意义。它既关乎着减税降费背景下地方主体税种缺失问题的解决，也关系到现代财政制度税收法治体系的进一步完善。

总的来看，新一轮消费税改革虽已启动，但基本保持着现行消费税制框架，征收环节和收入归属的调整被预先设置了前提基础和约束条件，具有较强的试点探索性质。由于改革的核心目标是将消费税由中央税转型为共享税，势必会带来政府间财政体制的重大调整，未来推进仍然面临着诸多现实阻碍。一是征税范围有限，税基相对偏小。现行消费税仅将少数奢侈品与资源性消费品纳入征税范围，筹集财力的能力并不是很强；二是征收环节后移，可能会引发新的区域不均衡。不同地区人口规模、消费能力和水平存在较大的差距，各地区在销售环节征收到的消费税收入会出现较大差距，不利于改革推进；三是传统中央税定位，增加了改革的不确定性。消费税在实践中历来都是明确而纯粹的中央税，目前划归地方的覆盖面和比例很小，下一阶段的改革步伐预计也不会太快，短期之内难以担负地方主体税种的功能定位。

展望未来，消费税改革仍然面临较大的不确定性，应进一步加强顶层设计，加快推进完成立法，将相关制度上升到法律层面，并重点做到以下三点。第一，基于“寓禁于征”调整征税范围。将部分已经成为日常生活用品的消费品移除出征税范围，将部分严重污染环境、大量消耗资源能源的产品及奢侈消费行为纳入征收范围；第二，针对征收环节后移优化征管技术。借鉴复制增值税在零售环节的征管技术，还要总结汲取“营改增”改革过程中的经验教训，从征管技术上进行优化调整；第三，科学设定中央地方分配比例。当期消费税征收范围没有大规模扩大之前，其税收收入在中央与地方之间的分配，应暂时以中央为主，地方为辅，并充分考虑地区之间的收入均衡。在中长期，消费税制度得到充分优化完善后，应该考虑加大地方分享比例，甚至是以地方为主，中央为辅进行分配。

资料来源：陆成林. 新一轮消费税改革的现实阻碍与前景展望[J]. 地方财政研究，2020(2).

【复习思考题】

1. 甲企业为增值税一般纳税人，2018 年 3 月经营状况如下。

(1)生产食用酒精一批，将其中的 50%用于销售，开具的增值税专用发票注明金额 12 万元。

(2)将剩余 50%的食用酒精作为酒基，加入食品添加剂调制成 38°的配制酒，当月全部销售，开具的增值税专用发票注明金额 20 万元、税额 3.4 万元。

(3)配制葡萄酒一批，将 10%的葡萄酒用于生产酒心巧克力，采用赊销方式销售、不含税总价为 32 万元，货已经交付，合同约定 6 月 30 日付款。

(4)将剩余 90%的葡萄酒装瓶对外销售，开具的增值税专用发票注明金额 45 万元、税额 7.65 万元。

已知：上述配制酒具有国家相关部门批准的国食健字或卫食健字文号；其他酒消费税税率为 10%。

根据上述资料，填写消费税纳税申报表

2. 甲礼花厂 2017 年 6 月发生如下业务。

(1)委托乙厂加工一批焰火，甲厂提供原料成本 37.5 万元，当月乙厂将加工完毕的焰火交付甲厂，开具增值税专用发票，注明收取加工费 5 万元。

(2)将委托加工收回的焰火 60%用于销售，取得不含税销售额 38 万元，将其余的 40%用于连续生产 A 型组合焰火。

(3)将生产的 A 型组合焰火的 80%以分期收款方式对外销售，合同约定不含税销售额 36 万元，6 月 28 日收取货款的 70%，7 月 28 日收取货款的 30%，当月货款尚未收到，另将剩余的 20%赠送给客户。

(其他相关资料：焰火消费税税率为 15%)

要求：根据上述资料，填写消费税纳税申报表。

【政策依据】

一、烟类应税消费品消费税申报

【政策依据】

1.《中华人民共和国消费税暂行条例》

2.《中华人民共和国消费税暂行条例实施细则》

3.《财政部国家税务总局关于〈中华人民共和国消费税暂行条例实施细则〉有关条款解释的通知》(财法〔2012〕8号)

4.《卷烟消费税计税价格信息采集和核定管理办法》(国家税务总局令第26号)

5.《国家税务总局关于调整消费税纳税申报有关事项的公告》(国家税务总局公告2015年第32号)

6.《国家税务总局关于卷烟消费税政策调整后纳税申报有关问题的公告》(国家税务总局公告2015年第35号)

7.《国家税务总局关于印发〈调整和完善消费税政策征收管理规定〉的通知》(国税发〔2006〕49号)

8.《国家税务总局关于烟类应税消费品消费税征收管理有关问题的通知》(国税函〔2009〕272号)

9.《财政部国家税务总局关于调整卷烟消费税的通知》(财税〔2015〕60号)

二、酒类应税消费品消费税申报

【政策依据】

1.《中华人民共和国消费税暂行条例》

2.《中华人民共和国消费税暂行条例实施细则》

3.《财政部国家税务总局关于〈中华人民共和国消费税暂行条例实施细则〉有关条款解释的通知》(财法〔2012〕8号)

4.《财政部国家税务总局关于调整消费税政策的通知》(财税〔2014〕93号)

5.《国家税务总局关于调整消费税纳税申报表有关问题的公告》(国家税务总局公告2014年第72号)

6.《国家税务总局关于修订〈葡萄酒消费税管理办法(试行)〉的公告》(国家税务总局公告2015年第15号)

7.《国家税务总局关于调整消费税纳税申报有关事项的公告》(国家税务总局公告2015年第32号)

8.《国家税务总局关于印发〈调整和完善消费税政策征收管理规定〉的通知》(国税发〔2006〕49号)

9.《国家税务总局关于加强白酒消费税征收管理的通知》(国税函〔2009〕380号)

三、成品油消费税申报

【政策依据】

1.《中华人民共和国消费税暂行条例》

2.《中华人民共和国消费税暂行条例实施细则》

3.《财政部国家税务总局关于提高成品油消费税税率的通知》(财税〔2008〕167号)

4.《财政部国家税务总局关于提高成品油消费税税率后相关成品油消费税政策的通知》(财税〔2008〕168号)

5.《财政部中国人民银行国家税务总局关于延续执行部分石脑油燃料油消费税政策的通知》(财税〔2011〕87号)

6.《国家税务总局海关总署关于石脑油燃料油生产乙烯芳烃类化工产品消费税退税问题的公告》(国家税务总局海关总署公告2013年第29号)

7.《国家税务总局关于发布用于生产乙烯、芳烃类化工产品的石脑油、燃料油退(免)消费税暂行办法的公告》(国家税务总局公告2012年第36号)

8.《国家税务总局关于调整消费税纳税申报有关事项的公告》(国家税务总局公告2015年第32号)

9.《国家税务总局关于印发〈调整和完善消费税政策征收管理规定〉的通知》(国税发〔2006〕49号)

10.《国家税务总局关于印发〈石脑油、燃料油退(免)消费税管理操作规程(试行)〉的通知》(税总函〔2014〕412号)

11.《财政部国家税务总局关于继续提高成品油消费税的通知》(财税〔2015〕11号)

12.《国家税务总局关于成品油消费税征收管理有关问题的公告》(国家税务总局公告2018年第1号)

四、小汽车消费税申报

【政策依据】

1.《中华人民共和国消费税暂行条例》

2.《中华人民共和国消费税暂行条例实施细则》

3.《财政部国家税务总局关于〈中华人民共和国消费税暂行条例实施细则〉有关条款解释的通知》(财法〔2012〕8号)

4.《财政部国家税务总局关于对超豪华小汽车加征消费税有关事项的通知》(财税〔2016〕129号)

5.《国家税务总局关于调整消费税纳税申报有关事项的公告》(国家税务总局公告2015年第32号)

6.《国家税务总局关于印发〈调整和完善消费税政策征收管理规定〉的通知》(国税发〔2006〕49号)

7.《国家税务总局关于调整〈小汽车消费税纳税申报表〉有关内容的通知》(国税函〔2008〕757号)

8.《财政部国家税务总局关于调整乘用车消费税政策的通知》(财税〔2008〕105号)

9.《国家税务总局关于超豪华小汽车消费税征收管理有关事项的公告》(国家税务总局公告 2016 年第 74 号)

五、电池消费税申报

【政策依据】

1.《中华人民共和国消费税暂行条例》

2.《中华人民共和国消费税暂行条例实施细则》

3.《财政部国家税务总局关于对电池涂料征收消费税的通知》(财税〔2015〕16 号)

4.《国家税务总局关于电池涂料消费税征收管理有关问题的公告》(国家税务总局公告 2015 年第 5 号)

5.《国家税务总局关于调整消费税纳税申报有关事项的公告》(国家税务总局公告 2015 年第 32 号)

6.《国家税务总局关于明确电池涂料消费税征收管理有关事项的公告》(国家税务总局公告 2015 年第 95 号)

六、涂料消费税申报

【政策依据】

1.《中华人民共和国消费税暂行条例》

2.《中华人民共和国消费税暂行条例实施细则》

3.《财政部国家税务总局关于对电池涂料征收消费税的通知》(财税〔2015〕16 号)

4.《国家税务总局关于电池涂料消费税征收管理有关问题的公告》(国家税务总局公告 2015 年第 5 号)

5.《国家税务总局关于调整消费税纳税申报有关事项的公告》(国家税务总局公告 2015 年第 32 号)

6.《国家税务总局关于明确电池涂料消费税征收管理有关事项的公告》(国家税务总局公告 2015 年第 95 号)

七、其他类消费税申报

【政策依据】

1.《中华人民共和国消费税暂行条例》

2.《中华人民共和国消费税暂行条例实施细则》

3.《财政部国家税务总局关于〈中华人民共和国消费税暂行条例实施细则〉有关条款解释的通知》(财法〔2012〕8 号)

4.《财政部国家税务总局关于调整消费税政策的通知》(财税〔2014〕93 号)

5.《财政部国家税务总局关于调整化妆品消费税政策的通知》(财税〔2016〕103 号)

6.《国家税务总局关于调整消费税纳税申报表有关问题的公告》(国家税务总局公告2014年第72号)

7.《国家税务总局关于调整消费税纳税申报有关事项的公告》(国家税务总局公告2015年第32号)

8.《国家税务总局关于高档化妆品消费税征收管理事项的公告》(国家税务总局公告2016年第66号)

9.《国家税务总局关于印发〈调整和完善消费税政策征收管理规定〉的通知》(国税发〔2006〕49号)

10.《国家税务总局关于超豪华小汽车消费税征收管理有关事项的公告》(国家税务总局公告2016年第74号)

第四章 企业所得税纳税申报(模拟实训)[①]

【实训目标】

熟悉掌握企业所得税年度以及季度纳税申报主要报表的填列方法。

【实训目的】

(一)巩固所学知识

1. 熟悉纳税人的主要类型
2. 掌握基本税率的规定，低税率的适用范围
3. 掌握应纳税所得额的计算
4. 熟悉资产的税务处理
5. 掌握资产损失税前扣除的所得税处理
6. 掌握房地产开发经营业务的所得税处理
7. 掌握税收优惠
8. 掌握应纳税额的计算
9. 熟悉源泉扣缴

(二)提高纳税申报操作技能

1. 熟悉纳税地点
2. 熟悉纳税期限
3. 掌握纳税申报
4. 掌握跨地区经营汇总纳税企业所得税征收管理
5. 熟悉企业所得税年度纳税申报主要报表的填列方法

第一节 企业所得税年度纳税申报

一、【申报流程】[②]

1. 登录地址

https://etax.liaoning.chinatax.gov.cn

① 有关非居民的申报资料请参见：国家税务总局关于发布《中华人民共和国非居民企业所得税年度纳税申报表》等报表的公告(国家税务总局公告2015年第30号)。

② 为讲解方便，申报流程仅以一般纳税人为例进行说明，其他流程读者如有需要可以查询http://liaoning.chinatax.gov.cn/。

2. 登录电子税务局

单击“我要办税”，输入纳税人识别号、登录密码，以及验证码，进入电子税务局。

3. 进入企业所得税年度申报表

登录电子税务局后，单击【我要办税】→【税费申报及缴纳】→【居民企业(查账征收)企业所得税年度申报】或【居民企业(核定征收)企业所得税年度申报】，单击进入。

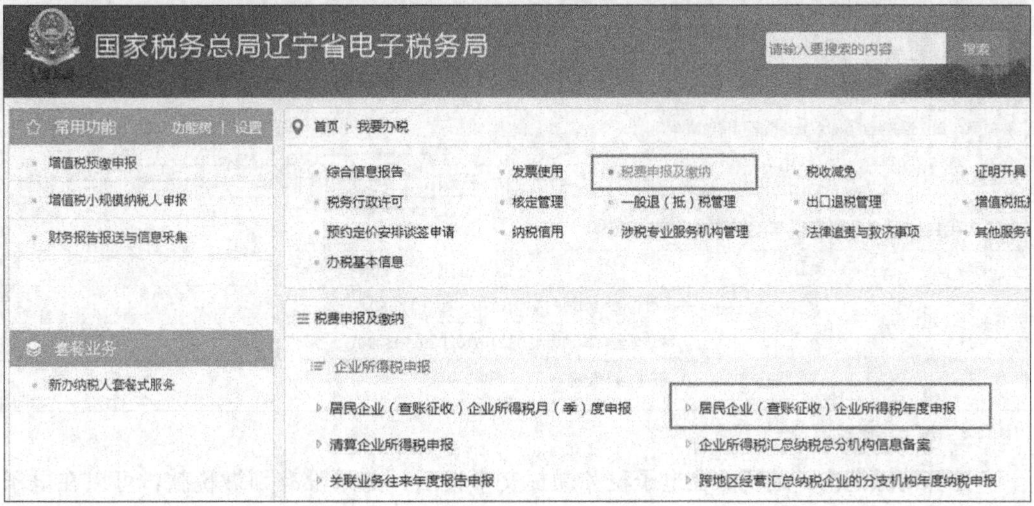

也可以直接在首页的“我的信息”中进行申报。

4. 进行申报数据“体检”

填报完毕后，您可以使用国家税务总局提供的风险提示服务“政策风险检查”进行申报数据“体检”，也可以直接申报。建议您选用提示服务，减少您的涉税风险。

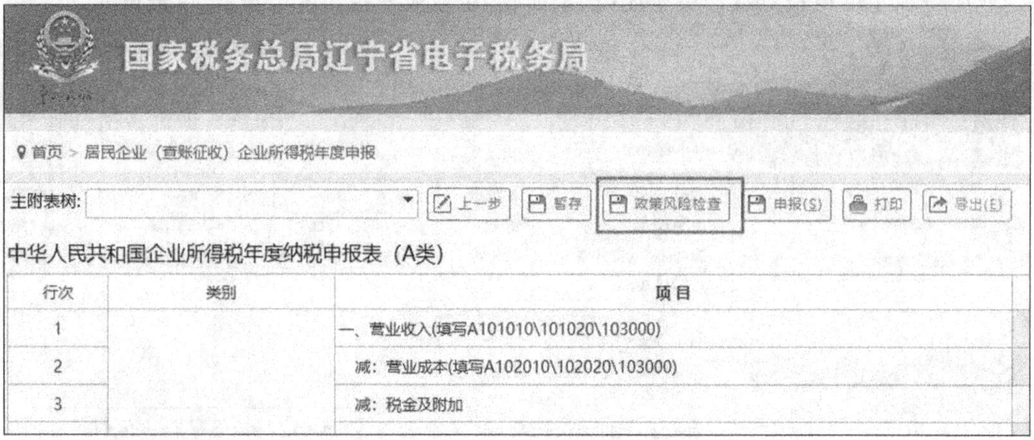

5. 更正申报

汇算清缴期内，纳税人在电子税务局提交申报后，如果没有划缴税款，可以在电子税务局进行更正申报操作。单击【我要办税】→【税费申报及缴纳】→【申报辅助功能】→【申报更正】(或【申报作废】)。

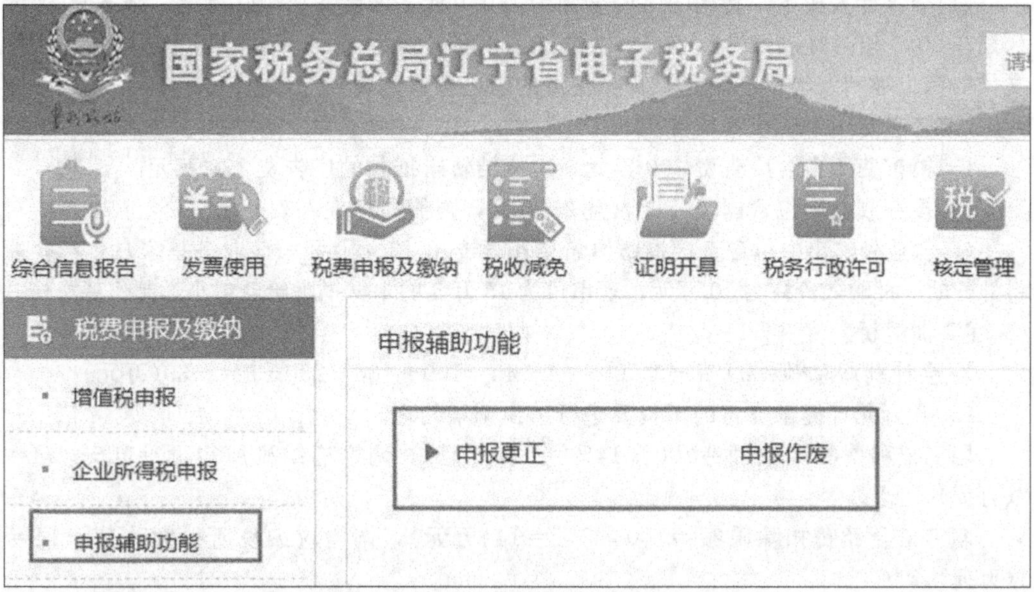

也可以直接在首页的“我的待办”中进行更正或作废申报。

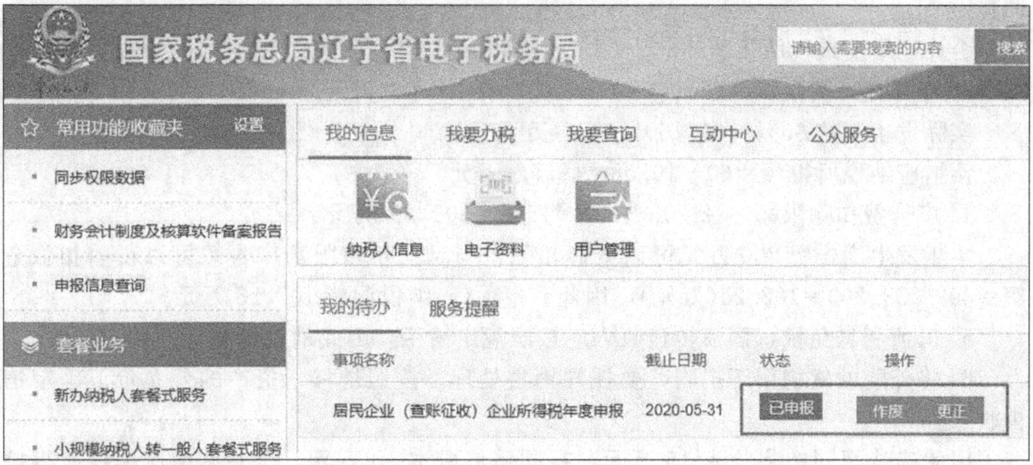

二、【实训案例 1】

金山公司，主营家具生产，职工人数 385 人，资产总额 2 800 万元。2019 年度全年产品不含税销售收入 2 000 万元、与产品销售收入配比的成本 1 500 万元、投资收益 30 万元、营业外支出 45 万元、税金及附加 100 万元、管理费用 180 万元、销售费用 230 万元、财务费用 5 万元。2020 年年初聘请某会计师事务所进行审计，发现如下问题：

(1)全年计入成本、费用的工资金额为750万元，实际发放700万元，余下50万元计划在2020年7月进行发放。当年拨缴职工工会经费为15万元并取得专用收据，实际支付的职工福利费为105万元，实际支付的职工教育经费20万元。

(2)管理费用中含业务招待费60万元。

(3)销售费用中含广告费200万元，上年结转未抵扣的广告费120万元。

(4)投资收益中包含国债转让收益25万元，国债利息收入5万元。

(5)营业外支出中包含直接捐赠给希望小学支出12.4万元，该业务是家具生产企业将外购的一批购入价格为10万元，现市价为15万元的木材捐赠给希望小学制作课桌椅。

【实训解析】

1. 会计利润总额＝2 000－1 500＋30－45－100－180－230－5＝－30(万元)

2. 50万元计提未支付的工资要进行纳税调增处理。

职工福利费扣除限额＝700×14％＝98(万元)，调增应纳税所得额＝105－98＝7(万元)。

职工工会经费扣除限额＝700×2％＝14(万元)，调增应纳税所得额＝15－14＝1(万元)。

职工教育经费扣除限额＝700×8％＝56(万元)，实际支付20万元，无须进行纳税调整。

合计调增应纳税所得额＝50＋7＋1＝58(万元)

3. 业务招待费限额＝(2 000＋15)×0.5％＝10.08(万元)

实际发生额的60％＝60×60％＝36(万元)

调增应纳税所得额＝60－10.08＝49.92(万元)

4. 广告费扣除限额＝(2 000＋15)×15％＝302.25(万元)

本年发生广告费200万元可以全额扣除，同时上年超限额广告费可以税前扣除金额＝302.25－200＝102.25(万元)，因此，事项(3)纳税调减102.25万元。

5. 国债利息免税，国债转让收入应按照规定纳税，因此纳税调减5万元。

6. 将外购的货物用于捐赠，要视同销售处理，按照被移送资产的公允价值确定销售收入。

因此确认视同销售收入15万元，视同销售成本10万元，合并调增应纳税所得额为5万元。

直接对希望小学的捐赠不属于公益性捐赠，不可以税前扣除，因此要纳税调增12.4万元。

两项合并纳税调增金额＝12.4＋5＝17.4(万元)

7. 2019年应纳税所得额＝－30＋58＋49.92－102.25－5＋17.4＝－11.93(万元)

8. 2019年度应纳税所得额为负数，因此应缴纳的企业所得税为0元。

中华人民共和国企业所得税年度纳税申报表
(A类，2017年版)

税款所属期间：2019年01月01日—2019年12月31日

纳税人统一社会信用代码：12350 ******* 38A
(纳税人识别号)

纳税人名称：金山公司

金额单位：人民币元(列至角分)

谨声明：此纳税申报表是根据《中华人民共和国企业所得税法》《中华人民共和国企业所得税法实施条例》以及有关税收政策和国家统一会计制度的规定填报的，是真实的、可靠的、完整的。

法定代表人(签章)：郑总　2020年03月31日

纳税人公章： 会计主管：李婷婷 填表日期：2020年3月1日	代理申报中介机构公章： 经办人： 经办人执业证件号码： 代理申报日期：　年　月　日	主管税务机关受理专用章： 受理人： 受理日期：　年　月　日

国家税务总局监制

(修订)中华人民共和国企业所得税年度纳税申报表
(A类，2017年版)

税款所属期间：　　年　　月　　日—　　年　　月　　日

纳税人识别号
(统一社会信用代码)：□□□□□□□□□□□□□□□□□□

纳税人名称：

金额单位：人民币元(列至角分)

谨声明：本纳税申报表是根据国家税收法律法规及相关规定填报的，是真实的、可靠的、完整的。

法定代表人(签章)：

年　　月　　日

经办人：	受理人：
经办人身份证号：	受理税务机关(章)：
代理机构签章：	受理日期：　　年　月　日

国家税务总局监制

A000000 企业所得税年度纳税申报表填报表单①

表单编号	表单名称	是否填报
A000000	企业所得税年度纳税申报基础信息表	☑
A100000	中华人民共和国企业所得税年度纳税申报表(A类)	☑
A101010	一般企业收入明细表	☑
A101020	金融企业收入明细表	□
A102010	一般企业成本支出明细表	☑
A102020	金融企业支出明细表	□
A103000	事业单位、民间非营利组织收入、支出明细表	□
A104000	期间费用明细表	☑
A105000	纳税调整项目明细表	☑
A105010	视同销售和房地产开发企业特定业务纳税调整明细表	□
A105020	未按权责发生制确认收入纳税调整明细表	□
A105030	投资收益纳税调整明细表	□
A105040	专项用途财政性资金纳税调整明细表	□
A105050	职工薪酬支出及纳税调整明细表	☑
A105060	广告费和业务宣传费等跨年度纳税调整明细表	☑
A105070	捐赠支出及纳税调整明细表	☑
A105080	资产折旧、摊销及纳税调整明细表	□
A105090	资产损失税前扣除及纳税调整明细表	□
A105100	企业重组及递延纳税事项纳税调整明细表	□
A105110	政策性搬迁纳税调整明细表	□
A105120	特殊行业准备金及纳税调整明细表	□
A106000	企业所得税弥补亏损明细表	□
A107010	免税、减计收入及加计扣除优惠明细表	☑
A107011	符合条件的居民企业之间的股息、红利等权益性投资收益优惠明细表	□
A107012	研发费用加计扣除优惠明细表	□
A107020	所得减免优惠明细表	□

① 受版面限制，中华人民共和国企业所得税年度纳税申报表填写说明将以二维码的形式展现给读者！

续表

表单编号	表单名称	是否填报
A107030	抵扣应纳税所得额明细表	□
A107040	减免所得税优惠明细表	□
A107041	高新技术企业优惠情况及明细表	□
A107042	软件、集成电路企业优惠情况及明细表	□
A107050	税额抵免优惠明细表	□
A108000	境外所得税收抵免明细表	□
A108010	境外所得纳税调整后所得明细表	□
A108020	境外分支机构弥补亏损明细表	□
A108030	跨年度结转抵免境外所得税明细表	□
A109000	跨地区经营汇总纳税企业年度分摊企业所得税明细表	□
A109010	企业所得税汇总纳税分支机构所得税分配表	□

说明：企业应当根据实际情况选择需要填报的表单。

A000000 企业所得税年度纳税申报基础信息表

基本经营情况(必填项目)			
101 纳税申报企业类型(填写代码)	100	102 分支机构就地纳税比例(%)	
103 资产总额(填写平均值，单位：万元)	2 800	104 从业人数(填写平均值，单位：人)	385
105 所属国民经济行业(填写代码)	C2110	106 从事国家限制或禁止行业	□是☑否
107 适用会计准则或会计制度(填写代码)	110	108 采用一般企业财务报表格式(2019年版)	☑是□否
109 小型微利企业	□是☑否	110 上市公司	是(□境内□境外)☑否
有关涉税事项情况(存在或者发生下列事项时必填)			
201 从事股权投资业务	□是	202 存在境外关联交易	□是
203 选择采用的境外所得抵免方式	□分国(地区)不分项□不分国(地区)不分项		
204 有限合伙制创业投资企业的法人合伙人	□是	205 创业投资企业	□是
206 技术先进型服务企业类型(填写代码)		207 非营利组织	□是
208 软件、集成电路企业类型(填写代码)		209 集成电路生产项目类型	□130纳米□65纳米

续表

<table>
<tr><th colspan="6">有关涉税事项情况(存在或者发生下列事项时必填)</th></tr>
<tr><td rowspan="2">210 科技型中小企业</td><td colspan="2">210-1 年(申报所属期年度)入库编号 1</td><td></td><td>210-2 入库时间 1</td><td></td></tr>
<tr><td colspan="2">210-3 年(所属期下一年度)入库编号 2</td><td></td><td>210-4 入库时间 2</td><td></td></tr>
<tr><td colspan="2" rowspan="2">211 高新技术企业申报所属期年度有效的高新技术企业证书</td><td>211-1 证书编号 1</td><td></td><td>211-2 发证时间 1</td><td></td></tr>
<tr><td>211-3 证书编号 2</td><td></td><td>211-4 发证时间 2</td><td></td></tr>
<tr><td colspan="2">212 重组事项税务处理方式</td><td colspan="2">□一般性 □特殊性</td><td>213 重组交易类型(填写代码)</td><td></td></tr>
<tr><td colspan="2">214 重组当事方类型(填写代码)</td><td colspan="2"></td><td>215 政策性搬迁开始时间</td><td>年月</td></tr>
<tr><td colspan="2">216 发生政策性搬迁且停止生产经营无所得年度</td><td>□是</td><td colspan="2">217 政策性搬迁损失分期扣除年度</td><td>□是</td></tr>
<tr><td colspan="2">218 发生非货币性资产对外投资递延纳税事项</td><td>□是</td><td colspan="2">219 非货币性资产对外投资转让所得递延纳税年度</td><td>□是</td></tr>
<tr><td colspan="2">220 发生技术成果投资入股递延纳税事项</td><td>□是</td><td colspan="2">221 技术成果投资入股递延纳税年度</td><td>□是</td></tr>
<tr><td colspan="2">222 发生资产(股权)划转特殊性税务处理事项</td><td>□是</td><td colspan="2">223 债务重组所得递延纳税年度</td><td>□是</td></tr>
</table>

<table>
<tr><th colspan="6">主要股东及分红情况(必填项目)</th></tr>
<tr><td>股东名称</td><td>证件种类</td><td>证件号码</td><td>投资比例(%)</td><td>当年(决议日)分配的股息、红利等权益性投资收益金额</td><td>国籍(注册地址)</td></tr>
<tr><td></td><td></td><td></td><td></td><td></td><td></td></tr>
<tr><td></td><td></td><td></td><td></td><td></td><td></td></tr>
<tr><td></td><td></td><td></td><td></td><td></td><td></td></tr>
<tr><td></td><td></td><td></td><td></td><td></td><td></td></tr>
<tr><td></td><td></td><td></td><td></td><td></td><td></td></tr>
<tr><td>其余股东合计</td><td>—</td><td>—</td><td></td><td></td><td>—</td></tr>
</table>

A100000 中华人民共和国企业所得税年度纳税申报表(A类)

行次	类别	项目	金额
1	利润总额计算	一、营业收入(填写 A101010\101020\103000)	20 000 000.00
2		减：营业成本(填写 A102010\102020\103000)	15 000 000.00
3		减：税金及附加	1 000 000.00
4		减：销售费用(填写 A104000)	2 300 000.00
5		减：管理费用(填写 A104000)	1 800 000.00
6		减：财务费用(填写 A104000)	50 000.00
7		减：资产减值损失	0.00
8		加：公允价值变动收益	0.00
9		加：投资收益	300 000.00
10		二、营业利润(1－2－3－4－5－6－7＋8＋9)	150 000.00
11		加：营业外收入(填写 A101010\101020\103000)	
12		减：营业外支出(填写 A102010\102020\103000)	450 000.00
13		三、利润总额(10＋11－12)	－300 000.00
14	应纳税所得额计算	减：境外所得(填写 A108010)	0.00
15		加：纳税调整增加额(填写 A105000)	1 353 200.00
16		减：纳税调整减少额(填写 A105000)	1 122 500.00
17		减：免税、减计收入及加计扣除(填写 A107010)	50 000.00
18		加：境外应税所得抵减境内亏损(填写 A108000)	0.00
19		四、纳税调整后所得(13－14＋15－16－17＋18)	－119 300.00
20		减：所得减免(填写 A107020)	
21		减：弥补以前年度亏损(填写 A106000)	
22		减：抵扣应纳税所得额(填写 A107030)	
23		五、应纳税所得额(19－20－21－22)	－119 300.00
24	应纳税额计算	税率(25%)	
25		六、应纳所得税额(23×24)	0.00
26		减：减免所得税额(填写 A107040)	
27		减：抵免所得税额(填写 A107050)	
28		七、应纳税额(25－26－27)	0.00

续表

行次	类别	项目	金额
29	应纳税额计算	加：境外所得应纳所得税额(填写 A108000)	
30		减：境外所得抵免所得税额(填写 A108000)	
31		八、实际应纳所得税额(28＋29－30)	0.00
32		减：本年累计实际已缴纳的所得税额	
33		九、本年应补(退)所得税额(31－32)	
34		其中：总机构分摊本年应补(退)所得税额(填写 A109000)	
35		财政集中分配本年应补(退)所得税额(填写 A109000)	
36		总机构主体生产经营部门分摊本年应补(退)所得税额(填写 A109000)	

A101010 一般企业收入明细表

行次	项目	金额
1	一、营业收入(2＋9)	20 000 000.00
2	(一)主营业务收入(3＋5＋6＋7＋8)	20 000 000.00
3	1. 销售商品收入	20 000 000.00
4	其中：非货币性资产交换收入	
5	2. 提供劳务收入	
6	3. 建造合同收入	
7	4. 让渡资产使用权收入	
8	5. 其他	
9	(二)其他业务收入(10＋12＋13＋14＋15)	
10	1. 销售材料收入	
11	其中：非货币性资产交换收入	
12	2. 出租固定资产收入	
13	3. 出租无形资产收入	
14	4. 出租包装物和商品收入	
15	5. 其他	
16	二、营业外收入(17＋18＋19＋20＋21＋22＋23＋24＋25＋26)	

续表

行次	项目	金额
17	(一)非流动资产处置利得	
18	(二)非货币性资产交换利得	
19	(三)债务重组利得	
20	(四)政府补助利得	
21	(五)盘盈利得	
22	(六)捐赠利得	
23	(七)罚没利得	
24	(八)确实无法偿付的应付款项	
25	(九)汇兑收益	
26	(十)其他	

A102010 一般企业成本支出明细表

行次	项目	金额
1	一、营业成本(2+9)	15 000 000.00
2	(一)主营业务成本(3+5+6+7+8)	15 000 000.00
3	1. 销售商品成本	15 000 000.00
4	其中：非货币性资产交换成本	
5	2. 提供劳务成本	
6	3. 建造合同成本	
7	4. 让渡资产使用权成本	
8	5. 其他	
9	(二)其他业务成本(10+12+13+14+15)	
10	1. 销售材料成本	
11	其中：非货币性资产交换成本	
12	2. 出租固定资产成本	
13	3. 出租无形资产成本	
14	4. 包装物出租成本	
15	5. 其他	

续表

行次	项目	金额
16	二、营业外支出(17＋18＋19＋20＋21＋22＋23＋24＋25＋26)	450 000.00
17	(一)非流动资产处置损失	
18	(二)非货币性资产交换损失	
19	(三)债务重组损失	
20	(四)非常损失	
21	(五)捐赠支出	124 000.00
22	(六)赞助支出	
23	(七)罚没支出	
24	(八)坏账损失	
25	(九)无法收回的债券股权投资损失	
26	(十)其他	326 000.00

A104000 期间费用明细表

行次	项目	销售费用	其中：境外支付	管理费用	其中：境外支付	财务费用	其中：境外支付
		1	2	3	4	5	6
1	一、职工薪酬		*		*		*
2	二、劳务费					*	*
3	三、咨询顾问费					*	*
4	四、业务招待费		*	600 000.00	*	*	*
5	五、广告费和业务宣传费	2 000 000.00	*		*	*	*
6	六、佣金和手续费						
7	七、资产折旧摊销费		*		*	*	*
8	八、财产损耗、盘亏及毁损损失		*		*	*	*
9	九、办公费		*		*	*	*
10	十、董事会费		*		*	*	*

续表

行次	项目	销售费用	其中：境外支付	管理费用	其中：境外支付	财务费用	其中：境外支付
		1	2	3	4	5	6
11	十一、租赁费					*	*
12	十二、诉讼费		*		*	*	*
13	十三、差旅费		*		*	*	*
14	十四、保险费		*		*	*	*
15	十五、运输、仓储费					*	*
16	十六、修理费					*	*
17	十七、包装费		*		*	*	*
18	十八、技术转让费					*	*
19	十九、研究费用					*	*
20	二十、各项税费		*		*	*	*
21	二十一、利息收支	*	*	*	*	50 000.00	
22	二十二、汇兑差额	*	*	*	*		
23	二十三、现金折扣	*	*	*	*		*
24	二十四、党组织工作经费	*	*		*	*	*
25	二十五、其他	300 000.00		1 200 000.00			
26	合计(1+2+3+…+25)	2 300 000.00		1 800 000.00		50 000.00	

A105000 纳税调整项目明细表

行次	项目	账载金额	税收金额	调增金额	调减金额
		1	2	3	4
1	一、收入类调整项目(2+3+…+8+10+11)		*	150 000.00	
2	(一)视同销售收入(填写 A105010)	150 000.00	—	150 000.00	*
3	(二)未按权责发生制原则确认的收入(填写 A105020)				

续表

行次	项目	账载金额 1	税收金额 2	调增金额 3	调减金额 4
4	(三)投资收益(填写 A105030)				
5	(四)按权益法核算长期股权投资对初始投资成本调整确认收益	*	*	*	
6	(五)交易性金融资产初始投资调整	*	*		*
7	(六)公允价值变动净损益		*		
8	(七)不征税收入		*		
9	其中：专项用途财政性资金(填写 A105040)	*	*		
10	(八)销售折扣、折让和退回				
11	(九)其他				
12	二、扣除类调整项目(13＋14＋…＋24＋26＋27＋28＋29＋30)	*	*	1 203 200.00	1 122 500.00
13	(一)视同销售成本(填写 A105010)	100 000.00	0	*	100 000.00
14	(二)职工薪酬(填写 A105050)	8 900 000.00	1 320 000.00	580 000.00	
15	(三)业务招待费支出	600 000.00	100 800.00	499 200.00	*
16	(四)广告费和业务宣传费支出(填写 A105060)	200 000.00	*		1 022 500.00
17	(五)捐赠支出(填写 A105070)	124 000.00		124 000.00	
18	(六)利息支出				
19	(七)罚金、罚款和被没收财物的损失		*		*
20	(八)税收滞纳金、加收利息		*		*
21	(九)赞助支出		*		*
22	(十)与未实现融资收益相关在当期确认的财务费用				
23	(十一)佣金和手续费支出(保险企业填写 A105060)				
24	(十二)不征税收入用于支出所形成的费用	*	*		*

续表

行次	项目	账载金额 1	税收金额 2	调增金额 3	调减金额 4
25	其中：专项用途财政性资金用于支出所形成的费用(填写 A105040)	*	*		*
26	(十三)跨期扣除项目				
27	(十四)与取得收入无关的支出		*		*
28	(十五)境外所得分摊的共同支出	*	*		*
29	(十六)党组织工作经费				
30	(十七)其他				
31	三、资产类调整项目(32+33+34+35)	*	*		
32	(一)资产折旧、摊销(填写 A105080)				
33	(二)资产减值准备金		*		
34	(三)资产损失(填写 A105090)				
35	(四)其他				
36	四、特殊事项调整项目(37+38+…+43)	*	*		
37	(一)企业重组及递延纳税事项(填写 A105100)				
38	(二)政策性搬迁(填写 A105110)	*	*		
39	(三)特殊行业准备金(填写 A105120)				
40	(四)房地产开发企业特定业务计算的纳税调整额	*			
41	(五)合伙企业法人合伙人应分得的应纳税所得额				
42	(六)发行永续债利息支出				
43	(七)其他	*	*		
44	五、特别纳税调整应税所得	*	*		
45	六、其他	*	*		
46	合计(1+12+31+36+44+45)	*	*	1 353 200.00	1 122 500.00

A105050 职工薪酬支出及纳税调整明细表

行次	项目	账载金额	实际发生额	税收规定扣除率	以前年度累计结转扣除额	税收金额	纳税调整金额	累计结转以后年度扣除额
		1	2	3	4	5	6(1－5)	7(1＋4－5)
1	一、工资薪金支出	7 500 000.00	7 000 000.00	*	*	7 000 000.00	500 000.00	*
2	其中：股权激励			*	*			*
3	二、职工福利费支出	1 050 000.00	1 050 000.00	14%	*	980 000.00	70 000.00	*
4	三、职工教育经费支出	150 000.00	150 000.00	2%		140 000.00	10 000.00	
5	其中：按税收规定比例扣除的职工教育经费							
6	按税收规定全额扣除的职工培训费用				*			*
7	四、工会经费支出	200 000.00	200 000.00	8%	*	200 000.00	0.00	*
8	五、各类基本社会保障性缴款			*	*			*
9	六、住房公积金			*	*			*
10	七、补充养老保险				*			*
11	八、补充医疗保险				*			*
12	九、其他			*	*			*
13	合计(1＋3＋4＋7＋8＋9＋10＋11＋12)	8 900 000.00	8 400 000.00	*		1 320 000.00	580 000.00	

A105060 广告费和业务宣传费等跨年度纳税调整明细表

行次	项　　目	广告费和业务宣传费	保险企业手续费及佣金支出
		1	2
1	一、本年支出	2 000 000.00	
2	减：不允许扣除的支出	0.00	
3	二、本年符合条件的支出(1－2)	2 000 000.00	
4	三、本年计算扣除限额的基数	20 150 000.00	
5	乘：税收规定扣除率	15%	
6	四、本企业计算的扣除限额(4×5)	3 022 500.00	
7	五、本年结转以后年度扣除额 (3＞6，本行＝3－6；3≤6，本行＝0)	0.00	
8	加：以前年度累计结转扣除额	1 200 000.00	
9	减：本年扣除的以前年度结转额 [3＞6，本行＝0；3≤6，本行＝8与(6－3)孰小值]	1 022 500.00	
10	六、按照分摊协议归集至其他关联方的金额(10≤3与6孰小值)	0.00	*
11	按照分摊协议从其他关联方归集至本企业的金额	0.00	*
12	七、本年支出纳税调整金额 (3＞6，本行＝2＋3－6＋10－11；3≤6，本行＝2＋10－11－9)	－1 022 500.00	
13	八、累计结转以后年度扣除额(7＋8－9)	177 500.00	

A105070 捐赠支出及纳税调整明细表

行次	项目	账载金额	以前年度结转可扣除的捐赠额	按税收规定计算的扣除限额	税收金额	纳税调增金额	纳税调减金额	可结转以后年度扣除的捐赠额
		1	2	3	4	5	6	7
1	一、非公益性捐赠	124 000.00	*	*	*	124 000.00	*	*
2	二、全额扣除的公益性捐赠		*	*		*	*	*
3	其中：扶贫捐赠		*	*		*	*	*
4	三、限额扣除的公益性捐赠(5+6+7+8)							
5	前三年度(　　年)	*		*	*	*		*
6	前二年度(　　年)	*		*	*	*		
7	前一年度(　　年)	*		*	*	*		
8	本年(　　年)		*				*	
9	合计(1+2+4)	124 000.00				124 000.00		
附列资料	2015 年度至本年发生的公益性扶贫捐赠合计金额		*	*		*	*	*

A107010 免税、减计收入及加计扣除优惠明细表

行次	项目	金额
1	一、免税收入(2+3+9+…+16)	50 000.00
2	(一)国债利息收入免征企业所得税	50 000.00
3	(二)符合条件的居民企业之间的股息、红利等权益性投资收益免征企业所得税(4+5+6+7+8)	
4	1. 一般股息红利等权益性投资收益免征企业所得税(填写 A107011)	
5	2. 内地居民企业通过沪港通投资且连续持有 H 股满 12 个月取得的股息红利所得免征企业所得税(填写 A107011)	

续表

行次	项目	金额
6	3. 内地居民企业通过深港通投资且连续持有H股满12个月取得的股息红利所得免征企业所得税(填写A107011)	
7	4. 居民企业持有创新企业CDR取得的股息红利所得免征企业所得税(填写A107011)	
8	5. 符合条件的永续债利息收入免征企业所得税(填写A107011)	
9	(三)符合条件的非营利组织的收入免征企业所得税	
10	(四)中国清洁发展机制基金取得的收入免征企业所得税	
11	(五)投资者从证券投资基金分配中取得的收入免征企业所得税	
12	(六)取得的地方政府债券利息收入免征企业所得税	
13	(七)中国保险保障基金有限责任公司取得的保险保障基金等收入免征企业所得税	
14	(八)中国奥委会取得北京冬奥组委支付的收入免征企业所得税	
15	(九)中国残奥委会取得北京冬奥组委分期支付的收入免征企业所得税	
16	(十)其他	
17	二、减计收入(18+19+23+24)	
18	(一)综合利用资源生产产品取得的收入在计算应纳税所得额时减计收入	
19	(二)金融、保险等机构取得的涉农利息、保费减计收入(20+21+22)	
20	1. 金融机构取得的涉农贷款利息收入在计算应纳税所得额时减计收入	
21	2. 保险机构取得的涉农保费收入在计算应纳税所得额时减计收入	
22	3. 小额贷款公司取得的农户小额贷款利息收入在计算应纳税所得额时减计收入	
23	(三)取得铁路债券利息收入减半征收企业所得税	
24	(四)其他(24.1+24.2)	
24.1	1. 取得的社区家庭服务收入在计算应纳税所得额时减计收入	
24.2	2. 其他	
25	三、加计扣除(26+27+28+29+30)	
26	(一)开发新技术、新产品、新工艺发生的研究开发费用加计扣除(填写A107012)	

续表

行次	项目	金额
27	(二)科技型中小企业开发新技术、新产品、新工艺发生的研究开发费用加计扣除(填写 A107012)	
28	(三)企业为获得创新性、创意性、突破性的产品进行创意设计活动而发生的相关费用加计扣除	
29	(四)安置残疾人员所支付的工资加计扣除	
30	(五)其他	
31	合计(1+17+25)	50 000.00

三、【实训案例 2】

某市金山公司为增值税一般纳税人。2019 年取得产品不含税销售收入 6 000 万元，当年发生产品销售成本 2 600 万元，销售费用 1 200 万元，管理费用 480 万元，财务费用 60 万元，投资收益 120 万元；营业外支出 150 万元；销售税金 160 万元，其中含增值税 120 万元。

当年发生部分业务如下所示。

(1)当年采用分期收款方式销售商品一批，不含税销售额为 1 000 万元，合同约定款项分三期支付，2019 年 7 月和 12 月各支付 40%，余下 20%尾款在 2020 年 1 月支付，企业在当年将 1 000 万元全部确认收入。

(2)计入成本、费用中的实发工资总额 1 000 万元，拨缴职工工会经费 25 万元，发生职工福利费 150 万元，发生职工教育经费 30 万元。

(3)销售费用含当年发生广告支出 1 050 万元，管理费用中含当年发生业务招待费 25 万元。

(4)营业外支出中含通过公益性社会团体向贫困山区捐款 100 万元，因管理不善造成的资产损失 15 万元，直接捐赠给扶贫帮扶对象 5 万元，支付税收滞纳金 6 万元。

(5)当年向境内关联方借款 750 万元，年利率 7%(金融企业同期贷款利率为 6%)，实际支付利息 52.5 万元。关联企业在该企业的权益性投资为 250 万元，该企业不能证明此项交易符合独立原则，也不能证明实际税负不高于关联企业。

(6)当年撤回对境内某公司的股权投资取得 85 万元，其中原始投资成本 50 万元，相当于被投资企业累计未分配利润和累计盈余公积按减少实收资本的比例计算的部分为 15 万元。

(7)当年 12 月购入机器设备一台，不含税价款为 350 万元，采用直线法进行摊销，预计使用年限为10年，净残值率为5%。

(8)该企业分别在两国设有分公司(我国与两国已经缔结避免双重征税协定)，在东南亚某国分公司的应纳税所得额为50万元，东南亚某国税率为20%；在“一带一路”沿线某国分公司的应纳税所得额为30万元，“一带一路”沿线某国税率为30%。两个分公司在两国分别缴纳了10万元和9万元的企业所得税(该企业选择分国抵免方法)。

【实训解析】

1. 会计利润总额＝6 000－2 600－1 200－480－60＋120－150－(160－120)＝1 590(万元)

2. 以分期收款方式销售货物的，按照合同约定的收款日期确认收入的实现。

应纳税调减应纳税所得额＝1 000×20%＝200(万元)

3. 工会经费应调增所得额＝25－1 000×2%＝5(万元)

职工福利费应调增所得额＝150－1 000×14%＝10(万元)

职工教育经费扣除限额＝1 000×8%＝80(万元)，实际发生30万元，可以据实扣除，无须调整。

工资和三项经费应调增所得额＝10＋5＝15(万元)

4. 广告费调增所得额＝1 050－6 000×15%＝150(万元)

业务招待费扣除限额＝6 000×5‰＝30(万元)＞25×60%＝15(万元)

业务招待费调增所得额＝25－15＝10(万元)

两项共调增应纳税所得额＝150＋10＝160(万元)

5. 公益性捐赠扣除限额＝1590×12%＝190.8(万元)，实际发生的公益性捐赠100万元，可以据实扣除，无须调整。直接捐赠和税收滞纳金，不得税前扣除。应调增所得额＝5＋6＝11(万元)

6. 可以扣除的利息费用＝250×2×6%＝30(万元)，应纳税调增＝52.5－30＝22.5(万元)。

7. 相当于被投资企业累计未分配利润和累计盈余公积按减少实收资本的比例计算的部分是免税的，因此纳税调减15万元。

8. 应调减应纳税所得额350万元。

理由：企业在2019年1月1日—2020年2月31日期间新购进的设备、器具，单位价值不超过500万元的，允许一次性计入当期成本费用在计算应纳税所得额时扣除。

9. 境内所得的应纳税所得额＝1 590－200＋15＋160＋11＋22.5－15－350－(50＋30－10－9)(境外所得)＝1 172.5(万元)

10. 东南亚某国扣除限额＝50×25%＝12.5(万元)

“一带一路”沿线某国扣除限额＝30×25%＝7.5(万元)

在东南亚某国缴纳的所得税为10万元，低于扣除限额12.5万元，可全额扣除。

在“一带一路”沿线某国缴纳的所得税为 9 万元，高于扣除限额 7.5 万元，其超过扣除限额的部分 1.5 万元当年不能扣除。

在我国应补缴的所得税额＝12.5－10＝2.5(万元)

【提示】按照我国的税率计算东南亚某国分公司应当在中国缴纳 50×25%＝12.5(万元)，此金额也是扣除限额。如果实际在东南亚某国缴纳的企业所得税小于 12.5 万元，那么按照实际缴纳的金额全额扣除，需要补缴剩余的差额部分；如果实际在东南亚某国缴纳的企业所得税大于 12.5 万元的话，那么最多可以扣除 12.5 万元，剩余的金额在以后年度结转扣除。在中国不用补税(12.5 万元－12.5 万元＝0 万元)。

本题在东南亚某国实际缴纳的企业所得税为 10 万元，属于前一种情况，所以需要在我国补缴差额的部分(12.5 万元－10 万元＝2.5 万元)。

11. 年终汇算清缴实际缴纳的企业所得税＝1 172.5×25%＋2.5＝295.63(万元)

企业所得税年度纳税申报表填报表单①

表单编号	表单名称	是否填报
A000000	企业所得税年度纳税申报基础信息表	☑
A100000	中华人民共和国企业所得税年度纳税申报表(A类)	☑
A101010	一般企业收入明细表	☑
A101020	金融企业收入明细表	□
A102010	一般企业成本支出明细表	☑
A102020	金融企业支出明细表	□
A103000	事业单位、民间非营利组织收入、支出明细表	□
A104000	期间费用明细表	☑
A105000	纳税调整项目明细表	☑
A105010	视同销售和房地产开发企业特定业务纳税调整明细表	□
A105020	未按权责发生制确认收入纳税调整明细表	□
A105030	投资收益纳税调整明细表	□
A105040	专项用途财政性资金纳税调整明细表	□
A105050	职工薪酬支出及纳税调整明细表	☑
A105060	广告费和业务宣传费等跨年度纳税调整明细表	☑
A105070	捐赠支出及纳税调整明细表	☑
A105080	资产折旧、摊销及纳税调整明细表	☑
A105090	资产损失税前扣除及纳税调整明细表	□
A105100	企业重组及递延纳税事项纳税调整明细表	□
A105110	政策性搬迁纳税调整明细表	□
A105120	特殊行业准备金及纳税调整明细表	□
A106000	企业所得税弥补亏损明细表	□
A107010	免税、减计收入及加计扣除优惠明细表	☑
A107011	符合条件的居民企业之间的股息、红利等权益性投资收益优惠明细表	☑
A107012	研发费用加计扣除优惠明细表	□
A107020	所得减免优惠明细表	□

① 本案例《申报表封面》及《申报基础信息表》填写信息略。

续表

表单编号	表单名称	是否填报
A107030	抵扣应纳税所得额明细表	□
A107040	减免所得税优惠明细表	□
A107041	高新技术企业优惠情况及明细表	□
A107042	软件、集成电路企业优惠情况及明细表	□
A107050	税额抵免优惠明细表	□
A108000	境外所得税收抵免明细表	☑
A108010	境外所得纳税调整后所得明细表	☑
A108020	境外分支机构弥补亏损明细表	□
A108030	跨年度结转抵免境外所得税明细表	□
A109000	跨地区经营汇总纳税企业年度分摊企业所得税明细表	□
A109010	企业所得税汇总纳税分支机构所得税分配表	□
说明：企业应当根据实际情况选择需要填报的表单		

A100000 中华人民共和国企业所得税年度纳税申报表(A 类)

类别	项目	金额
利润总额计算	一、营业收入(填写 A101010＼101020＼103000)	60 000 000.00
	减：营业成本(填写 A102010＼102020＼103000)	26 000 000.00
	减：税金及附加	400 000.00
	减：销售费用(填写 A104000)	12 000 000.00
	减：管理费用(填写 A104000)	4 800 000.00
	减：财务费用(填写 A104000)	600 000.00
	减：资产减值损失	
	加：公允价值变动收益	
	加：投资收益	1 200 000.00
	二、营业利润(1－2－3－4－5－6－7＋8＋9)	17 400 000.00
	加：营业外收入(填写 A101010＼101020＼103000)	
	减：营业外支出(填写 A102010＼102020＼103000)	1 500 000.00
	三、利润总额(10＋11－12)	15 900 000.00

续表

类别	项目	金额
应纳税所得额计算	减：境外所得(填写 A108010)	690 000.00
	加：纳税调整增加额(填写 A105000)	2 085 000.00
	减：纳税调整减少额(填写 A105000)	5 500 000.00
	减：免税、减计收入及加计扣除(填写 A107010)	150 000.00
	加：境外应税所得抵减境内亏损(填写 A108000)	
	四、纳税调整后所得(13－14＋15－16－17＋18)	11 725 000.00
	减：所得减免(填写 A107020)	
	减：弥补以前年度亏损(填写 A106000)	
	减：抵扣应纳税所得额(填写 A107030)	
	五、应纳税所得额(19－20－21－22)	11 725 000.00
应纳税额计算	税率(25%)	25%
	六、应纳所得税额(23×24)	2 931 250.00
	减：减免所得税额(填写 A107040)	
	减：抵免所得税额(填写 A107050)	
	七、应纳税额(25－26－27)	2 931 250.00
	加：境外所得应纳所得税额(填写 A108000)	25 000.00
	减：境外所得抵免所得税额(填写 A108000)	
	八、实际应纳所得税额(28＋29－30)	2 956 250.00
	减：本年累计实际已缴纳的所得税额	
	九、本年应补(退)所得税额(31－32)	2 956 250.00
	其中：总机构分摊本年应补(退)所得税额(填写 A109000)	
	财政集中分配本年应补(退)所得税额(填写 A109000)	
	总机构主体生产经营部门分摊本年应补(退)所得税额(填写 A109000)	

A101010 一般企业收入明细表

行次	项目	金额
1	一、营业收入(2+9)	60 000 000.00
2	(一)主营业务收入(3+5+6+7+8)	60 000 000.00
3	1. 销售商品收入	60 000 000.00
4	其中：非货币性资产交换收入	
5	2. 提供劳务收入	
6	3. 建造合同收入	
7	4. 让渡资产使用权收入	
8	5. 其他	
9	(二)其他业务收入(10+12+13+14+15)	
10	1. 销售材料收入	
11	其中：非货币性资产交换收入	
12	2. 出租固定资产收入	
13	3. 出租无形资产收入	
14	4. 出租包装物和商品收入	
15	5. 其他	
16	二、营业外收入(17+18+19+20+21+22+23+24+25+26)	
17	(一)非流动资产处置利得	
18	(二)非货币性资产交换利得	
19	(三)债务重组利得	
20	(四)政府补助利得	
21	(五)盘盈利得	
22	(六)捐赠利得	
23	(七)罚没利得	
24	(八)确实无法偿付的应付款项	
25	(九)汇兑收益	
26	(十)其他	

A102010 一般企业成本支出明细表

行次	项目	金额
1	一、营业成本(2+9)	26 000 000.00
2	(一)主营业务成本(3+5+6+7+8)	26 000 000.00
3	1. 销售商品成本	26 000 000.00
4	其中：非货币性资产交换成本	
5	2. 提供劳务成本	
6	3. 建造合同成本	
7	4. 让渡资产使用权成本	
8	5. 其他	
9	(二)其他业务成本(10+12+13+14+15)	
10	1. 销售材料成本	
11	其中：非货币性资产交换成本	
12	2. 出租固定资产成本	
13	3. 出租无形资产成本	
14	4. 包装物出租成本	
15	5. 其他	
16	二、营业外支出(17+18+19+20+21+22+23+24+25+26)	1 500 000.00
17	(一)非流动资产处置损失	150 000.00
18	(二)非货币性资产交换损失	
19	(三)债务重组损失	
20	(四)非常损失	
21	(五)捐赠支出	1 050 000.00
22	(六)赞助支出	
23	(七)罚没支出	60 000.00
24	(八)坏账损失	
25	(九)无法收回的债券股权投资损失	
26	(十)其他	240 000.00

A104000 期间费用明细表

行次	项目	销售费用	其中：境外支付	管理费用	其中：境外支付	财务费用	其中：境外支付
		1	2	3	4	5	6
1	一、职工薪酬		*		*	*	*
2	二、劳务费					*	*
3	三、咨询顾问费					*	*
4	四、业务招待费		*	250 000.00	*	*	*
5	五、广告费和业务宣传费	10 500 000.00	*		*	*	*
6	六、佣金和手续费						
7	七、资产折旧摊销费		*		*	*	*
8	八、财产损耗、盘亏及毁损损失		*		*	*	*
9	九、办公费		*		*	*	*
10	十、董事会费		*		*	*	*
11	十一、租赁费					*	*
12	十二、诉讼费		*		*	*	*
13	十三、差旅费		*		*	*	*
14	十四、保险费		*		*	*	*
15	十五、运输、仓储费					*	*
16	十六、修理费					*	*
17	十七、包装费		*		*	*	*
18	十八、技术转让费					*	*
19	十九、研究费用					*	*
20	二十、各项税费		*		*	*	*
21	二十一、利息收支	*	*	*	*	525 000.00	
22	二十二、汇兑差额	*	*	*	*		
23	二十三、现金折扣	*	*	*	*		*
24	二十四、党组织工作经费	*	*		*	*	*
25	二十五、其他	1 500 000.00		4 550 000.00		75 000.00	
26	合计(1＋2＋3＋…＋25)	12 000 000.00		4 800 000.00		600 000.00	

A105000 纳税调整项目明细表

行次	项目	账载金额	税收金额	调增金额	调减金额
		1	2	3	4
1	一、收入类调整项目(2+3+…+8+10+11)	*	*		2 000 000.00
2	(一)视同销售收入(填写 A105010)	*			*
3	(二)未按权责发生制原则确认的收入(填写 A105020)	8 000 000.00	10 000 000.00		2 000 000.00
4	(三)投资收益(填写 A105030)				
5	(四)按权益法核算长期股权投资对初始投资成本调整确认收益	*	*	*	
6	(五)交易性金融资产初始投资调整	*	*		*
7	(六)公允价值变动净损益		*		
8	(七)不征税收入	*	*		
9	其中：专项用途财政性资金(填写 A105040)	*	*		
10	(八)销售折扣、折让和退回				
11	(九)其他				
12	二、扣除类调整项目(13+14+…+24+26+27+28+29+30)	*	*	2 085 000.00	
13	(一)视同销售成本(填写 A105010)	*		*	
14	(二)职工薪酬(填写 A105050)	12 050 000.00	11 900 000.00	150 000.00	
15	(三)业务招待费支出	250 000.00	150 000.00	100 000.00	*
16	(四)广告费和业务宣传费支出(填写 A105060)	*	*	1 500 000.00	
17	(五)捐赠支出(填写 A105070)	1 050 000.00	1 000 000.00	50 000.00	
18	(六)利息支出	525 000.00	300 000.00	225 000.00	
19	(七)罚金、罚款和被没收财物的损失		*		*
20	(八)税收滞纳金、加收利息	60 000.00	*	60 000.00	*
21	(九)赞助支出		*		*
22	(十)与未实现融资收益相关在当期确认的财务费用				
23	(十一)佣金和手续费支出(保险企业填写 A105060)				

续表

行次	项目	账载金额	税收金额	调增金额	调减金额
		1	2	3	4
24	(十二)不征税收入用于支出所形成的费用	*	*		*
25	其中：专项用途财政性资金用于支出所形成的费用(填写 A105040)	*	*		*
26	(十三)跨期扣除项目				
27	(十四)与取得收入无关的支出		*		*
28	(十五)境外所得分摊的共同支出	*	*		*
29	(十六)党组织工作经费				
30	(十七)其他				
31	三、资产类调整项目(32+33+34+35)	*	*		3 500 000.00
32	(一)资产折旧、摊销(填写 A105080)	3 500 000.00	0		3 500 000.00
33	(二)资产减值准备金		*		
34	(三)资产损失(填写 A105090)				
35	(四)其他				
36	四、特殊事项调整项目(37+38+…+43)	*	*		
37	(一)企业重组及递延纳税事项(填写 A105100)				
38	(二)政策性搬迁(填写 A105110)	*	*		
39	(三)特殊行业准备金(填写 A105120)				
40	(四)房地产开发企业特定业务计算的纳税调整额(填写 A105010)	*			
41	(五)合伙企业法人合伙人应分得的应纳税所得额				
42	(六)发行永续债利息支出				
43	(七)其他	*	*		
44	五、特别纳税调整应税所得	*	*		
45	六、其他	*	*		
46	合计(1+12+31+36+44+45)	*	*	2 085 000.00	5 500 000.00

A105020 未按权责发生制确认收入纳税调整明细表

行次	项目	合同金额（交易金额）	账载金额		税收金额		纳税调整金额
			本年	累计	本年	累计	
		1	2	3	4	5	6(4－2)
1	一、跨期收取的租金、利息、特许权使用费收入(2＋3＋4)						
2	(一)租金						
3	(二)利息						
4	(三)特许权使用费						
5	二、分期确认收入(6＋7＋8)	10 000 000.00	10 000 000.00	10 000 000.00	8 000 000.00	8 000 000.00	－2 000 000.00
6	(一)分期收款方式销售货物收入	10 000 000.00	10 000 000.00	10 000 000.00	8 000 000.00	8 000 000.00	－2 000 000.00
7	(二)持续时间超过 12 个月的建造合同收入						
8	(三)其他分期确认收入						
9	三、政府补助递延收入(10＋11＋12)						
10	(一)与收益相关的政府补助						
11	(二)与资产相关的政府补助						
12	(三)其他						
13	四、其他未按权责发生制确认收入						
14	合计(1＋5＋9＋13)	10 000 000.00	10 000 000.00	10 000 000.00	8 000 000.00	8 000 000.00	－2 000 000.00

A105050 职工薪酬支出及纳税调整明细表

行次	项目	账载金额	实际发生额	税收规定扣除率	以前年度累计结转扣除额	税收金额	纳税调整金额	累计结转以后年度扣除额
		1	2	3	4	5	6(1－5)	7(1＋4－5)
1	一、工资薪金支出	10 000 000.00	10 000 000.00	*	*	10 000 000.00	0.00	*
2	其中：股权激励			*	*			*
3	二、职工福利费支出	1 500 000.00	1 500 000.00	14%	*	1 400 000.00	100 000.00	*
4	三、职工教育经费支出	300 000.00	300 000.00	*		300 000.00	0.00	
5	其中：按税收规定比例扣除的职工教育经费							
6	按税收规定全额扣除的职工培训费用				*			*
7	四、工会经费支出	250 000.00	250 000.00	2%	*	200 000.00	50 000.00	*
8	五、各类基本社会保障性缴款			*	*			*
9	六、住房公积金			*	*			*
10	七、补充养老保险				*			*
11	八、补充医疗保险				*			*
12	九、其他			*	*			*
13	合计(1＋3＋4＋7＋8＋9＋10＋11＋12)	12 050 000.00	12 050 000.00	*		11 900 000.00	150 000.00	

A105060 广告费和业务宣传费等跨年度纳税调整明细表

行次	项目	广告费和业务宣传费	保险企业手续费及佣金支出
		1	2
1	一、本年支出	10 500 000.00	
2	减：不允许扣除的支出	0.00	
3	二、本年符合条件的支出(1－2)	10 500 000.00	
4	三、本年计算扣除限额的基数	60 000 000.00	
5	乘：税收规定扣除率	15％	
6	四、本企业计算的扣除限额(4×5)	9 000 000.00	
7	五、本年结转以后年度扣除额 (3＞6，本行＝3－6；3≤6，本行＝0)	1 500 000.00	
8	加：以前年度累计结转扣除额	0.00	
9	减：本年扣除的以前年度结转额 [3＞6，本行＝0；3≤6，本行＝8与(6－3)孰小值]	0.00	
10	六、按照分摊协议归集至其他关联方的金额(10≤3与6孰小值)	0.00	*
11	按照分摊协议从其他关联方归集至本企业的金额	0.00	*
12	七、本年支出纳税调整金额 (3＞6，本行＝2＋3－6＋10－11；3≤6，本行＝2＋10－11－9)	1 500 000.00	
13	八、累计结转以后年度扣除额(7＋8－9)	1 500 000.00	

A105070 捐赠支出及纳税调整明细表

行次	项目	账载金额	以前年度结转可扣除的捐赠额	按税收规定计算的扣除限额	税收金额	纳税调增金额	纳税调减金额	可结转以后年度扣除的捐赠额
		1	2	3	4	5	6	7
1	一、非公益性捐赠	50 000.00	*	*	*	50 000.00	*	*
2	二、全额扣除的公益性捐赠	1 000 000.00	*	*	1 000 000.00	*	*	*
3	三、限额扣除的公益性捐赠(4+5+6+7)							
4	前三年度(　　年)	*		*	*	*		*
5	前二年度(　　年)	*		*	*	*		
6	前一年度(　　年)	*		*	*	*		
7	本年(　　年)		*				*	
8	合计(1+2+3)	1 050 000.00			1 000 000.00	50 000.00		

A105080 资产折旧、摊销及纳税调整明细表

行次	项目		账载金额			税收金额					纳税调整金额
			资产原值	本年折旧、摊销额	累计折旧、摊销额	资产计税基础	税收折旧、摊销额	享受加速折旧政策的资产按税收一般规定计算的折旧、摊销额	加速折旧、摊销统计额	累计折旧、摊销额	
			1	2	3	4	5	6	7=5-6	8	9(2-5)
1	一、固定资产(2+3+4+5+6+7)							*	*		
2	所有固定资产	(一)房屋、建筑物						*	*		
3		(二)飞机、火车、轮船、机器、机械和其他生产设备						*	*		
4		(三)与生产经营活动有关的器具、工具、家具等						*	*		
5		(四)飞机、火车、轮船以外的运输工具						*	*		
6		(五)电子设备						*	*		
7		(六)其他						*	*		

续表

行次	项目		账载金额			税收金额					纳税调整金额
			资产原值	本年折旧、摊销额	累计折旧、摊销额	资产计税基础	税收折旧、摊销额	享受加速折旧政策的资产按税收一般规定计算的折旧、摊销额	加速折旧、摊销统计额	累计折旧、摊销额	
			1	2	3	4	5	6	7=5－6	8	9(2－5)
8	其中：享受固定资产加速折旧及一次性扣除政策的资产加速折旧额大于一般折旧额的部分	(一)重要行业固定资产加速折旧(不含一次性扣除)									*
9		(二)其他行业研发设备加速折旧									*
10		(三)固定资产一次性扣除	3 500 000.00	0.00	0.00	3 500 000.00	3 500 000.00				*
11		(四)技术进步、更新换代固定资产									*
12		(五)常年强震动、高腐蚀固定资产									*
13		(六)外购软件折旧									*
14		(七)集成电路企业生产设备									*
15	二、生产性生物资产(16＋17)							*	*		
16	(一)林木类							*	*		
17	(二)畜类							*	*		

续表

行次	项目	账载金额			税收金额					纳税调整金额
		资产原值	本年折旧、摊销额	累计折旧、摊销额	资产计税基础	税收折旧、摊销额	享受加速折旧政策的资产按税收一般规定计算的折旧、摊销额	加速折旧、摊销统计额	累计折旧、摊销额	
		1	2	3	4	5	6	7=5−6	8	9(2−5)
18	三、无形资产(19＋20＋21＋22＋23＋24＋25＋27)						*	*		
19	(一)专利权						*	*		
20	(二)商标权						*	*		
21	(三)著作权						*	*		
22	(四)土地使用权						*	*		
23	(五)非专利技术						*	*		
24	(六)特许权使用费						*	*		
25	(七)软件						*	*		
26	其中：享受企业外购软件加速摊销政策									*
27	(八)其他						*	*		
28	四、长期待摊费用(29＋30＋31＋32＋33)						*	*		
29	(一)已足额提取折旧的固定资产的改建支出						*	*		

续表

行次	项目	账载金额			税收金额					纳税调整金额
		资产原值	本年折旧、摊销额	累计折旧、摊销额	资产计税基础	税收折旧、摊销额	享受加速折旧政策的资产按税收一般规定计算的折旧、摊销额	加速折旧、摊销统计额	累计折旧、摊销额	
		1	2	3	4	5	6	7=5-6	8	9(2-5)
30	(二)租入固定资产的改建支出						*	*		
31	(三)固定资产的大修理支出						*	*		
32	(四)开办费						*	*		
33	(五)其他						*	*		
34	五、油气勘探投资						*	*		
35	六、油气开发投资						*	*		
36	合计(1+15+18+28+34+35)	3 500 000.00	0.00	0.00	3 500 000.00	3 500 000.00	3 500 000.00			-3 500 000.00
附列资料	全民所有制企业公司制改制资产评估增值政策资产						*	*		

A107010 免税、减计收入及加计扣除优惠明细表

行次	项目	金额
1	一、免税收入(2＋3＋9＋…＋16)	150 000.00
2	(一)国债利息收入免征企业所得税	
3	(二)符合条件的居民企业之间的股息、红利等权益性投资收益免征企业所得税(4＋5＋6＋7＋8)	150 000.00
4	1. 一般股息红利等权益性投资收益免征企业所得税(填写 A107011)	150 000.00
5	2. 内地居民企业通过沪港通投资且连续持有 H 股满 12 个月取得的股息红利所得免征企业所得税(填写 A107011)	
6	3. 内地居民企业通过深港通投资且连续持有 H 股满 12 个月取得的股息红利所得免征企业所得税(填写 A107011)	
7	4. 居民企业持有创新企业 CDR 取得的股息红利所得免征企业所得税(填写 A107011)	
8	5. 符合条件的永续债利息收入免征企业所得税(填写 A107011)	
9	(三)符合条件的非营利组织的收入免征企业所得税	
10	(四)中国清洁发展机制基金取得的收入免征企业所得税	
11	(五)投资者从证券投资基金分配中取得的收入免征企业所得税	
12	(六)取得的地方政府债券利息收入免征企业所得税	
13	(七)中国保险保障基金有限责任公司取得的保险保障基金等收入免征企业所得税	
14	(八)中国奥委会取得北京冬奥组委支付的收入免征企业所得税	
15	(九)中国残奥委会取得北京冬奥组委分期支付的收入免征企业所得税	
16	(十)其他	
17	二、减计收入(18＋19＋23＋24)	
18	(一)综合利用资源生产产品取得的收入在计算应纳税所得额时减计收入	
19	(二)金融、保险等机构取得的涉农利息、保费减计收入(20＋21＋22)	
20	1. 金融机构取得的涉农贷款利息收入在计算应纳税所得额时减计收入	
21	2. 保险机构取得的涉农保费收入在计算应纳税所得额时减计收入	
22	3. 小额贷款公司取得的农户小额贷款利息收入在计算应纳税所得额时减计收入	

续表

行次	项目	金额
23	(三)取得铁路债券利息收入减半征收企业所得税	
24	(四)其他(24.1+24.2)	
24.1	1. 取得的社区家庭服务收入在计算应纳税所得额时减计收入	
24.2	2. 其他	
25	三、加计扣除(26+27+28+29+30)	
26	(一)开发新技术、新产品、新工艺发生的研究开发费用加计扣除(填写A107012)	
27	(二)科技型中小企业开发新技术、新产品、新工艺发生的研究开发费用加计扣除	
28	(三)企业为获得创新性、创意性、突破性的产品进行创意设计活动而发生的相关费用加计扣除	
29	(四)安置残疾人员所支付的工资加计扣除	
30	(五)其他	
31	合计(1+17+25)	150 000.00

A107011 符合条件的居民企业之间的股息、红利等权益性投资收益优惠明细表

行次	被投资企业	被投资企业统一社会信用代码(纳税人识别号)	投资性质	投资成本	投资比例	被投资企业利润分配确认金额		被投资企业清算确认金额			撤回或减少投资确认金额						合计
						被投资企业做出利润分配或转股决定时间	依决定归属于本公司的股息、红利等权益性投资收益金额	分得的被投资企业清算剩余资产	被清算企业累计未分配利润和累计盈余公积应享有部分	应确认的股息所得	从被投资企业撤回或减少投资取得的资产	减少投资比例	收回初始投资成本	取得资产中超过收回初始投资成本部分	撤回或减少投资应享有被投资企业累计未分配利润和累计盈余公积	应确认的股息所得	
	1	2	3	4	5	6	7	8	9	10(8与9孰小)	11	12	13(4×12)	14(11－13)	15	16(14与15孰小)	17(7＋10＋16)
1											850 000.00		500 000.00	350 000.00	150 000.00	150 000.00	150 000.00
2																	
3																	
4																	
5																	
6																	
7	合计																
8	其中：直接投资或非H股票投资																
9	股票投资—沪港通H股																
10	股票投资—深港通H股																
11	创新企业CDR																
12	永续债																

A108000 境外所得税收抵免明细表

行次	国家（地区）	境外税前所得	境外所得纳税调整后所得	弥补境外以前年度亏损	境外应纳税所得额	抵减境内亏损	抵减境内亏损后的境外应纳税所得额	税率	境外所得应纳税额	境外所得可抵免税额	境外所得抵免限额	本年可抵免境外所得税额	未超过境外所得税抵免限额的余额	本年可抵免以前年度未抵免境外所得税额	按简易办法计算：按低于12.5%的实际税率计算的抵免额	按简易办法计算：按12.5%计算的抵免额	按简易办法计算：按25%计算的抵免额	按简易办法计算：小计	境外所得抵免所得税额合计
	1	2	3	4	5 (3－4)	6	7 (5－6)	8	9 (7×8)	10	11	12	13 (11－12)	14	15	16	17	18 (15＋16＋17)	19 (12＋14＋18)
1	东南亚某国	500 000.00	500 000.00		500 000.00		500 000.00	25%	125 000.00		125 000.00	100 000.00	25 000.00						100 000.00
2	“一带一路”沿线某国	300 000.00	300 000.00		300 000.00		300 000.00	25%	75 000.00		75 000.00	75 000.00	0.00						75 000.00
3																			
4																			
10	合计	800 000.00	800 000.00		800 000.00		800 000.00		200 000.00		200 000.00	175 000.00	25 000.00						175 000.00

A108010 境外所得纳税调整后所得明细表

行次	国家（地区）	境外税后所得								境外所得可抵免的所得税额				境外税前所得	境外分支机构收入与支出纳税调整额	境外分支机构调整分摊扣除的有关成本费用	境外所得对应调整的相关成本费用支出	境外所得纳税调整后所得
		分支机构营业利润所得	股息、红利等权益性投资所得	利息所得	租金所得	特许权使用费所得	财产转让所得	其他所得	小计	直接缴纳的所得税额	间接负担的所得税额	享受税收饶让抵免税额	小计					
	1	2	3	4	5	6	7	8	9(2+…+8)	10	11	12	13(10+11+12)	14(9+10+11)	15	16	17	18(14+15−16−17)
1	东南亚某国	400 000.00							400 000.00	100 000.00			100 000.00	500 000.00				500 000.00
2	“一带一路”沿线某国	210 000.00							210 000.00	90 000.00			90 000.00	300 000.00				300 000.00
3																		
4																		
5																		
6																		
7																		
8																		
9																		
10	合计	610 000.00							610 000.00	190 000.00			190 000.00	800 000.00				800 000.00

【延伸阅读 4-1】新时代下企业所得税改革的思考
——基于人民观、风险观和整体观的认知

在推进企业所得税改革的具体路径上，应立足新时代社会主要矛盾发生变化的实际，从人民观、风险观、整体观出发，坚持以人民为中心的发展思想，坚持新发展理念引领，统筹谋划、整体推进企业所得税改革。

(一)增强企业所得税政策的确定性，明确“放管服”边界，积极保障和改善民生。

一是确保收入合理增长。近年来，企业所得税的增幅基本在10%上下浮动，增幅与经济增长保持了较高的一致性和关联度。因此，企业所得税在完成收入预算目标的同时，还应更多发挥调控职能，在简政减税降负上发挥了更加积极的作用。当然，科学估计今后一段时期的收入形势，充分考虑减收因素，同时堵塞制度漏洞，不断修订完善相关政策规定。

二是加大企业所得税保障民生的力度，特别是强化其在扶贫攻坚战中的作为。充分发挥企业所得税在交通、生态等脱贫关键领域中的重要作用；调整区域性企业所得税优惠政策，有效扶持贫困地区脱贫致富；针对医疗、养老、教育等具有较强民生属性的行业，在一定期限内出台专门的优惠政策，降低全体人民，特别是贫困群体获取此类民生类产品的成本。

三是深化“放管服”改革。一方面，将能放的放到位，落实好税前扣除凭证管理、优惠资料留存备查等政策，尽可能减轻纳税人负担，打造更加优质的营商环境；另一方面，优化后续管理，充分运用信用管理理念，发挥大数据管理的优势，既能管得住，又能管得好，减少征纳双方的涉税风险。

四是落实好各项企业所得税优惠政策。加大政策宣传力度，使得纳税人优惠政策“应享尽知”；

明确政策口径，使得纳税人便利享受优惠，实现“应享尽享”，切实发挥减税政策的功能效应。同时，紧密跟踪国内国际形势变化，研究相应的储备政策，以便根据实际情况的变化，及时、精准出台相应的税收优惠政策，打出政策组合拳。

五是开展税收政策评估。针对一些政策在实际执行过程中享受群体偏窄、政策门槛较高、政策效应偏弱甚至是负效应的情况，及时开展政策评估。对存量政策，通过评估，能优化的尽量优化，效果有限或者无效的政策应当坚决退出；对新出台的增量政策，要严把入口关，防止新出台政策好看不管用，把政策资源用在刀刃上，提升税收政策效率。

(二)坚持新发展理念，消除不平衡不充分发展带来的风险。

一是更大力度支持创新发展。特别要注重企业所得税对新动能的支持，优先在重大改革试验区进行此类政策的试点。针对我国在贸易战中面临的严峻形势，提前谋划

企业所得税支持性政策，加大对《中国制造2025》所涉及行业的企业所得税支持力度，特别是加大对软件集成电路等“一软一硬”的支持力度。

二是调整区域性优惠政策，使之更加符合协调发展的要求。原有区域性优惠政策容易造成国内的税收洼地，形成税基侵蚀与利润转移，因此，调整区域性优惠政策已经提上重要的议事日程，如西部大开发等政策。

三是加大对生态资源的保护力度，强化绿色发展。现行的支持节能环保的企业所得税优惠制度设计相对简单，可考虑从企业、社会等层面进行进一步优化，特别是对第三方环保企业进行支持，细化社会分工，推动“专业人做专业事”，实现环境保护市场细化、运作专业化，更好地支持绿色发展。扩大有关优惠政策的目录范围，更好地覆盖绿色发展有关产业。落实好环境信用“一票否决”机制，引导企业在享受企业所得税优惠政策时有效履行环境保护职责。

四是加大对服务贸易的支持力度，提升企业“走出去”的竞争力，推动产业升级；修订西部地区外商投资相关产业目录，同步研究东北地区吸引外资有关问题，通过企业所得税优惠，推动西部地区及东北地区有力提升对外开放水平；研究实施企业所得税境外抵免的“免税法”，加大对企业境外发展的支持力度。

五是促进共享发展。在原有的小微企业所得税优惠政策基础上，加大对教育、医疗、养老等相关行业的支持力度。深化对PPP企业所得税支持政策研究，通过制度设计，激发社会资本参与公共事务的活力。

(三)从税种、部门、国内外等多个层次强化政策协调与整体配合。

一是对企业所得税优惠政策体系开展政策评估。各类企业所得税优惠政策应当逻辑一致、协同高效，防止政策间相互制约，影响优惠政策效果的发挥。

二是企业所得税设计要与个人所得税、增值税等进行有效互动。比如，考虑到人口老龄化导致的人力资本成本上升风险已经严重影响到企业成本、研发创新、人力资本聚集等诸多方面，显然企业所得税与个人所得税政策设计应协同推进。再如，企业所得税与增值税也应进行政策协调，如促进就业创业政策等就面临政策协调问题。

三是注重包括企业所得税政策在内的税收政策与财政部门、科技部门、工业信息部门出台政策的协调，发挥各专业部门在税收政策落实中的重要作用。

四是统筹国内、国际。企业所得税作为国际税收治理的重要税种，不仅要紧密跟踪国际税改新动向，对政策进行适应性调整，维护我国税收权益，同时，还应对标国际税收有害税收竞争审议规则，提前进行规避和应对。面对个别国家的减税政策及由此带来的减税舆论压力，应当保持定力，在用足用好现行企业所得税优惠政策的同时，做好各种情形下的政策储备预案，根据经济形势的发展变化，及时推出精准、有力的应对之策。

资料来源：王军. 新时代下企业所得税改革的思考——基于人民观、风险观和整体观的认知[J]. 税务研究，2018(12).

第二节　企业所得税月(季)度预缴申报(样表)

中华人民共和国企业所得税月(季)度预缴纳税申报表(A类)

税款所属期间：2019年01月01日—2019年12月31日

纳税人识别号(统一社会信用代码)：12350 ********** 38A

纳税人名称：金山公司　　　　金额单位：人民币元(列至角分)

预缴方式	(按照实际利润额预缴)　□按照上一纳税年度应纳税所得额平均额预缴 □按照税务机关确定的其他方法预缴 本栏按实际情况勾选，后两项属于行政许可，勾选前需先履行行政许可相关程序 ①选择按实际利润额缴纳的，填报第1～15行 ②选择按上一年度平均额预缴的，填报第9～13、15行 ③选择按其他方法的，填报第15行
企业类型	(一般企业)　□跨地区经营汇总纳税企业总机构 □跨地区经营汇总纳税企业分支机构 本栏按实际情况填写，同一省(市、自治区、)设立的不具法人资格但未按《跨区域经营汇总纳税企业所得税征收管理办法》征收管理的，按一般企业勾选。

预缴税款计算

行次	项目	本年累计金额
1	营业收入	100 000.00
2	营业成本	60 000.00
3	利润总额	8 000.00
4	加：特定业务计算的应纳税所得额(本行为从事房地产开发等特定业务的纳税人填报)	0.00
5	减：不征税收入	0.00
6	减：免税收入、减计收入、所得减免等优惠金额(填写A201010)	5 000.00
7	减：固定资产加速折旧(扣除)调减额(填写A201020)	0.00
8	减：弥补以前年度亏损	1 000.00
9	实际利润额(3+4－5－6－7－8)\按照上一纳税年度应纳税所得额平均额确定的应纳税所得额	2 000.00
10	税率(25%)	25%
11	应纳所得税额(9×10)	500.00
12	减：减免所得税额(填写A201030)	400.00
13	减：实际已缴纳所得税额	0.00

续表

行次		项目	本年累计金额
预缴税款计算			
14		减：特定业务预缴(征)所得税额(建安企业跨区域设立的项目部在项目所在地预缴的金额在本行填报)	0.00
15		本期应补(退)所得税额(11－12－13－14)\税务机关确定的本期应纳所得税额	100.00
汇总纳税企业总分机构税款计算			
16	总机构填报	总机构本期分摊应补(退)所得税额(17＋18＋19)(跨省设立分支机构的，总机构按第15行的50%填报，省内的按60%填报)	0.00
17	总机构填报	其中：总机构分摊应补(退)所得税额(15×总机构分摊比例____%)	0.00
18	总机构填报	财政集中分配应补(退)所得税额(15×财政集中分配比例____%)	0.00
19	总机构填报	总机构具有主体生产经营职能的部门分摊所得税额(15×全部分支机构分摊比例____%×总机构具有主体生产经营职能部门分摊比例____%)	0.00
20	分支机构填报	分支机构本期分摊比例(分支机构根据总机构出具的本期《企业所得税分支机构所得税分配表》填报)	0.00
21	分支机构填报	分支机构本期分摊应补(退)所得税额	0.00

附报信息(本栏为必填项)			
高新技术企业	□是☑否	科技型中小企业	□是☑否
技术入股递延纳税事项	□是☑否		
按季度填报信息(本栏为必填项)			
季初从业人数	m	季末从业人数	n
季初资产总额(万元)	x	季末资产总额(万元)	y
国家限制或禁止行业	□是☑否	小型微利企业	□是☑否

谨声明：本纳税申报表是根据国家税收法律法规及相关规定填报的，是真实的、可靠的、完整的。

纳税人(签章)：2020年01月15日

经办人：李婷婷 经办人身份证号：351 ************ 045 代理机构签章： 代理机构统一社会信用代码：	受理人： 受理税务机关(章)： 受理日期：　　年　月　日

国家税务总局监制

A201010 免税收入、减计收入、所得减免等优惠明细表

行次	项目	本年累计金额
1	一、免税收入(2＋3＋6＋7＋…＋15)	5 000.00
2	(一)国债利息收入免征企业所得税	2 000.00
3	(二)符合条件的居民企业之间的股息、红利等权益性投资收益免征企业所得税	3 000.00
4	其中：内地居民企业通过沪港通投资且连续持有H股满12个月取得的股息红利所得免征企业所得税(本行为第3行的其中数)	据实填报
5	内地居民企业通过深港通投资且连续持有H股满12个月取得的股息红利所得免征企业所得税(本行为第3行的其中数)	据实填报
6	(三)符合条件的非营利组织的收入免征企业所得税(本行不包括从事营利性活动取得的收入)	据实填报
7	(四)符合条件的非营利组织(科技企业孵化器)的收入免征企业所得税	据实填报
8	(五)符合条件的非营利组织(国家大学科技园)的收入免征企业所得税	据实填报
9	(六)中国清洁发展机制基金取得的收入免征企业所得税	据实填报
10	(七)投资者从证券投资基金分配中取得的收入免征企业所得税	据实填报
11	(八)取得的地方政府债券利息收入免征企业所得税	据实填报
12	(九)中国保险保障基金有限责任公司取得的保险保障基金等收入免征企业所得税	据实填报
13	(十)中国奥委会取得北京冬奥组委支付的收入免征企业所得税	据实填报
14	(十一)中国残奥委会取得北京冬奥组委分期支付的收入免征企业所得税	据实填报
15	(十二)其他	据实填报
16	二、减计收入(17＋18＋22＋23)	据实填报
17	(一)综合利用资源生产产品取得的收入在计算应纳税所得额时减计收入	据实填报
18	(二)金融、保险等机构取得的涉农利息、保费减计收入(19＋20＋21)	据实填报
19	1. 金融机构取得的涉农贷款利息收入在计算应纳税所得额时减计收入	据实填报
20	2. 保险机构取得的涉农保费收入在计算应纳税所得额时减计收入	据实填报

续表

行次	项目	本年累计金额
21	3. 小额贷款公司取得的农户小额贷款利息收入在计算应纳税所得额时减计收入	据实填报
22	(三)取得铁路债券利息收入减半征收企业所得税	据实填报
23	(四)其他	据实填报
23.1	1. 取得的社区家庭服务收入在计算应纳税所得额时减计收入	
23.2	2. 其他	
24	三、加计扣除(25+26+27+28)(本项优惠政策在汇算清缴时享受，月(季)预缴申报时不填报)	*
25	(一)开发新技术、新产品、新工艺发生的研究开发费用加计扣除	*
26	(二)科技型中小企业开发新技术、新产品、新工艺发生的研究开发费用加计扣除	*
27	(三)企业为获得创新性、创意性、突破性的产品进行创意设计活动而发生的相关费用加计扣除	*
28	(四)安置残疾人员所支付的工资加计扣除	*
29	四、所得减免(30+33+34+35+36+37+38+39+40)(若主表的第3+4−5行减本表1+16+24行小于等于零时，本项不填)	据实填报
30	(一)从事农、林、牧、渔业项目的所得减免征收企业所得税(3+3)	据实填报
31	1. 免税项目项目所得小于等于0时，本行不填报。多个项目的，合计金额填入本行	据实填报
32	2. 减半征收项目减半征收项目的所得额×50%，当项目预缴所得小于等于0时不填，多个项目的，合计金额填入本行	据实填报
33	(二)从事国家重点扶持的公共基础设施项目投资经营的所得定期减免企业所得税同上	据实填报
33.1	其中：从事农村饮水安全工程新建项目投资经营的所得定期减免企业所得税	
34	(三)从事符合条件的环境保护、节能节水项目的所得定期减免企业所得税同上	据实填报
35	(四)符合条件的技术转让所得减免征收企业所得税同上	据实填报

续表

行次	项目	本年累计金额
36	(五)实施清洁发展机制项目的所得定期减免企业所得税同上	据实填报
37	(六)符合条件的节能服务公司实施合同能源管理项目的所得定期减免企业所得税同上	据实填报
38	(七)线宽小于130纳米的集成电路生产项目的所得减免企业所得税同上	据实填报
39	(八)线宽小于65纳米或投资额超过150亿元的集成电路生产项目的所得减免企业所得税同上	据实填报
40	(九)其他同上	据实填报
41	合计(1+16+24+29)	5 000.00

A201020 固定资产加速折旧(扣除)优惠明细表

行次	项目	资产原值	本年累计折旧(扣除)金额				
			账载折旧金额	按照税收一般规定计算的折旧金额	享受加速折旧优惠计算的折旧金额	纳税调减金额	享受加速折旧优惠金额
		1	2	3	4	5	6(4-3)
1	一、固定资产加速折旧(不含一次性扣除，2+3)						
2	(一)重要行业固定资产加速折旧 制造业、信息传输、软件和信息技术服务业等填报本行(不含一次性扣除优惠)						
3	(二)其他行业研发设备加速折旧						
4	二、固定资产一次性扣除						
5	合计(1+4)						

本表第5列=4-2，当税收折旧小于会计折旧时，按0填报，不得以负数填报

A201030 减免所得税优惠明细表

行次	项目	本年累计金额
1	一、符合条件的小型微利企业减免企业所得税根据主表第4行计算填报	400.00
2	二、国家需要重点扶持的高新技术企业减按15%的税率征收企业所得税	据实填报
3	三、经济特区和上海浦东新区新设立的高新技术企业在区内取得的所得定期减免企业所得税	据实填报
4	四、受灾地区农村信用社免征企业所得税根据主表第9行×25%计算填报	据实填报
5	五、动漫企业自主开发、生产动漫产品定期减免企业所得税	据实填报
6	六、线宽小于0.8微米(含)的集成电路生产企业减免企业所得税	据实填报
7	七、线宽小于0.25微米的集成电路生产企业减按15%税率征收企业所得税主表第9行×10%	据实填报
8	八、投资额超过80亿元的集成电路生产企业减按15%税率征收企业所得税主表第9行×10%	据实填报
9	九、线宽小于0.25微米的集成电路生产企业减免企业所得税	据实填报
10	十、投资额超过80亿元的集成电路生产企业减免企业所得税	据实填报
11	十一、线宽小于130纳米的集成电路生产企业减免企业所得税	据实填报
12	十二、线宽小于65纳米或投资额超过150亿元的集成电路生产企业减免企业所得税	据实填报
13	十三、新办集成电路设计企业减免企业所得税	据实填报
14	十四、国家规划布局内集成电路设计企业可减按10%的税率征收企业所得税主表第9行×15%	据实填报
15	十五、符合条件的软件企业减免企业所得税	据实填报
16	十六、国家规划布局内重点软件企业可减按10%的税率征收企业所得税主表第9行×15%	据实填报
17	十七、符合条件的集成电路封装、测试企业定期减免企业所得税	据实填报
18	十八、符合条件的集成电路关键专用材料生产企业、集成电路专用设备生产企业定期减免企业所得税	据实填报
19	十九、经营性文化事业单位转制为企业的免征企业所得税主表第9行×25%	据实填报

续表

行次	项目	本年累计金额
20	二十、符合条件的生产和装配伤残人员专门用品企业免征企业所得税主表第9行×25%	据实填报
21	二十一、技术先进型服务企业减按15%的税率征收企业所得税主表第9行×10%	据实填报
22	二十二、服务贸易类技术先进型服务企业减按15%的税率征收企业所得税主表第9行×10%	据实填报
23	二十三、设在西部地区的鼓励类产业企业减按15%的税率征收企业所得税主表第9行×10%	据实填报
24	二十四、新疆困难地区新办企业定期减免企业所得税	据实填报
25	二十五、新疆喀什、霍尔果斯特殊经济开发区新办企业定期免征企业所得税	据实填报
26	二十六、广东横琴、福建平潭、深圳前海等地区的鼓励类产业企业减按15%税率征收企业所得税	据实填报
27	二十七、北京冬奥组委、北京冬奥会测试赛赛事组委会免征企业所得税	据实填报
28	二十八、其他	据实填报
29	二十九、民族自治地方的自治机关对本民族自治地方的企业应缴纳的企业所得税中属于地方分享的部分减征或免征(□免征□减征：减征幅度____%)	据实填报
30	合计(1+2+3+4+5+6+…+29)	400.00

中华人民共和国企业所得税月(季)度预缴和年度纳税申报表(B类)

税款所属期间：2019年01月01日—2019年12月31日

纳税人识别号(统一社会信用代码)：12350**********38A

纳税人名称：金山公司　　　　金额单位：人民币元(列至角分)

核定征收方式	根据税务机关核定的征收方式勾选： ☑核定应税所得率(能核算收入总额的)(勾选本项的，填第1～21行) ☐核定应税所得率(能核算成本费用总额的)(勾选本项的，填第12～21行) ☐核定应纳所得税额(勾选本项的，填第19～21行)	
居民企业(核定征收)企业所得税月(季)度及年度申报一申报表信息		
行次	项目	本年累计金额
1	收入总额	10 000.00
2	减：不征税收入本行为1行其中数	1 000.00
3	减：免税收入(4+5+8+9)	1 000.00
4	国债利息收入免征企业所得税	500.00
5	符合条件的居民企业之间的股息、红利等权益性投资收益免征企业所得税	500.00
6	其中：通过沪港通投资且连续持有H股满12个月取得的股息红利所得免征企业所得税	0.00
7	通过深港通投资且连续持有H股满12个月取得的股息红利所得免征企业所得税	0.00
8	居民企业持有创新企业CDR取得的股息红利所得免征企业所得税	0.00
9	符合条件的居民企业之间属于股息、红利性质的永续债利息收入免征企业所得税	500.00
10	投资者从证券投资基金分配中取得的收入免征企业所得税	0.00
11	取得的地方政府债券利息收入免征企业所得税	0.00
12	应税收入额(1-2-3)\成本费用总额 选择能核算收入总额的，按1-2-3计算填报；选择成本费用的，填各项成本费用总和。	8 000.00
13	税务机关核定的应税所得率(%)	10%

续表

行次	项目	本年累计金额
14	应纳税所得额(第12×13行)\[第12行÷(1－第13行)×第13行] ①选择能核算收入总额的，12×13；②选择能核算成本费用的，12/(1－13)×13	800.00
15	税率(25％)	25％
16	应纳所得税额(14×15)	200.00
17	减：符合条件的小型微利企业减免企业所得税 ①如第14行小于300万则[800×25％×(1－20％)]②如第14行大于300万则[100万×25％＋(14行－100万)×50％×(1－20％)]	160.00
18	减：实际已缴纳所得税额	0.00
19	本期应补(退)所得税额(16－17－18)\税务机关核定本期应纳所得税额	40.00
20	民族自治地方的自治机关对本民族自治地方的企业应缴纳的企业所得税中属于地方分享的部分减征或免征(减征幅度:％)	0.00
21	本期实际应补(退)所得税额19行－20行＝21行	40.00

按季度填报信息

季初从业人数	M	季末从业人数	N
季初资产总额(万元)	X	季末资产总额(万元)	X
国家限制或禁止行业	□是☑否	小型微利企业	☑是□否

按年度填报信息

小型微利企业	☑是□否

谨声明：此纳税申报表是根据《中华人民共和国企业所得税法》、《中华人民共和国企业所得税法实施条例》和国家有关税收规定填报的，是真实的、可靠的、完整的。

纳税人签章(签字)：金山公司 2020年01月15日

经办人：李婷婷 经办人身份证：351＊＊＊＊＊＊＊＊＊＊＊＊045 代理机构签章： 代理机构统一社会信用代码：	受理人： 主管税务机关受(章)： 受理日期： 年 月 日

填报说明

一、适用范围

本表适用于实行核定征收企业所得税的居民企业纳税人(以下简称“纳税人”)在月(季)度预缴纳税申报时填报。此外，实行核定应税所得率方式的纳税人在年度纳税申报时填报本表。

二、表头项目

(一)税款所属期间

1. 月(季)度预缴纳税申报

正常情况填报税款所属期月(季)度第一日至税款所属期月(季)度最后一日；年度中间开业的纳税人，在首次月(季)度预缴纳税申报时，填报开始经营之日至税款所属月(季)度最后一日，以后月(季)度预缴纳税申报时按照正常情况填报。年度中间发生终止经营活动的纳税人，在终止经营活动当期纳税申报时，填报税款所属期月(季)度第一日至终止经营活动之日，以后月(季)度预缴纳税申报表不再填报。

2. 年度纳税申报

正常情况填报税款所属年度1月1日至12月31日；年度中间开业的纳税人，在首次年度纳税申报时，填报开始经营之日至当年12月31日，以后年度纳税申报时按照正常情况填报；年度中间终止经营活动的纳税人，在终止经营活动年度纳税申报时，填报当年1月1日至终止经营活动之日；年度中间开业且当年度中间终止经营活动的纳税人，填报开始经营之日至终止经营活动之日。

(二)纳税人识别号(统一社会信用代码)

填报税务机关核发的纳税人识别号或有关部门核发的统一社会信用代码。

(三)纳税人名称

填报营业执照、税务登记证等证件载明的纳税人名称。

三、有关项目填报说明

(一)核定征收方式

纳税人根据申报税款所属期税务机关核定的征收方式选择填报。

(二)行次说明

核定征收方式选择“核定应税所得率(能核算收入总额的)”的纳税人填报第1行～第21行，核定征收方式选择“核定应税所得率(能核算成本费用总额的)”的纳税人填报第12行～第21行，核定征收方式选择“核定应纳所得税额”的纳税人填报第19行～第21行。

1. 第1行“收入总额”：填报纳税人各项收入的本年累计金额。

2. 第2行“不征税收入”：填报纳税人已经计入本表“收入总额”行次，但属于税收规定的不征税收入的本年累计金额。

3. 第3行“免税收入”：填报属于税收规定的免税收入优惠的本年累计金额。根据相关行次计算结果填报。本行＝第4＋5＋10＋11行。

4. 第4行“国债利息收入免征企业所得税”：填报根据《国家税务总局关于企业国债投资业务企业所得税处理问题的公告》(国家税务总局公告2011年第36号)等相关税收政策规定，纳税人持有国务院财政部门发行的国债取得的利息收入。本行填报金额为本年累计金额。

5. 第5行“符合条件的居民企业之间的股息、红利等权益性投资收益免征企业所得税”：填报发生的符合条件的居民企业之间的股息、红利等权益性投资收益情况，不包括连续持有居民企业公开发行并上市流通的股票不足12个月取得的投资收益。本行填报金额为本年累计金额。

本行包括内地居民企业通过沪港通投资且连续持有H股满12个月取得的股息红利所得、内地居民企业通过深港通投资且连续持有H股满12个月取得的股息红利所得、居民企业持有创新企业CDR取得的股息红利所得、符合条件的居民企业之间属于股息、红利性质的永续债利息收入等情况。

6. 第6行"通过沪港通投资且连续持有H股满12个月取得的股息红利所得免征企业所得税"：填报根据《财政部国家税务总局证监会关于沪港股票市场交易互联互通机制试点有关税收政策的通知》(财税〔2014〕81号)等相关税收政策规定，内地居民企业连续持有H股满12个月取得的股息红利所得。本行填报金额为本年累计金额。

7. 第7行"通过深港通投资且连续持有H股满12个月取得的股息红利所得免征企业所得税"：填报根据《财政部国家税务总局证监会关于深港股票市场交易互联互通机制试点有关税收政策的通知》(财税〔2016〕127号)等相关税收政策规定，内地居民企业连续持有H股满12个月取得的股息红利所得。本行填报金额为本年累计金额。

8. 第8行"居民企业持有创新企业CDR取得的股息红利所得免征企业所得税"：填报根据《财政部税务总局证监会关于创新企业境内发行存托凭证试点阶段有关税收政策的公告》(财政部税务总局证监会公告2019年第52号)等相关税收政策规定，居民企业持有创新企业CDR取得的股息红利所得。本行填报金额为本年累计金额。

9. 第9行"符合条件的居民企业之间属于股息、红利性质的永续债利息收入免征企业所得税"：填报根据《财政部税务总局关于永续债企业所得税政策问题的公告》(财政部税务总局公告2019年第64号)等相关税收政策规定，居民企业取得的可以适用企业所得税法规定的居民企业之间的股息、红利等权益性投资收益免征企业所得税规定的永续债利息收入。本行填报金额为本年累计金额。

10. 第10行"投资者从证券投资基金分配中取得的收入免征企业所得税"：填报纳税人根据《财政部国家税务总局关于企业所得税若干优惠政策的通知》(财税〔2008〕1号)第二条第(二)项等相关税收政策规定，投资者从证券投资基金分配中取得的收入。本行填报金额为本年累计金额。

11. 第11行"取得的地方政府债券利息收入免征企业所得税"：填报根据《财政部国家税务总局关于地方政府债券利息所得免征所得税问题的通知》(财税〔2011〕76号)、《财政部国家税务总局关于地方政府债券利息免征所得税问题的通知》(财税〔2013〕5号)等相关税收政策规定，纳税人取得的2009年、2010年和2011年发行的地方政府债券利息所得，2012年及以后年度发行的地方政府债券利息收入。本行填报金额为本年累计金额。

12. 第12行"应税收入额＼成本费用总额"：核定征收方式选择"核定应税所得率(能核算收入总额的)"的纳税人，本行＝第1－2－3行。核定征收方式选择"核定应税所得率(能核算成本费用总额的)"的纳税人，本行填报纳税人各项成本费用的本年累计金额。

13. 第13行"税务机关核定的应税所得率(%)"：填报税务机关核定的应税所得率。

14. 第14行"应纳税所得额"：根据相关行次计算结果填报。核定征收方式选择"核定应税所得率(能核算收入总额的)"的纳税人，本行＝第12×13行。核定征收方式选择"核定应税所得率(能核算成本费用总额的)"的纳税人，本行＝第12行÷(1－第13行)×第13行。

15. 第15行"税率"：填报25%。

16. 第16行“应纳所得税额”：根据相关行次计算填报。本行＝第14×15行。

17. 第17行“符合条件的小型微利企业减免企业所得税”：填报纳税人享受小型微利企业普惠性所得税减免政策减免企业所得税的金额。本行填报根据本表第14行计算的减免企业所得税的本年累计金额。

18. 第18行“实际已缴纳所得税额”：填报纳税人按照税收规定已在此前月(季)度预缴企业所得税的本年累计金额。

19. 第19行“本期应补(退)所得税额＼税务机关核定本期应纳所得税额”：核定征收方式选择“核定应税所得率(能核算收入总额的)”“核定应税所得率(能核算成本费用总额的)”的纳税人，根据相关行次计算结果填报，本行＝第16－17－18行。月(季)度预缴纳税申报时，若第16－17－18行<0，本行填报0。核定征收方式选择“核定应纳所得税额”的纳税人，本行填报税务机关核定的本期应纳所得税额(如果纳税人符合小型微利企业条件，本行填报的金额应为税务机关按照程序调减定额后的本期应纳所得税额)。

20. 第20行“民族自治地方的自治机关对本民族自治地方的企业应缴纳的企业所得税中属于地方分享的部分减征或免征(□免征□减征：减征幅度____%)”：根据《中华人民共和国企业所得税法》《中华人民共和国民族区域自治法》《财政部国家税务总局关于贯彻落实国务院关于实施企业所得税过渡优惠政策有关问题的通知》(财税〔2008〕21号)等规定，实行民族区域自治的自治区、自治州、自治县的自治机关对本民族自治地方的企业应缴纳的企业所得税中属于地方分享的部分，可以决定免征或减征，自治州、自治县决定减征或者免征的，须报省、自治区、直辖市人民政府批准。

纳税人填报该行次时，根据享受政策的类型选择“免征”或“减征”，二者必选其一。选择“免征”是指免征企业所得税税收地方分享部分；选择“减征：减征幅度____%”是指减征企业所得税税收地方分享部分。此时需填写“减征幅度”，减征幅度填写范围为1～100，表示企业所得税税收地方分享部分的减征比例。例如：地方分享部分减半征收，则选择“减征”，并在“减征幅度”后填写“50%”。

本行填报纳税人按照规定享受的民族自治地方的自治机关对本民族自治地方的企业应缴纳的企业所得税中属于地方分享的部分减征或免征额的本年累计金额。

21. 第21行“本期实际应补(退)所得税额”：本行填报纳税人本期实际应补(退)所得税额。

四、按季度填报信息填报说明

本项下所有项目按季度填报。按月申报的纳税人，在季度最后一个属期的月份填报。实行核定应纳所得税额方式的纳税人仅填报“小型微利企业”选项。

(一)季初从业人数、季末从业人数

纳税人填报税款所属季度的季初和季末从业人员的数量。季度中间开业的纳税人，“季初从业人数”填报开业时从业人数。季度中间停止经营的纳税人，“季末从业人数”填报停止经营时从业人数。从业人数是指与企业建立劳动关系的职工人数和企业接受的劳务派遣用工人数之和。

(二)季初资产总额(万元)、季末资产总额(万元)

纳税人填报税款所属季度的季初和季末资产总额。季度中间开业的纳税人，“季初资产总额”填报开业时资产总额。季度中间停止经营的纳税人，“季末资产总额”填报停止经营时资产总额。填报单位为人民币万元，保留小数点后2位。

(三)国家限制或禁止行业

纳税人从事行业为国家限制和禁止行业的，选择“是”，其他选择“否”。

(四)小型微利企业

本栏次为必报项目。

1. 实行核定应税所得率方式的纳税人，本纳税年度截至本期末的从业人数季度平均值不超过300人、资产总额季度平均值不超过5 000万元、本表“国家限制或禁止行业”选择“否”且本期本表第14行“应纳税所得额”不超过300万元的纳税人，选择“是”，否则选择“否”。具体计算方法如下：

季度平均值=(季初值+季末值)÷2

截至本期末季度平均值=截至本期末各季度平均值之和÷相应季度数

年度中间开业或者终止经营活动的，以其实际经营期计算上述指标。

2. 实行核定应纳所得税额方式的纳税人，由税务机关在核定应纳所得税额时进行判断并告知纳税人，判断标准按照税收规定的条件执行。

五、按年度填报信息填表说明

实行核定应税所得率方式的纳税人年度申报时填报，实行核定应纳所得税额方式的纳税人不填报。

“小型微利企业”：本栏次为必报项目，按照以下规则选择。

从事国家非限制和禁止行业，从业人数不超过300人，资产总额不超过5 000万元，年应纳税所得额不超过300万元的纳税人，选择“是”，否则选择“否”。

其中，从业人数和资产总额指标按企业全年的季度平均值确定。具体计算公式如下：

季度平均值=(季初值+季末值)÷2

全年季度平均值=全年各季度平均值之和÷4

年度中间开业或者终止经营活动的，以实际经营期作为一个纳税年度确定上述相关指标

六、表内关系

1. 第3行=第4+5+10+11行。

2. 核定征收方式选择为“核定应税所得率(能核算收入总额的)”的，第12行=第1-2-3行。

3. 核定征收方式选择为“核定应税所得率(能核算收入总额的)”的，第14行=第12×13行；核定征收方式选择为“核定应税所得率(能核算成本费用总额的)”的，第14行=第12行÷(1-第13行)×第13行。

4. 第16行=第14×15行。

5. 第19行=第16-17-18行。月(季)度预缴纳税申报时，若第16-17-18行<0，第19行=0。

6. 核定征收方式选择“核定应税所得率(能核算收入总额的)”“核定应税所得率(能核算成本费用总额的)”的，享受“免征”优惠的，第20行=(第16-17行)×40%；享受“减征”优惠的，第20行=(第16-17行)×40%×减征幅度。

核定征收方式选择“核定应纳所得税额”的，享受“免征”优惠的，第20行=[核定的年度应纳所得税额÷(4或者12)×截止申报所属期的实际应申报属期数]×40%；享受“减征”优惠的，第20行=[核定的年度应纳所得税额÷(4或者12)×截止申报所属期的实际应申报属期数]×40%×“减征幅度____%”。

7. 核定征收方式选择“核定应税所得率(能核算收入总额的)”“核定应税所得率(能核算成本费用总额的)”的，第 21 行＝第 19 行－20 行。当第 19 行－20 行＜0 时，本行＝0。

核定征收方式选择“核定应纳所得税额”的：第 21 行＝[核定的年度应纳所得税额÷(4 或者 12)×截止申报所属期的实际应申报属期数]－本表第 20 行－截止上期本表第 21 行合计金额。当计算结果＜0 时，本行＝0。

【延伸阅读4-2】区块链技术在我国税收管理领域应用的探索

(一)区块链技术的发展历程

区块链技术源起于比特币的开发和应用。2008年，中本聪在论文中首次提到了“比特币”的概念，并通过他所提出的“挖矿”手段获取了世界上第一批比特币，而区块链这种技术也逐渐开始为人们所知。区块链的本质是一个去中心化的数据库，可用于记录交易和查询交易记录。区块是区块链的组成单位，其中包含了每一笔交易信息。区块和区块之间通过密码学手段相关联，从而形成了类似于链表的结构。从功能实现角度来看，区块链的发展分为三个阶段：第一阶段，区块链实现了简单的电子货币支付功能；第二阶段，区块链在各领域对各种典型场景进行探索；第三阶段，区块链在各个领域应用协同发展，其目标是实现各领域区块链的交互。

1. 区块链技术的主要特点

一是分布式。传统数据库是主从式架构，有一个中央集群，由中央管理员集中管理和维护；区块链则是去中心化的分布式数据库，各参与方均能对数据进行维护、更新和计算，进而实现多方信息的共享。

二是不可篡改。区块链能够保证数据不被篡改，客观可信；同时每个节点都保存着全部数据，且通过共识算法才能进行数据录入，因此单独修改某个节点的数据不会影响到全网的其他节点。

三是可追溯。区块链记录着自创世块开始的所有数据，包括所有的交易记录。基于这些不可篡改的交易记录，可以轻松恢复和跟踪所有历史操作，便于监管机构进行审计和监督。

四是高度可信。作为一个高度可信的数据库，区块链利用密码学的方法保证点对点交易的安全，无须担心信任问题。每笔交易进行签名后，由全网达成共识后方可记录到区块链上，并且交易一旦完成，任何人都不可篡改或否认。

五是高可用。区块链采用分布式基础架构，每个节点各自维护一个完整的数据副本，若其中某个节点出现故障或数据被篡改，不会影响系统的其他节点。在对问题节点进行故障排除并完成数据同步之后，问题节点可以随时加入系统继续工作。因此，在整个系统不间断运行的情况下，每个节点可以选择性地离线，随时进行日常维护工作。此外，在确保各节点交互均采用一致的点对点通信协议的情况下，不同的交易节点可以拥有不同的体系结构和版本。在这种软件结构环境下，即使某个节点存在问题，各节点之间的整体通信也不会受到影响。

2. 区块链与现行税收管理的适配性分析

结合我国国情，建立我国现代化的税收管理模式，必须正确处理如下关系。

(1)税务机关与纳税人的合作伙伴关系。明晰征纳双方职责，强化关联方的参与意识，实现合作性税收遵从，形成和谐共赢的税收共治环境。这与区块链的组成方式异曲同工。区块链由不同的参与方共同形成，不同节点的功能各有不同，每个节点都占据不可或缺的参与主体地位。同理，税收管理中，政府、税务部门、企业、第三方等各参与方，由区块链技术提供保障，成为信息对称的参与主体，可以更好地实现税收共治。

(2)税务机关与纳税人的公平透明关系。区块链意义上的公开透明与税收管理的公开透明是共通的，主要表现在过程公开透明、数据真实有效、不可篡改。区块链的共识性是指区块链上的数据是由每一个参与方共同审核并发布的，任何一个参与方不可能单独改变数据。因此，在区块链的应用场景中，各个环节的交易规则都是事先确定的，交易信息能被各方参与者获取，已完成的交易可追踪且不可撤销，避免纳税人与税务部门互相猜忌，提升彼此信任度。

(3)合作性遵从的税收管理模式。对于税务部门而言，需要将税收管理资源按照风险大小进行配备，实现管理效益最大化；对于纳税人而言，需要建立风险管理意识，在税务部门和中介机构的帮助下，在事前、事中、事后 3 个环节对涉税风险开展全方位的管理。区块链技术为涉税信息的基础管理提供了真实性保障，主要优势在于其分布式和可追溯性与税收风险管理所要求的准确性、广泛性、真实性相吻合。

(4)税务部门、纳税人、中介机构等的良性互动关系。以各种社会平台为媒介，共享涉税信息，促进合作性税收遵从。同理，区块链不仅在形成过程中通过共识和信息存储开放互动，交互各类业务需求，还可以通过跨链服务，与不同业务区块链交换信息。

资料来源：张国钧，钱勇，李伟，林伟明，罗伟平. 区块链技术在我国税收管理领域应用的探索[J]. 国际税收，2020(2).

第三节　企业清算所得税申报(样表)

中华人民共和国企业清算所得税申报表

清算期间：2019 年 01 月 01 日—2019 年 12 月 31 日

纳税人名称：金山公司

纳税人识别号：3501 ********** 38A　　　　金额单位：元(列至角分)

类别	行次	项目	金额
应纳税所得额计算	1	资产处置损益(填附表一) 本行填入附表一第 32 行第 4 列金额	−8 000.00
	2	负债清偿损益(填附表二) 本行填入附表二第 23 行第 4 列金额	10 000.00
	3	清算费用	4 000.00
	4	清算税金及附加 本行填报清算中发生的除企业所得税及允许抵扣的增值税以外的各项税金及附加	0.00
	5	其他所得或支出 其他支出大于其他所得以“−”(负数)填报	0.00
	6	清算所得(1+2−3−4+5)	−2 000.00
	7	免税收入	据实填报
	8	不征税收入	据实填报
	9	其他免税所得	据实填报
	10	弥补以前年度亏损	据实填报
	11	应纳税所得额(6−7−8−9−10) 计算结果为负数的本行金额填 0	0
应纳所得税额计算	12	税率(25%)	25%
	13	应纳所得税额(11×12)	0.00

续表

类别	行次	项目	金额
应补(退)所得税额计算	14	减(免)企业所得税额	0.00
	15	境外应补所得税额	0.00
	16	境内外实际应纳所得税额(13－14＋15)	0.00
	17	以前纳税年度应补(退)所得税额	0.00
	18	实际应补(退)所得税额(16＋17)	0.00

纳税人盖章： 清算组盖章： 经办人盖章： 申报日期：　年　月　日	代理申报中介机构盖章： 经办人签字及执业证件号码： 代理申报日期：　年　月　日	主管税务机关受理专用章： 受理人签字： 受理日期：　年　月　日

【延伸阅读 4-3】区块链与税收：探索新领域

关于区块链，笔者有一个梦想：新兴区块链技术将会改变我们的税收体系。虽然认识的过程可能过于缓慢，但是企业界和各国政府正在逐渐意识到这些技术的以下潜力。

1. 推动和加强全球贸易，并作为优化全球价值链的一种途径。当下正在经历前所未有的贸易紧张局势之际，前者尤其重要。

2. 转变各国公民和政府之间互动的方式。

3. 重塑公司内部运作和大型跨国公司不同部门之间业务往来的方式。

4. 改变税收体系，并改变税收管理部门和企业对待遵从的方式。

区块链已经存在了十多年，但直到 2018 年，区块链项目数量才出现显著增加，特别是其在全球供应链、金融和保险市场中的使用及用于追踪非法资金流动。下一波发展将出现在专业服务领域，包括税收服务；同时区块链将提高资金流动的透明度。

事实上，无论何种领域，只要其中涉及大量地理位置分散的用户，但存在共同的业务逻辑，可是各方之间又缺乏信任，透明度是其中的关键因素，那么，区块链就是不二之选。

在未来的十年里，区块链将走向成熟。狂野的西方时代将宣告结束，各国政府将出手干预，提供更强有力的治理结构，各国央行将开始发行自己的加密货币。这将是一个全新的宇宙。同时，我们也需想方设法减少区块链开发者的能源消耗。或许更重要的是，私有区块链将向公共区块链转变，这一点尤其重要，因为公共区块链能够更好地利用区块链的网络效应，并且还能促进各项标准，实现更高程度的协调。

同时，虽然今天的新技术主要由包括中国跨国公司在内的大型跨国公司所使用，但是，未来将有越来越多的中小企业通过使用开源区块链，如阿里巴巴建立的平台，绕过中介，进入全球市场。从长远来看，这一发展趋势有可能扰乱搅局者；腾讯、谷歌和亚马逊之类的公司需要认识到，新一代搅局者即将到来！

今天，政治家和其他人士正在关注这些技术所带来的风险，即这些技术为洗钱和税务犯罪提供了便利；不能否认，这些技术产生的匿名性可能被犯罪分子滥用。但是从长远来看，这些技术将使我们通过加强已知的客户规则，并通过在区块链的代码中强化遵从，从而有机会促进遵从，并找到更为行之有效的方法，打击非法资金流动。可以做这样的比喻：区块链正从青少年阶段走向成年，对他们的社会义务采取了更负责任的态度。

在改造税收体系方面，区块链、人工智能和机器人技术具有何种潜力？以下是笔者对未来的展望。

第一，税收管理部门能够直接了解公司账户信息，传统的增值税和工资税处理方法由此将被摒弃：发票不复存在，审计已无必要，并最大程度地化解税务欺诈。人工干预将被自动化干预取而代之。

第二，人工智能税务助理将接替人类，在识别偷税模式及制定更有效的风险管理战略等方面发挥更大的作用。

第三，技术将改变对土地和建筑物征税的方式，以此来更新估值方法，并加强公众监督。

第四，离岸资产所有权的区块链注册：之前了解到的各类英属维尔京群岛和巴拿马丑闻将不复再现，尤其是如果这些国家的注册能相互联系起来的话。

最后，从长远来看，区块链可能使眼下所知的企业所得税被取代；从技术的角度来看，用针对已分配利润和留存利润的税收来取而代之，现在业已切实可行。

这就是即将到来的新世界：中国国家主席习近平已然洞悉的世界。今天，据估计，全球生产总值已逾75万亿美元，11万亿美元是以税收形式征收的，也有人估计，高达4万亿美元的税收没有实现征收，这就是税收缺口。区块链、人工智能等技术可以将税收遵从内化于区块链使用的代码结构中，从而有助于消弭这一税收缺口，同时可以降低与税收征收相关的管理和遵从成本，减少无谓损失(dead weight loss)，平衡大公司和小公司之间的竞争环境，并制定显现智慧的税收政策。

资料来源：杰弗里·欧文斯，陈新．区块链与税收：探索新领域[J]．国际税收，2020(2)．

【复习思考题】

1. 某生产企业，职工共30人，企业的资产总额为300万元，上年亏损52万元，2017年与企业有关生产、经营资料如下。

(1)取得产品销售收入230万元、国债利息收入23万元，金融债券利息收入39万元。

(2)发生产品销售成本100万元，发生产品销售税金及附加5.6万元。

(3)发生销售费用38万元，全部为广告费。

(4)发生财务费用40万元，其中：1月1日以集资方式筹集生产性资金300万元，期限1年，支付利息费用30万元(同期银行贷款年利率6%)。

(5)发生管理费用26万元，其中含业务招待费10万元，为股东支付的商业保险费5万元。

(6)"营业外支出"账户记载金额33.52万元。其中：合同违约金4万元；通过民政局对灾区捐赠现金29.52万元。

根据上述资料，填写企业所得税申报表。

2. 某国家重点扶持的高新技术企业，2017年会计资料反映情况如下。

(1)销售收入5 000万元，销售成本4 000万元。

(2)增值税800万元，税金及附加60万元。

(3)房屋出租取得不含税收入70万元。

(4)销售费用180万元(其中广告费120万元)。

(5)管理费用350万元(其中业务招待费26万元，研究新产品、新技术费用80万元)。

(6)财务费用14万元。

(7)购买企业债券利息5万元，从外地联营企业分回利润8.5万元(联营企业适用25%税率)。

(8)营业外支出52万元，其中支付某商厦开业赞助费2万元，支付另一企业合同违约金3万元，接受技术监督部门罚款1万元，向受灾地区汇款10万元。

根据上述资料，填写企业所得税申报表。

【政策依据】

一、居民企业所得税月(季)度预缴纳税申报(适用查账征收)

【政策依据】

1.《中华人民共和国企业所得税法》

2.《中华人民共和国企业所得税法实施条例》

3.《财政部国家税务总局中国人民银行关于印发〈跨省市总分机构企业所得税分配及预算管理办法〉的通知》(财预〔2012〕40号)

4.《财政部国家税务总局关于完善股权激励和技术入股有关所得税政策的通知》(财预〔2016〕101号)

5.《国家税务总局关于印发〈跨地区经营汇总纳税企业所得税征收管理办法〉的公告》(国家税务总局公告2012年第57号)

6.《国家税务总局关于居民企业报告境外投资和所得信息有关问题的公告》(国家税务总局公告2014年第38号)

7.《国家税务总局关于合理简并纳税人申报缴税次数的公告》(国家税务总局公告2016年第6号)

8.《国家税务总局关于股权激励和技术入股所得税征管问题的公告》(国家税务总局公告2016年第62号)

9.《国家税务总局中国人民银行财政部关于跨省合资铁路企业跨地区税收分享入库有关问题的通知》(国税发〔2012〕116号)

10.《国家税务总局关于跨地区经营建筑企业所得税征收管理问题的通知》(国税函〔2010〕156号)

11.《国家税务总局关于3项企业所得税事项取消审批后加强后续管理的公告》(国家税务总局公告2015年第6号)

12. 国家税务总局关于发布修订后的《企业所得税优惠政策事项办理办法》的公告(国家税务总局公告2018年第23号)

13. 国家税务总局关于发布《中华人民共和国企业所得税月(季)度预缴纳税申报表(A类，2018年版)》等报表的公告(国家税务总局公告2018年第26号)

二、居民企业所得税月(季)度预缴纳税申报(适用核定)

【政策依据】

1.《中华人民共和国企业所得税法》

2.《中华人民共和国企业所得税法实施条例》

3.《国家税务总局关于企业所得税核定征收有关问题的公告》(国家税务总局公告2012年第27号)

4.《国家税务总局关于居民企业报告境外投资和所得信息有关问题的公告》(国家税务总局公告2014年第38号)

5.《国家税务总局关于合理简并纳税人申报缴税次数的公告》(国家税务总局公告2016年第6号)

6.《国家税务总局关于印发〈企业所得税核定征收办法〉(试行)的通知》(国税发〔2008〕30号)

7.《国家税务总局关于企业所得税核定征收若干问题的通知》(国税函〔2009〕377号)

8.《国家税务总局关于发布修订后的〈企业所得税优惠政策事项办理办法〉的公告》(国家税务总局公告2018年第23号)

9.《国家税务总局关于发布〈中华人民共和国企业所得税月(季)度预缴纳税申报表(A类,2018年版)〉等报表的公告》(国家税务总局公告2018年第26号)

三、居民企业所得税年度纳税申报(适用查账征收)

【政策依据】

1.《中华人民共和国企业所得税法》

2.《中华人民共和国企业所得税法实施条例》

3.《财政部国家税务总局关于企业手续费及佣金支出税前扣除政策的通知》(财税〔2009〕29号)

4.《财政部国家税务总局关于企业重组业务企业所得税处理若干问题的通知》(财税〔2009〕59号)

5.《财政部国家税务总局关于非货币性资产投资企业所得税政策问题的通知》(财税〔2014〕116号)

6.《财政部国家税务总局关于促进企业重组有关企业所得税处理问题的通知》(财税〔2014〕109号)

7.《国家税务总局关于发布〈企业境外所得税收抵免操作指南〉的公告》(国家税务总局公告2010年第1号)

8.《国家税务总局关于发布〈企业重组业务企业所得税管理办法〉的公告》(国家税务总局公告2010年第4号)

9.《国家税务总局关于发布〈企业资产损失所得税税前扣除管理办法〉的公告》(国家税务总局公告2011年第25号)

10.《国家税务总局关于发布〈企业政策性搬迁所得税管理办法〉的公告》(国家税务总局公告2012年第40号)

11.《国家税务总局关于印发〈跨地区经营汇总纳税企业所得税征收管理办法〉的公告》(国家税务总局公告2012年第57号)

12.《国家税务总局关于企业政策性搬迁所得税有关问题的公告》(国家税务总局公告2013年第11号)

13.《国家税务总局关于商业零售企业存货损失税前扣除问题的公告》(国家税务总局公告2014年第3号)

14.《国家税务总局关于企业因国务院决定事项形成的资产损失税前扣除问题的公告》(国家税务总局公告2014年第18号)

15.《国家税务总局关于房地产开发企业成本对象管理问题的公告》(国家税务总局

公告 2014 年第 35 号)

16.《国家税务总局关于居民企业报告境外投资和所得信息有关问题的公告》(国家税务总局公告 2014 年第 38 号)

17.《国家税务总局关于非货币性资产投资企业所得税有关征管问题的公告》(国家税务总局公告 2015 年第 33 号)

18.《国家税务总局关于企业重组业务企业所得税征收管理若干问题的公告》(国家税务总局公告 2015 年第 48 号)

19.《国家税务总局关于为纳税人提供企业所得税税收政策风险提示服务有关问题的公告》(国家税务总局公告 2017 年第 10 号)

20.《国家税务总局关于发布〈中华人民共和国企业所得税年度纳税申报表(A 类，2017 年版)〉的公告》(国家税务总局公告 2017 年第 54 号)

21.《国家税务总局关于企业所得税资产损失资料留存备查有关事项的公告》(国家税务总局公告 2018 年第 15 号)

22.《特别纳税调整实施办法(试行)》(国税发〔2009〕2 号)

23.《国家税务总局关于印发〈房地产开发经营业务企业所得税处理办法〉的通知》(国税发〔2009〕31 号)

24.《国家税务总局关于印发〈企业所得税汇算清缴管理办法〉的通知》(国税发〔2009〕79 号)

25.《国家税务总局关于跨地区经营建筑企业所得税征收管理问题的通知》(国税函〔2010〕156 号)

26.《财政部国家税务总局 中国人民银行关于印发〈跨省市总分机构企业所得税分配及预算管理办法〉的通知》(财预〔2012〕40 号)

27.《国家税务总局关于企业研究开发费用税前加计扣除政策有关问题的公告》(国家税务总局公告 2015 年第 97 号)

28.《国家税务总局关于发布修订后的〈企业所得税优惠政策事项办理办法〉的公告》(国家税务总局公告 2018 年第 23 号)

四、居民企业所得税年度纳税申报(适用核定征收)

【政策依据】

1.《中华人民共和国企业所得税法》

2.《中华人民共和国企业所得税法实施条例》

3.《国家税务总局关于企业所得税核定征收有关问题的公告》(国家税务总局公告 2012 年第 27 号)

4.《国家税务总局关于居民企业报告境外投资和所得信息有关问题的公告》(国家税务总局公告 2014 年第 38 号)

5.《国家税务总局关于印发〈企业所得税核定征收办法〉(试行)的通知》(国税发〔2008〕30号)

6.《国家税务总局关于印发〈特别纳税调整实施办法(试行)〉的通知》(国税发〔2009〕2号)

7.《国家税务总局印发〈企业所得税汇算清缴管理办法〉的通知》(国税发〔2009〕79号)

8.《国家税务总局关于企业所得税核定征收若干问题的通知》(国税函〔2009〕377号)

9.《财政部税务总局关于完善企业境外所得税收抵免政策问题的通知》(财税〔2017〕84号)

10.《国家税务总局关于发布修订后的〈企业所得税优惠政策事项办理办法〉的公告》(国家税务总局公告2018年第23号)

11.《国家税务总局关于发布〈中华人民共和国企业所得税月(季)度预缴纳税申报表(A类，2018年版)〉等报表的公告》(国家税务总局公告2018年第26号)

五、居民企业清算企业所得税申报

【政策依据】

1.《中华人民共和国企业所得税法》

2.《中华人民共和国企业所得税法实施条例》

3.《财政部国家税务总局关于企业重组业务企业所得税处理若干问题的通知》(财税〔2009〕59号)

4.《财政部国家税务总局关于企业清算业务企业所得税处理若干问题的通知》(财税〔2009〕60号)

5.《国家税务总局关于发布〈企业重组业务企业所得税管理办法〉的公告》(国家税务总局公告2010年第4号)

第五章　个人所得税纳税申报(模拟实训)

【实训目标】

熟练掌握个人所得税纳税申报表的填列方法。其中包括综合所得的计税方法、经营所得的计税方法、利息、股息、红利所得的计税方法、财产租赁所得的计税方法、财产转让所得的计税方法、偶然所得的计税方法、特殊情形下个人所得税的计税方法。

【实训目的】

(一)巩固所学知识

1. 掌握综合所得的内容

2. 掌握纳税人、税率与应纳税所得额的确定

3. 掌握减免税优惠

4. 掌握应纳税额的计算

(二)提高纳税申报操作技能

1. 熟悉源泉扣缴的纳税申报方法

2. 掌握自行纳税申报的方法

3. 熟悉自然人纳税人识别号的确定方法

4. 熟悉股权转让所得征收个人所得税管理

5. 熟悉个人财产对外转移提交税收证明或完税证明的规定

第一节　个人所得税自行纳税申报

一、【申报流程】

(一)信息采集和数据填写及录入

1. 人员信息采集。

增员有两种方式：单个【添加】和批量【导入】。

单个【添加】：单击【添加】按钮，可以打开人员的添加界面。按照从信息中心下载的增减员信息，把相应增员信息正确录入后，单击【保存】按钮即可添加成功。单个添加人员的业务场景，适合于本单位人员信息较少的情况。若单位人员信息较多，单个添加将会浪费很多时间，建议使用 Excel 批量导入人员信息到软件中。

批量【导入】：当本单位人员信息较多时，可以使用批量导入功能。把人员信息填

写到 Excel 中，一次性导入软件。到信息中心下载增减员信息表，然后再正确击：导入→导入文件，选择增减员信息表，导入到软件中即可。

减员：通过修改人员的状态属性进行减员，查看增减员信息表，选中要减员的人员，正确击【修改】，将其人员状态改为“非正常”，是否雇员改为“否”。

【删除】对于新登记的人员，若未申报过个税数据，可以任意删除。已有申报记录的，则无法删除。

报送：人员信息登记完毕后，需要将【报送状态】为“待报送”的人员信息报送至税局端并获取反馈，才能进行扣缴申报。

2. 专项附加扣除信息采集。

专项附加扣除信息采集可以采用以下几个办法：纸质模板、电子模板、远程办税端。纸质模板是指个人领取专项附加扣除信息纸质表格，填好信息提交给单位，单位如实录入扣缴端软件；电子模板是指个人将填写好的电子模板报送给单位，单位将电子模板信息导入扣缴端软件；远程办税端是指个人下载个税 App，自行填写专项附加扣除信息，税务机关将相关信息推送至单位，单位在使用扣缴端软件时，在“专项附加扣除信息采集”模块，选择需要同步的专项扣除项目，正确击“下载更新”，即可获取员工已经报送的专项附加扣除信息。

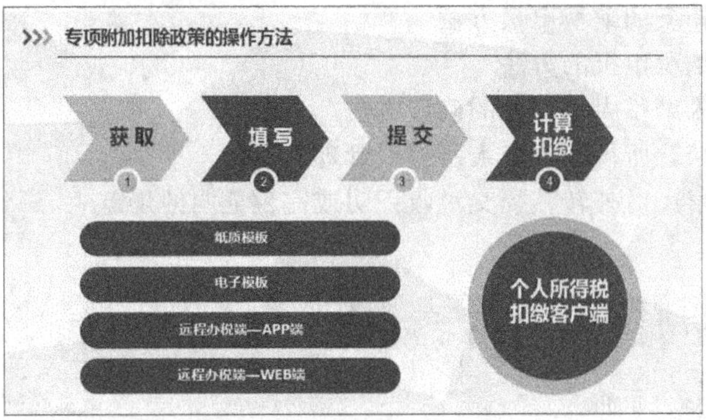

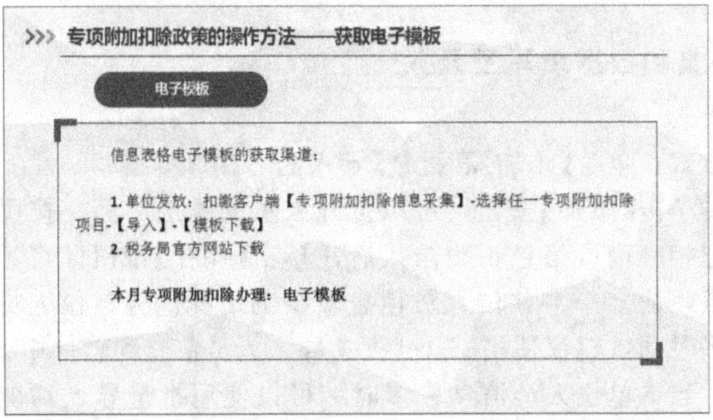

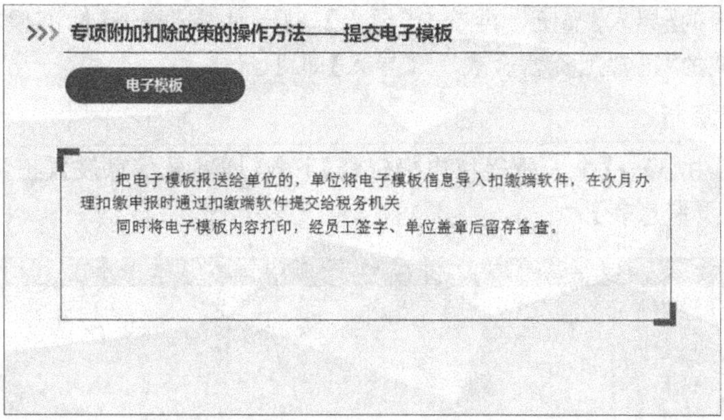

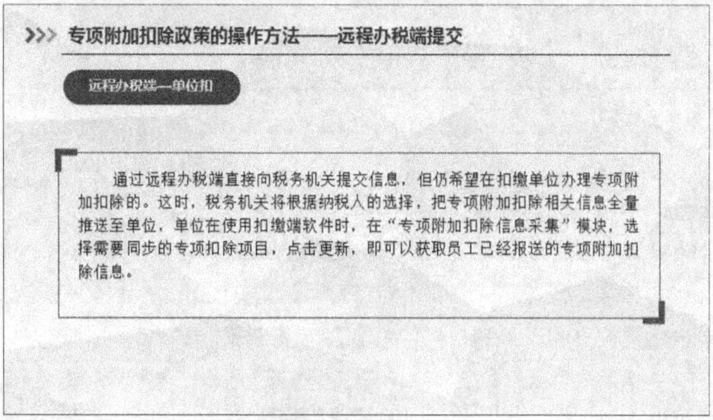

3. 数据填写及导入。

数据的填写方式与【人员信息采集】功能类似。可以单个人员添加，也可以批量导入。对于员工数据较少的单位，可以选择单个人员薪资数据的录入。对于员工数量较多的单位，建议用批量导入功能。

单击界面上的【导入】按钮，再单击【导入】→【导入数据】→【标准模板导入】一选择从信息中心下载的“正常工资薪金表”一【导入】即可。

(二)步骤解析

1. 到【信息中心】→【个人所得税申报资料】下载【增减员信息表】【正常工资薪金表】，查看【增员和减员信息表】。

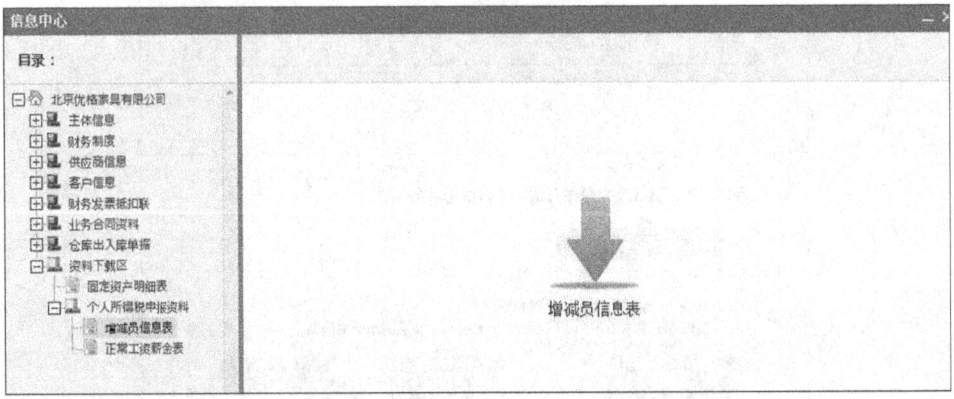

2. 登录自然人税收管理系统，首先进行【人员信息采集】，通过批量导入增减员信息表进行增员，通过修改人员的状态属性进行减员，查看增减员信息表，选中要减员的人员，单击【修改】，将其人员状态改为“非正常”，是否雇员改为“否”。

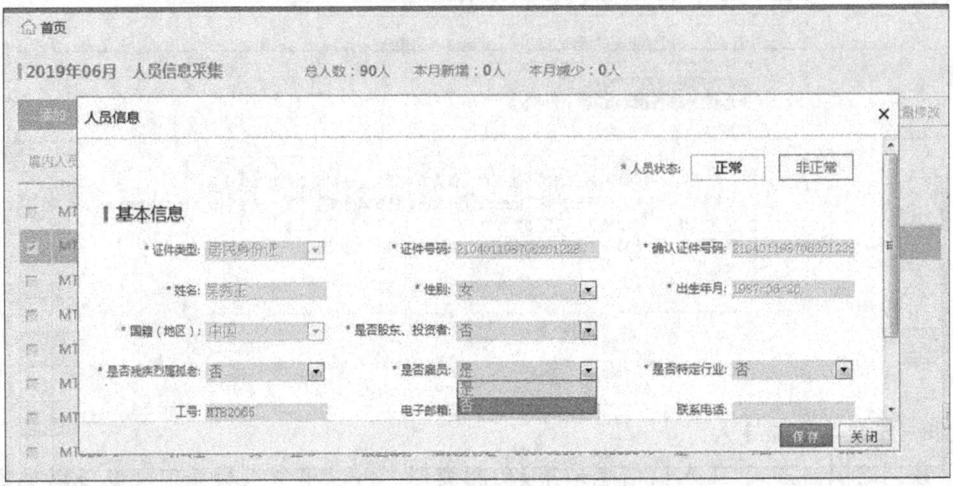

3. 人员信息登记完毕后，选中【报送状态】为“待报送”的人员，单击报送，将人员信息报送至税务局端。

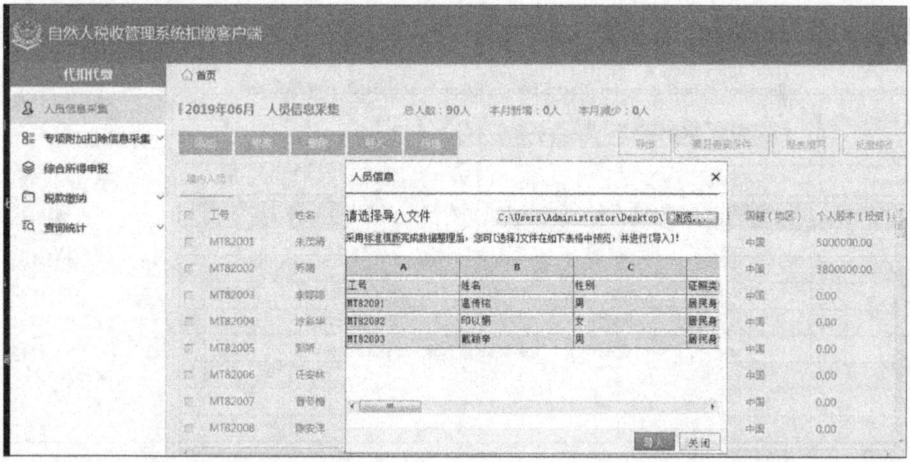

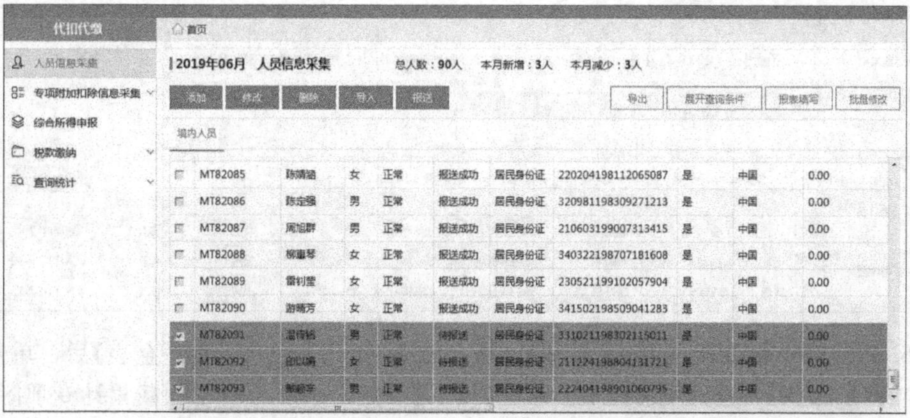

4. 进行专项附加扣除信息采集，对于通过 App 申报的人员，在其中一项专项附加扣除信息采集界面单击【下载更新】全部人员后，其他专项附加扣除信息随之更新。

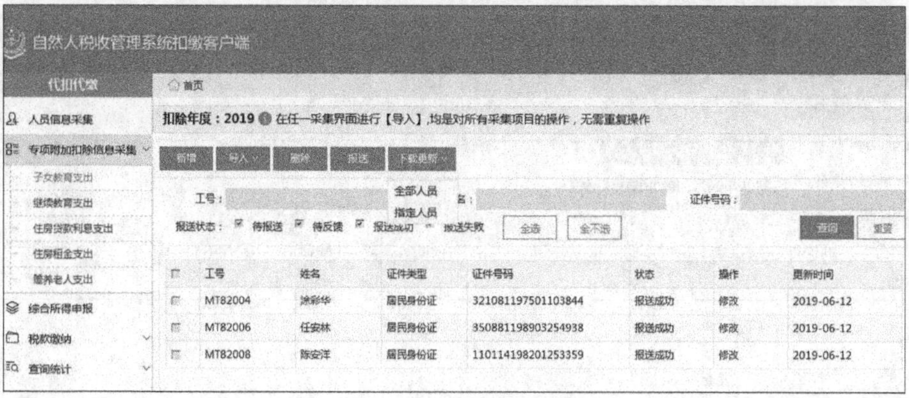

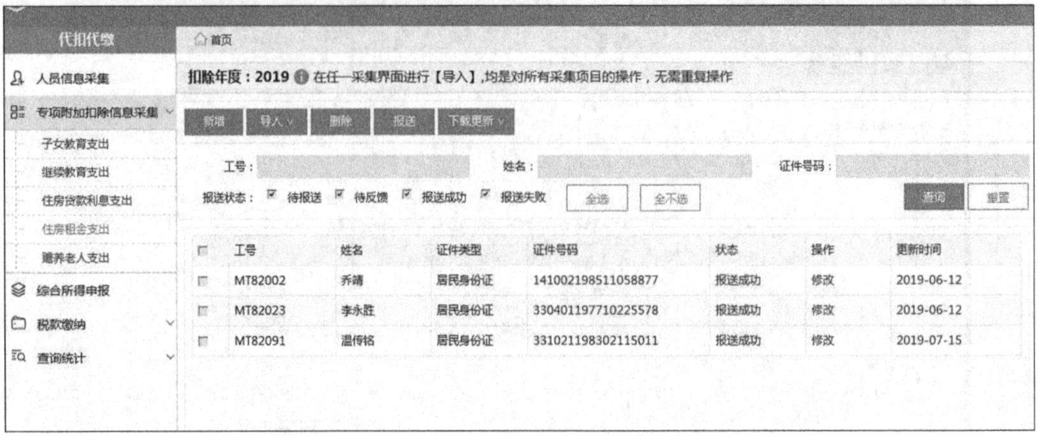

5. 在综合申报界面里单击【填写】，导入信息中心下载的【正常薪金表】后，单击【预填专项附加扣除】，选择所有人员，单击【确认】按钮，系统会自动加载累计专项附加扣除数据，接着单击【税款计算】→【重新计算】，单击【附表填写】，如报税无特殊说明，不需要填写，单击【申报表报送】→【发送申报】按钮。

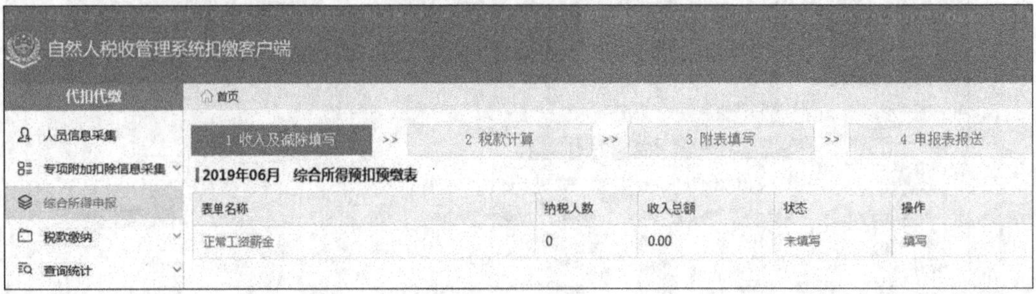

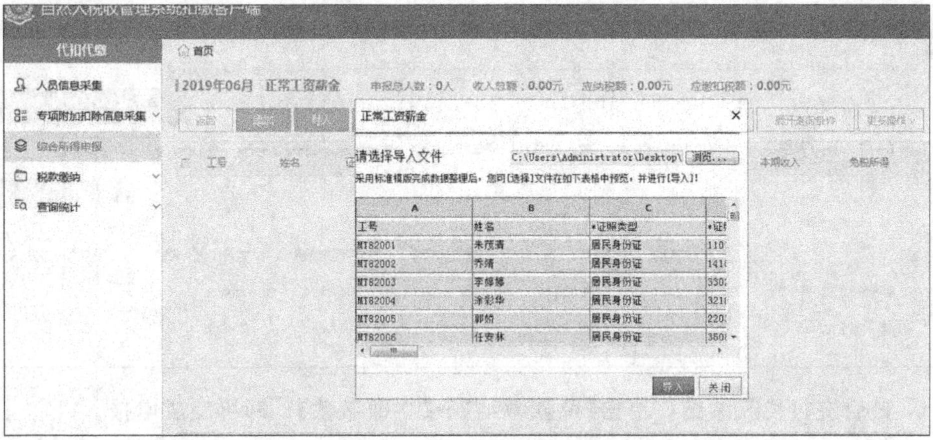
代扣代缴
首页
人员信息采集
专项附加扣除信息采集
综合所得申报
税款缴纳
查询统计
2019年06月 正常工资薪金
申报总人数：0人 收入总额：0.00元 应纳税额：0.00元 应缴扣税额：0.00元
正常工资薪金
请选择导入文件
C:\Users\Administrator\Desktop\
浏览...
采用标准模版完成数据整理后，您可[选择]文件在如下表格中预览，并进行[导入]!
工号 姓名 *证照类型
MT82001 朱茂清 居民身份证
MT82002 乔靖 居民身份证
MT82003 李婷婷 居民身份证
MT82004 涂彩华 居民身份证
MT82005 郭娇 居民身份证
MT82006 任安林 居民身份证
导入
关闭

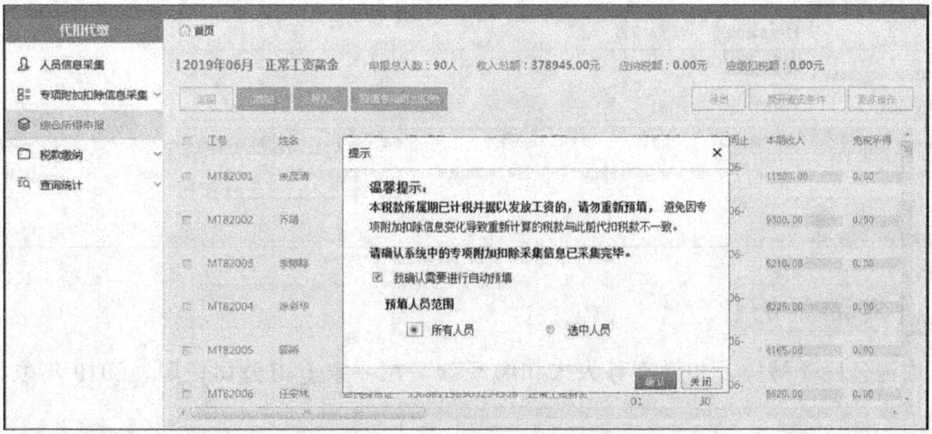
代扣代缴
首页
人员信息采集
专项附加扣除信息采集
综合所得申报
税款缴纳
查询统计
2019年06月 正常工资薪金
申报总人数：90人 收入总额：378945.00元 应纳税额：0.00元 应缴扣税额：0.00元
提示
温馨提示：
本税款所属期已计税并据以发放工资的，请勿重新预填， 避免因专项附加扣除信息变化导致重新计算的税款与此前代扣税款不一致。
请确认系统中的专项附加扣除采集信息已采集完毕。
我确认需要进行自动预填
预填人员范围
所有人员
选中人员
确认
关闭

代扣代缴
首页
人员信息采集
专项附加扣除信息采集
综合所得申报
税款缴纳
查询统计
1 收入及减除填写
2 税款计算
3 附表填写
4 申报表报送
2019年06月 税款计算
申报总人数：90人 收入总额：2269525.00元 应纳税额：1801.35元 应补退税额：254.08元
重新计算
展开查询条件
正常工资薪金所得
申报总人数：90人 收入总额：2269525.00元
工号 姓名 证件类型 证件号码 所得项目 累计收入 累计减除费用 累计扣除项目合计
MT82001 朱茂清 居民身份证 110114197512221073 工资薪金所得 74000.00 30000.00 8295.00
MT82002 乔靖 居民身份证 工资薪金所得 58300.00 30000.00 11295.00
MT82003 李婷婷 居民身份证 330201198301219521 工资薪金所得 31860.00 30000.00 2295.00
MT82004 涂彩华 居民身份证 321081197501103844 工资薪金所得 37312.50 30000.00 7795.00
MT82005 郭娇 居民身份证 220382198304188668 工资薪金所得 25415.00 30000.00 2295.00
MT82006 任安林 居民身份证 350881198903254938 工资薪金所得 34582.50 30000.00 5295.00

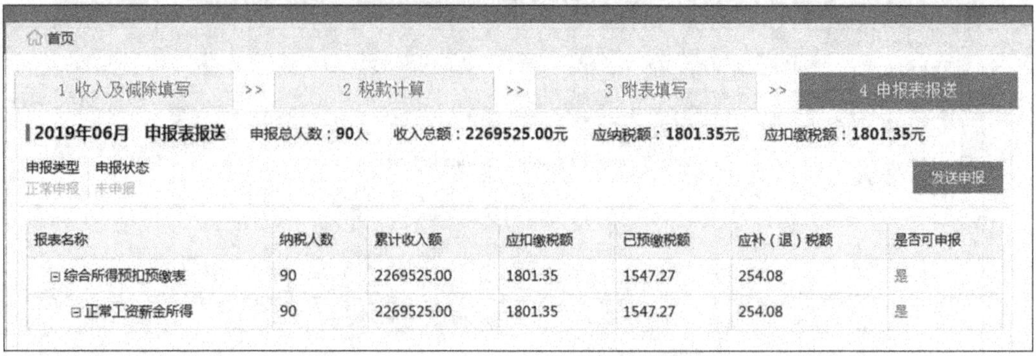

6. 最后进行税款缴纳，单击【税款缴纳】→【立即缴款】，即可完成申报。

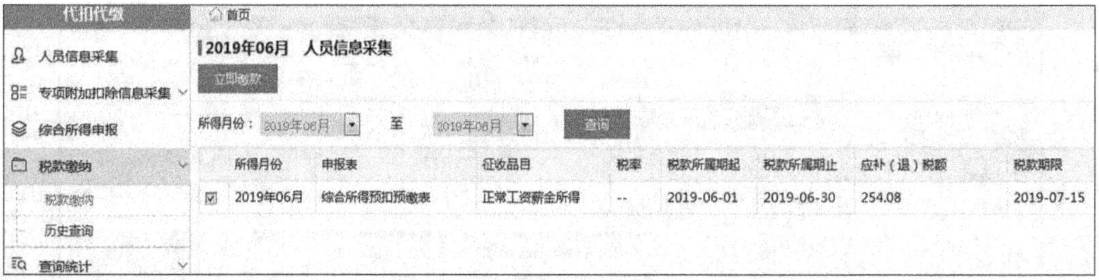

二、【实训案例】

中国公民李婷婷，扣缴义务人未扣缴税款，在一家上市公司任职，2019 年取得收入如下：

(1)每月工资薪金 13 400 元，按规定缴纳基本养老保险 700 元，基本医疗保险 700 元，失业保险 100 元，住房公积金 500 元，该纳税人有一子女接受全日制学历教育，由其全部负担扣除，同时，李婷婷在金山学院接受学历教育支出，1 月取得上年度一次性奖金 50 000 元。

(2)在国内另一家公司担任独立董事，3 月份取得该公司的上年度独立董事津贴 40 000 元。

(3)5 月受邀到某大学演讲，主办方支付其报酬 5 000 元。

(4)6 月在某出版社发表文章，取得收入 10 000 元。

(5)11 月底，李婷婷与公司达成协议，解除劳动合同，单位除支付本月工资外，另一次性支付李婷婷补偿金 100 000 元，李婷婷在公司已经任职 8 年(已知该地区上年平均工资 55 000 元)。

【实训解析】

单元：元

月份	当月收入	扣除合计	累计应纳税所得额	预扣率(%)	扣除数	累计预扣税额	当月预扣税额
1	13 400	8 400	5 000	3	0	150	150
2	13 400	8 400	10 000	3	0	300	150
3	13 400	8 400	15 000	3	0	450	150
4	13 400	8 400	20 000	3	0	600	150
5	13 400	8 400	25 000	3	0	750	150
6	13 400	8 400	30 000	3	0	900	150
7	13 400	8 400	35 000	3	0	1 050	150
8	13 400	8 400	40 000	10	2 520	1 480	430
9	13 400	8 400	45 000	10	2 520	1 980	500
10	13 400	8 400	50 000	10	2 520	2 480	500
11	13 400	8 400	55 000	10	2 520	2 980	500

(1)李婷婷累计预扣预缴应纳税所得额

=(13 400−5 000−700−700−100−500−1 000−400)×11=55 000(元)

适用税率10%，速算扣除数为2 520

李婷婷全年工资薪金应预扣的个人所得税=55 000×10%−2 520=2 980(元)

全年一次性奖金：50 000÷12=4166.67(元)

适用税率10%，速算扣除数为210

全年一次奖金应预扣预缴的个人所得税=50 000×10%−210=4 790(元)

(2)应纳税所得额(收入额)=40 000×(1−20%)=32 000(元)

预扣率：30%；速算扣除数为2 000

取得董事费收入应预扣预缴的个人所得税=40 000×(1−20%)×30%−2 000=7 600(元)

(3)应纳税所得额=5 000×(1−20%)=4 000(元)

预扣率：20%；速算扣除数为0

劳务报酬所得应预扣预缴的个人所得税=5 000×(1−20%)×20%=800(元)

(4)应纳税所得额=10 000×(1−20%)×70%=5 600(元)

预扣率：20%

稿酬所得应预扣预缴税额＝5 600×20％＝1 120(元)

(5)个人与用人单位解除劳动关系取得一次性补偿收入(包括用人单位发放的经济补偿金、生活补助费和其他补助费)，在当地上年职工平均工资3倍数额以内的部分，免征个人所得税。

当地上年职工平均工资3倍＝55 000×3＝165 000(元)，李婷婷取得一次性补偿金100 000元，未超过标准，因此应缴纳的个人所得税为0。

李婷婷2019年综合所得的收入额

＝13 400×11×100％＋(40 000＋5 000)×80％＋10 000×56％＝189 000(元)

李婷婷2019年综合所得的应纳税所得额

＝189 000－(5 000＋700＋700＋100＋500＋1 000＋400)×11＝96 600(元)

因为李婷婷从两处以上取得综合所得，而且综合所得年收入额减除专项扣除的余额超过6万元；所以2019年度终了，李婷婷需要汇算清缴。

适用税率10％，速算扣除数为2 520元

李婷婷2019年综合所得年度应纳税额＝96 600×10％－2 520＝7 140(元)

预扣预缴税额＝2 980＋(7 600＋800)＋1 120＝12 500(元)

李婷婷2019年综合所得应补应退税额＝7 140－12 500＝－5 360(元)

李婷婷2019全年一次奖金年度应纳税额＝50 000×10％－210＝4 790(元)

【申报模板】附 1

个人所得税自行纳税申报表(A 表)

税款所属期：2019 年 01 月 01 日—2019 年 12 月 31 日　　填表日期：2020 年 01 月 10 日

纳税人姓名：李婷婷纳税人识别号：3501 ************* 045　　金额单位：人民币元(列至角分)

自行申报情形	☑居民个人取得应税所得，扣缴义务人未扣缴税款 ☐非居民个人取得应税所得，扣缴义务人未扣缴税款 ☐非居民个人在中国境内从两处以上取得工资、薪金所得 ☐其他________	是否为非居民个人	☐是 ☑否	非居民个人本年度境内居住天数	☐不超过 90 天 ☐超过 90 天 ☐不超过 183 天

序号	所得项目	收入额计算			减除费用	专项扣除				其他扣除			减按计税比例	准予扣除的捐赠额	税款计算							备注
		收入	费用	免税收入		基本养老保险费	基本医疗保险费	失业保险费	住房公积金	财产原值	允许扣除的税费	其他			应纳税所得额	税率	速算扣除数	应纳税额	减免税额	已缴税额	应补/退税额	
1	2	3	4	5	6	7	8	9	10	11	12	13	14	15	16	17	18	19	20	21	22	23
1	综合所得	189 000.00	—	—	55 000.00	7 700.00	7 700.00	1 100.00	5 500.00	—	—	—	—	—	96 600.00	10.00%	2 520.00	7 140.00	—	12 500.00	−5360.00	—
2	全年一次性奖金	50 000.00	—	—	—	—	—	—	—	—	—	—	—	—	50 000.00	10.00%	210.00	4790.00	—	—	—	—

谨声明：本表是根据国家税收法律法规及相关规定填报的，是真实的、可靠的、完整的。

纳税人签字：李婷婷　　2019 年 12 月 31 日

经办人签字：李婷婷 经办人身份证件号码：3501 ************* 045 代理机构签章： 代理机构统一社会信用代码：	受理人： 受理税务机关(章)： 受理日期：　　年　月　日

国家税务总局监制

《个人所得税自行纳税申报表(A表)》填表说明

一、适用范围

本表适用于居民个人取得应税所得，扣缴义务人未扣缴税款，非居民个人取得应税所得扣缴义务人未扣缴税款，非居民个人在中国境内从两处以上取得工资、薪金所得等情形在办理自行纳税申报时，向税务机关报送。

二、报送期限

(一)居民个人取得应税所得扣缴义务人未扣缴税款，应当在取得所得的次年6月30日前办理纳税申报。税务机关通知限期缴纳的，纳税人应当按照期限缴纳税款。

(二)非居民个人取得应税所得，扣缴义务人未扣缴税款的，应当在取得所得的次年6月30日前办理纳税申报。非居民个人在次年6月30日前离境(临时离境除外)的，应当在离境前办理纳税申报。

(三)非居民个人在中国境内从两处以上取得工资、薪金所得的，应当在取得所得的次月15日内办理纳税申报。

(四)其他需要纳税人办理自行申报的情形，按规定的申报期限办理。

三、本表各栏填写

(一)表头项目

1. 税款所属期：填写纳税人取得所得应纳个人所得税款的所属期间，填写具体的起止年月日。

2. 纳税人姓名：填写自然人纳税人姓名。

3. 纳税人识别号：有中国公民身份号码的，填写中华人民共和国居民身份证上载明的“公民身份号码”；没有中国公民身份号码的，填写税务机关赋予的“纳税人识别号”。

(二)表内各栏

1.“自行申报情形”：纳税人根据自身情况在对应框内打“√”。选择“其他”的，应当填写具体自行申报情形。

2.“是否为非居民个人”：非居民个人选“是”，居民个人选“否”。不填默认为“否”。

3.“非居民个人本年度境内居住天数”：非居民个人根据合同、任职期限、预期工作时间等不同情况，填写“不超过90天”或者“超过90天不超过183天”。

4. 第2列“所得项目”：按照个人所得税法第2条规定的项目填写。纳税人取得多项所得或者多次取得所得的，分行填写。

5. 第3～5列“收入额计算”：包含“收入”“费用”“免税收入”。收入额＝第3列－第4列－第5列。

(1)第3列“收入”：填写纳税人实际取得所得的收入总额。

(2)第4列“费用”：取得劳务报酬所得、稿酬所得、特许权使用费所得时填写，取得其他各项所得时无须填写本列。非居民个人取得劳务报酬所得、稿酬所得、特许权使用费所得，费用按收入的20%填写。

(3)第5列“免税收入”：填写符合税法规定的免税收入金额。其中，税法规定“稿酬所得的收入额减按70%计算”，对减计的30%部分，填入本列。

6. 第6列“减除费用”：按税法规定的减除费用标准填写。

7. 第7～10列“专项扣除”：分别填写按规定允许扣除的基本养老保险费、基本医疗保险费、失业保险费、住房公积金的金额。

8. 第 11～13 列“其他扣除”：包含“财产原值”“允许扣除的税费”“其他”，分别填写按照税法规定当月(次)允许扣除的金额。

(1)第 11 列“财产原值”：纳税人取得财产转让所得时填写本栏。

(2)第 12 列“允许扣除的税费”：填写按规定可以在税前扣除的税费。

①纳税人取得劳务报酬所得时，填写劳务发生过程中实际缴纳的可依法扣除的税费。

②纳税人取得特许权使用费所得时，填写提供特许权过程中发生的中介费和实际缴纳的可依法扣除的税费。

③纳税人取得财产租赁所得时，填写修缮费和出租财产过程中实际缴纳的可依法扣除的税费。

④纳税人取得财产转让所得时，填写转让财产过程中实际缴纳的可依法扣除的税费。

(3)第 13 列“其他”：填写按规定其他可以在税前扣除的项目。

9. 第 14 列“减按计税比例”：填写按规定实行应纳税所得额减计税收优惠的减计比例。无减计规定的则不填，系统默认为 100％。如某项税收政策实行减按 60％计入应纳税所得额，则本列填 60％。

10. 第 15 列“准予扣除的捐赠额”：是指按照税法及相关法规、政策规定，可以在税前扣除的捐赠额。

11. 第 16 列“应纳税所得额”：根据相关列次计算填报。

12. 第 17～18 列“税率”“速算扣除数”：填写所得项目按规定适用的税率和速算扣除数。所得项目没有速算扣除数的，则不填。

13. 第 19 列“应纳税额”：根据相关列次计算填报。第 19 列＝第 16 列×第 17 列－第 18 列。

14. 第 20 列“减免税额”：填写符合税法规定的可以减免的税额，并附报《个人所得税减免税事项报告表》。

15. 第 21 列“已缴税额”：填写纳税人当期已实际缴纳或者被扣缴的个人所得税税款。

16. 第 22 列“应补/退税额”：根据相关列次计算填报。第 22 列＝第 19 列－第 20 列－第 21 列。

四、其他事项说明

以纸质方式报送本表的，应当一式两份，纳税人、税务机关各留存一份。

个人所得税专项附加扣除信息表

填报日期：　　年　月　日　　　　扣除年度：

纳税人姓名：　　　　　　　　　　纳税人识别号：□□□□□□□□□□□□□□□□□□

<table>
<tr><td colspan="2" rowspan="2">纳税人信息</td><td>手机号码</td><td colspan="3"></td><td>电子邮箱</td><td colspan="2"></td></tr>
<tr><td>联系地址</td><td colspan="3"></td><td>配偶情况</td><td colspan="2">□有配偶　□无配偶</td></tr>
<tr><td colspan="2">纳税人配偶信息</td><td>姓名</td><td></td><td>身份证件类型</td><td></td><td>身份证件号码</td><td colspan="2">□□□□□□□□□□□□□□□□□□</td></tr>
<tr><td colspan="9">一、子女教育</td></tr>
<tr><td colspan="9">较上次报送信息是否发生变化：□首次报送(请填写全部信息)　□无变化(不需重新填写)　□有变化(请填写发生变化项目的值息)</td></tr>
<tr><td rowspan="4">子女一</td><td>姓名</td><td></td><td>身份证件类型</td><td></td><td>身份证件号码</td><td colspan="3">□□□□□□□□□□□□□□□□□□</td></tr>
<tr><td>出生日期</td><td></td><td>当前受教育阶段</td><td colspan="5">□学前教育阶段　□义务教育　□高中阶段教育　□高等教育</td></tr>
<tr><td>当前受教育阶段起始时间</td><td>年　月</td><td>当前受教育阶段结束时间</td><td>年　月</td><td>子女教育终止时间*
不再受教育时填写</td><td colspan="3">年　月</td></tr>
<tr><td>就读国家(成地区)</td><td></td><td>就读学校</td><td></td><td>本人扣除比例</td><td colspan="3">□100%(全额扣除)　□50%(平均扣除)</td></tr>
<tr><td rowspan="4">子女二</td><td>姓名</td><td></td><td>身份证件类型</td><td></td><td>身份证件号码</td><td colspan="3">□□□□□□□□□□□□□□□□□□</td></tr>
<tr><td>出生日期</td><td></td><td>当前受教育阶段</td><td colspan="5">□学前教育阶段　□义务教育　□高中阶段教育　□高等教育</td></tr>
<tr><td>当前受教育阶段起始时间</td><td>年　月</td><td>当前受教育阶段结束时间</td><td>年　月</td><td>子女教育终止时间*
不再受教育时填写</td><td colspan="3">年　月</td></tr>
<tr><td>就读国家(成地区)</td><td></td><td>就读学校</td><td></td><td>本人扣除比例</td><td colspan="3">□100%(全额扣除)　□50%(平均扣除)</td></tr>
<tr><td colspan="9">二、继续教育</td></tr>
<tr><td colspan="9">较上次报送信息是否发生变化：□首次报送(请填写全部信息)□无变化(不需重新填写)　□有变化(请填写发生变化项目的值息)</td></tr>
<tr><td>学历(学位)继续教育</td><td>当前继续教育起始时间</td><td>年　月</td><td>当前继续教育结束时间</td><td>年　月</td><td>学历(学位)继续教育阶段</td><td colspan="3">□专科　□本科　□硕士研究生　□博士研究生
□其他</td></tr>
<tr><td rowspan="2">职业资格继续教育</td><td colspan="2">职业资格继续教育类型</td><td colspan="3">□技能人员　□专业技术人员</td><td>证书名称</td><td colspan="2"></td></tr>
<tr><td colspan="2">证书编号</td><td></td><td>发证机关</td><td></td><td>发证(批准)日期</td><td colspan="2"></td></tr>
</table>

续表

三、住房贷款利息						
较上次报送信息是否发生变化：□首次报送(请填写全部信息)　□无变化(不需重新填写)　□有变化(请填写发生变化项目的值息)						
房屋信息	住房坐落地址		省(区、市)市县(区)街道(乡、镇)			
	产权证号/不动产登记号/商品房买卖合同号/预售合网号					
房贷信息	本人是否借款人	□是　□否	是否婚前各自首套贷款，且婚后分别扣除 50%		□是　□否	
	公积金贷款丨贷款合同编号					
	贷款期限(月)		首次还款日期			
	商业贷款丨贷款合同编号		贷款银行			
	贷款期限(月)		首次还款日期			
四、住房租金						
较上次报送信息是否发生变化：□首次报送(请填写全部信息)　□无变化(不需重新填写)　□有变化(请填写发生变化项目的值息)						
房屋信息	住房坐落地址	省(区、市)市县(区)街道(乡、镇)				
租赁情况	出租方(个人)姓名		身份证件类型		身份证件号码	□□□□□□□□□□□□□□□□□□□□□□□□
	出租方(单位)名称		纳税人识别号：(统一社会信用代码)			
	主要工作城市(＊填写市一级)		住房租赁合同编号(非必填)			
	租赁期起		租赁期止			
五、赡养老人						
较上次报送信息是否发生变化：□首次报送(请填写全部信息)　□无变化(不需重新填写)　□有变化(请填写发生变化项目的值息)						
纳税人身份		□独生子女　□非独生子女				
被赡养人一	姓名		身份证件类型		身份证件号码	□□□□□□□□□□□□□□□□□□□□□□□□
	出生日期		与纳税人关系	□父亲　□母亲　□其他		
被赡养人二	姓名		身份证件类型		身份证件号码	□□□□□□□□□□□□□□□□□□□□□□□□
	出生日期		与纳税人关系	□父亲　□母亲　□其他		

续表

五、赡养老人					
共同赡养人信息	姓名		身份证件类型		身份证件号码 □□□□□□□□□□□□□□□□□□
	姓名		身份证件类型		身份证件号码 □□□□□□□□□□□□□□□□□□
	姓名		身份证件类型		身份证件号码 □□□□□□□□□□□□□□□□□□
	姓名		身份证件类型		身份证件号码 □□□□□□□□□□□□□□□□□□
分摊方式＊独生子女不需填写	□平均分摊 □赡养人约定分摊 □被略养人指定分摊			本年度月扣除金额	
六、大病医疗(仅限综合所得年度汇算清缴申报时填写)					
较上次报送信息是否发生变化：□首次报送(请填写全部信息) □无变化(不需重新填写) □有变化(请填写发生变化项目的值息)					
患者一	姓名		身份证件类型		身份证件号码 □□□□□□□□□□□□□□□□□□
	医药费用总金额		个人负担金额		与纳税人关系 □本人 □配偶 □未成年子女
患者二	姓名		身份证件类型		身份证件号码 □□□□□□□□□□□□□□□□□□
	医药费用总金额		个人负担金额		与纳税人关系 □本人 □配偶 □未成年子女
需要在任职受雇单位预扣预缴工资、薪金所得个人所得税时享受专项附加扣除的，填写本栏					
重要提示：当您填写本栏，表示您已同意该任职受雇单位使用本表信息为您办理专项附加扣除					
扣微义务人名称		扣缴义务人相程人识别号(统一社会信用代码)			□□□□□□□□□□□□□□□□□□
本人承诺：我已仔细阅读了填表说明，并根据《中华人民共和国个人所得税法》及其实施条例、《个人所得税专项附加扣除暂行办法》《个人所得税专项附加扣除操作办法(试行)》等相关法律法规规定填写本表。本人已就所填的扣除信息进行了核对，并对所填内容的真实性、准确性、完整性负责。 纳税人签字： 年 月 日					
扣缴义务人签章： 经办人签字： 接收日期： 年 月 日		代理机构签章： 代理机构统一社会信用代码： 经办人签字： 经办人身份证件号码：		受理人： 受理税务机关(章)： 受理日期： 年 月 日	

国家税务总局监制

《个人所得税专项附加扣除信息表》填表说明

一、填表须知

本表根据《中华人民共和国个人所得税法》及其实施条例、《个人所得税专项附加扣除暂行办法》《个人所得税专项附加扣除操作办法(试行)》等法律法规有关规定制定。

(一)纳税人按享受的专项附加扣除情况填报对应栏次；纳税人不享受的项目无须填报。纳税人未填报的项目，默认为不享受。

(二)较上次报送信息是否发生变化：纳税人填报本表时，对各专项附加扣除，首次报送的，在“首次报送”前的框内画“√”。继续报送本表且无变化的，在“无变化”前的框内画“√”；发生变化的，在“有变化”前的框内画“√”，并填写发生变化的扣除项目信息。

(三)身份证件号码应从左向右顶格填写，位数不满18位的，需在空白格处画“/”。

(四)如各类扣除项目的表格篇幅不够，可另附多张《个人所得税专项附加扣除信息表》。

二、适用范围

(一)本表适用于享受子女教育、继续教育、大病医疗、住房贷款利息或住房租金、赡养老人六项专项附加扣除的自然人纳税人填写。选择在工资、薪金所得预扣预缴个人所得税时享受的，纳税人填写后报送至扣缴义务人；选择在年度汇算清缴申报时享受专项附加扣除的，纳税人填写后报送至税务机关。

(二)纳税人首次填报专项附加扣除信息时，应将本人所涉及的专项附加扣除信息表内各信息项填写完整。纳税人相关信息发生变化的，应及时更新此表相关信息项，并报送至扣缴义务人或税务机关。

纳税人在以后纳税年度继续申报扣除的，应对扣除事项有无变化进行确认。

三、各栏填写说明

(一)表头项目

填报日期：纳税人填写本表时的日期。

扣除年度：填写纳税人享受专项附加扣除的所属年度。

纳税人姓名：填写自然人纳税人姓名。

纳税人识别号：纳税人有中国居民身份证的，填写公民身份号码；没有公民身份号码的，填写税务机关赋予的纳税人识别号。

(二)表内基础信息栏

纳税人信息：填写纳税人有效的手机号码、电子邮箱、联系地址。其中，手机号码为必填项。

纳税人配偶信息：纳税人有配偶的填写本栏，没有配偶的则不填。具体填写纳税人配偶的姓名、有效身份证件名称及号码。

(三)表内各栏

1. 子女教育

子女姓名、身份证件类型及号码：填写纳税人子女的姓名、有效身份证件名称及号码。

出生日期：填写纳税人子女的出生日期，具体到年月日。

当前受教育阶段：选择纳税人子女当前的受教育阶段。区分“学前教育阶段、义务教育、高中阶段教育、高等教育”4种情形，在对应框内打“√”。

当前受教育阶段起始时间：填写纳税人子女处于当前受教育阶段的起始时间，具体到年月。

当前受教育阶段结束时间：纳税人子女当前受教育阶段的结束时间或预计结束的时间，具体到年月。

子女教育终止时间：填写纳税人子女不再接受符合子女教育扣除条件学历教育的时间，具体到年月。

就读国家(或地区)、就读学校：填写纳税人子女就读的国家或地区名称、学校名称。

本人扣除比例：选择可扣除额度的分摊比例，由本人全额扣除的，选择“100%”，分摊扣除的，选择“50%”，在对应框内打“√”。

2. 继续教育

当前继续教育起始时间：填写接受当前学历(学位)继续教育的起始时间，具体到年月。

当前继续教育结束时间：填写接受当前学历(学位)继续教育的结束时间，或预计结束的时间，具体到年月。

学历(学位)继续教育阶段：区分“专科、本科、硕士研究生、博士研究生、其他”5种情形，在对应框内打“√”。

职业资格继续教育类型：区分“技能人员、专业技术人员”两种类型，在对应框内打“√”。证书名称、证书编号、发证机关、发证(批准)日期：填写纳税人取得的继续教育职业资格证书上注明的证书名称、证书编号、发证机关及发证(批准)日期。

3. 住房贷款利息

住房坐落地址：填写首套贷款房屋的详细地址，具体到楼门号。

产权证号/不动产登记号/商品房买卖合同号/预售合同号：填写首套贷款房屋的产权证、不动产登记证、商品房买卖合同或预售合同中的相应号码，如所购买住房已取得房屋产权证的，填写产权证号或不动产登记号；所购住房尚未取得房屋产权证的，填写商品房买卖合同号或预售合同号。

本人是否借款人：按实际情况选择“是”或“否”，并在对应框内打“√”。本人是借款人的情形，包括本人独立贷款、与配偶共同贷款的情形。如果选择“否”，则表头位置须填写配偶信息。

是否婚前各自首套贷款，且婚后分别扣除50%：按实际情况选择“是”或“否”，并在对应框内打“√”。该情形是指夫妻双方在婚前各有一套首套贷款住房，婚后选择按夫妻双方各50%份额扣除的情况。不填默认为“否”。

公积金贷款|贷款合同编号：填写公积金贷款的贷款合同编号。

商业贷款|贷款合同编号：填写与金融机构签订的住房商业贷款合同编号。

贷款期限(月)：填写住房贷款合同上注明的贷款期限，按月填写。

首次还款日期：填写住房贷款合同上注明的首次还款日期。

贷款银行：填写商业贷款的银行总行名称。

4. 住房租金

住房坐落地址：填写纳税人租赁房屋的详细地址，具体到楼门号。

出租方(个人)姓名、身份证件类型及号码：租赁房屋为个人的，填写本栏。具体填写住房租赁合同中的出租方姓名、有效身份证件名称及号码。

出租方(单位)名称、纳税人识别号(统一社会信用代码)：租赁房屋为单位所有的，填写单位法定名称全称及纳税人识别号(统一社会信用代码)。

主要工作城市：填写纳税人任职受雇的直辖市、计划单列市、副省级城市、地级市(地区、州、盟)。无任职受雇单位的，填写其办理汇算清缴地所在城市。

住房租赁合同编号(非必填)：填写签订的住房租赁合同编号。

租赁期起、租赁期止：填写纳税人住房租赁合同上注明的租赁起、止日期，具体到年月。提前终止合同(协议)的，以实际租赁期限为准。

5. 赡养老人

纳税人身份：区分“独生子女、非独生子女”两种情形，并在对应框内打“√”。

被赡养人姓名、身份证件类型及号码：填写被赡养人的姓名、有效证件名称及号码。

被赡养人出生日期：填写被赡养人的出生日期，具体到年月。

与纳税人关系：按被赡养人与纳税人的关系填报，区分“父亲、母亲、其他”3种情形，在对应框内打“√”。

共同赡养人：纳税人为非独生子女时填写本栏，独生子女无须填写。填写与纳税人实际承担共同赡养义务的人员信息，包括姓名、身份证件类型及号码。

分摊方式：纳税人为非独生子女时填写本栏，独生子女无须填写。区分“平均分摊、赡养人约定分摊、被赡养人指定分摊”三种情形，并在对应框内打“√”。

本年度月扣除金额：填写扣除年度内，按政策规定计算的纳税人每月可以享受的赡养老人专项附加扣除的金额。

6. 大病医疗

患者姓名、身份证件类型及号码：填写享受大病医疗专项附加扣除的患者姓名、有效证件名称及号码。

医药费用总金额：填写社会医疗保险管理信息系统记录的与基本医保相关的医药费用总金额。

个人负担金额：填写社会医疗保险管理信息系统记录的基本医保目录范围内扣除医保报销后的个人自付部分。

与纳税人关系：按患者与纳税人的关系填报，区分“本人、配偶或未成年子女”3种情形，在对应框内打“√”。

7. 扣缴义务人信息

纳税人选择由任职受雇单位办理专项附加扣除的填写本栏。

扣缴义务人名称、纳税人识别号(统一社会信用代码)：纳税人由扣缴义务人在工资、薪金所得预扣预缴个人所得税时办理专项附加扣除的，填写扣缴义务人名称全称及纳税人识别号或统一社会信用代码。

(四)签字(章)栏次

“声明”栏：需由纳税人签字。

“扣缴义务人签章”栏：扣缴单位向税务机关申报的，应由扣缴单位签章，办理申报的经办人签字，并填写接收专项附加扣除信息的日期。

“代理机构签章”栏：代理机构代为办理纳税申报的，应填写代理机构统一社会信用代码，加盖代理机构印章，代理申报的经办人签字，并填写经办人身份证件号码。

纳税人或扣缴义务人委托专业机构代为办理专项附加扣除的，需代理机构签章。

“受理机关”栏：由受理机关填写。

【延伸阅读 5-1】国家治理视角下我国个人所得税的优化

党的十八届三中全会将全面深化改革的总目标确定为“完善和发展中国特色社会主义制度，推进国家治理体系和治理能力现代化”，并提出了“财政是国家治理的基础和重要支柱”的重要论断。税收是国家财政收入的主要来源，在国家治理中发挥着基础性、支柱性和保障性作用。党的十九届四中全会明确了坚持和完善中国特色社会主义制度、推进国家治理体系和治理能力现代化的总体目标和制度安排，在税收方面提出了“强化税收调节，完善直接税制度并逐步提高其比重”的目标要求。个人所得税是现代国家直接税体系中的重要税种，其固有属性和特点决定了个人所得税在推进国家治理体系和治理能力现代化进程中具有的重要作用。

个人所得税是世界上绝大多数国家都开征的税种，在各国经济、社会和政治进程中发挥着重要作用。个人所得税是直接税，以自然人为纳税人，以个人净所得为税基，且大都适用累进税率、采取综合或混合模式征收，对税收征管的要求也较高。个人所得税的税种属性和特点决定了其在推进国家治理现代化进程中具有其他税种无法替代的作用。

(一)直接税的可观察性强，有助于促进纳税遵从

个人所得税属于直接税，表现为对个人取得所得的直接征收，纳税人税负感知明显，税收可观察性强。税收的可观察性也称为税收的可见性、税收感知，用以判断纳税人是否感知、观察到税负的存在。从国家治理的角度看，可观察性的税种，有助于调动社会公众参与税收政策制定、调整等讨论的积极性，提高政府税收信息的透明性，促进政府增加对纳税人需求的回应性和负责性，增强社会公众税收意识，促进纳税遵从。

(二)以自然人为纳税人，有助于培养公众的社会责任意识

对于现代国家而言，治理的核心在于政府与社会公众的互动。个人所得税以自然人为纳税人，纳税人数量多、覆盖面广，使得社会公众有机会借助税收纽带，参与税收的设定、征收和使用等过程，通过与政府间的协商、对话，表达诉求与意愿，培养社会责任意识和税收道德水平。对于国家而言，从长期来看，这种通过征税、用税在政府与社会公众之间建立起来的有效协商机制，能够扩展至税收以外的更广泛的政府公共政策形成与运行领域，从而潜在地完善整个社会的意愿表达机制和公共政策体系，践行“人民当家作主”。这对于完善国家治理体系和提高国家治理能力都很重要。

(三)以所得为税基，有助于促进公平正义

从理论上讲，只有“所得”才构成个人所得税的税基。“所得”通常是指能够实际或潜在地增加纳税人在一定时期内消费能力的一切收入，那些不能够形成纳税人消费能力的收入不应当纳税。实践中，各国都只对“应税所得”进行征税，“应税所得”是净所

得，是从个人所得中扣除不能够反映纳税人真实纳税能力的为取得所得所发生的必要的成本与费用后的余额。“应税所得”是指个人所得税的实际税基，其大小取决于个人总收入中有多少项目可以在税前合法地扣除。在各国税法实践中，税前扣除项目通常包括个人及其家庭的生计费用、经营费用和免税收入等。虽然各国税法对税前扣除项目范围大小和扣除标准的规定不尽相同，但从国家治理角度看，扣除项目和扣除标准的选择，有助于维护社会公正，促进公平正义。以我国为例，2018 年个人所得税改革后，我国个人综合所得的扣除项目包括基本减除费用、专项扣除、专项附加扣除和其他扣除项目。其中纳税人的基本减除费用和专项扣除的扣除标准相同，体现了税收的横向公平，考虑纳税人异质性的专项附加扣除和其他扣除符合量能负担原则，体现了税收的纵向公平。

(四)实行累进税率，有助于发挥税收的自动稳定机制

世界上绝大多数国家的个人所得税都采用累进税率。累进税率有助于发挥税收的自动稳定机制，实现稳定经济的目标。税收的自动稳定机制是指在经济运行过程中，税收制度本身能够对经济波动有较强的适应性，税收随着经济的波动而自动地增加或减少，自动地影响社会总需求的变动，从而在一定程度上平缓经济的波动，可以被认为是一种制度设计和安排。税收的这种自动稳定机制需要依赖于个人所得税的累进税率来实现。另外，在累进税率下，随着个人收入的增加，税收占个人收入的比重也会递增，即平均税率会提高，这样就可以缩小税后高收入者与低收入者之间的收入差距，发挥个人所得税调节收入分配、促进社会公平的作用。

(五)税收征管要求高，有助于提高国家治理能力

税收征管是执法的过程，是体现税法民意的过程，税收征管能力则体现了税法实施的能力。没有强有力的税收征管能力，征纳关系难以和谐，税法税制难以落地，税收政策目标难以实现，国家治理也会落空。从这个意义上来看，税收征管能力是国家治理的基石，也是国家治理能力的重要体现。个人所得税对税收征管的要求较高，主要表现在如下几个方面。

一是涉税信息量大。面对数量众多的纳税人，税务部门要能够准确掌握纳税人的经济活动及收入、支出、信贷、房产、婚姻、子女、赡养、医疗等各方面的信息，以便确定纳税义务。

二是涉及部门多。在税收征管过程中，税务部门要建立与雇佣单位及公安、市场监管、金融、教育、医疗、民政、社保等政府部门的合作机制，以获得充足的第三方信息。

三是征管流程复杂。个人所得税的征管涉及收入监控、代扣代缴、自主申报、退税补税、交叉稽核、信用评定等环节，征管流程复杂，对信息化的要求也较高。

资料来源：刘成龙，王婷，冯卉. 国家治理视角下我国个人所得税的优化[J]. 税务研究，2020(2).

第二节　个人所得税经营所得纳税申报(样表)

个人所得税经营所得纳税申报表(A表)

税款所属期：　　　年　月　日至　　年　月　日

纳税人姓名：　　　　　纳税人识别号：　　　　　　　金额单位：　　人民币元(列至角分)

被投资单位信息	名称		纳税人识别号 (统一社会信用代码)	
征收方式	□查账征收(据实预缴)　□查账征收(按上年应纳税所得额预缴) □核定应税所得率征收　□核定应纳税所得额征收 □税务机关认可的其他方式____			

项目	行次	金额/比例
一、收入总额	1	
二、成本费用	2	
三、利润总额(3=1-2)	3	据
四、弥补以前年度亏损	4	
五、应税所得率(%)	5	
六、合伙企业个人合伙人分配比例(%)	6	实
七、允许扣除的个人费用及其他扣除(7=8+9+14)	7	
(一)投资者减除费用	8	
(二)专项扣除(9=10+11+12+13)	9	填
1. 基本养老保险费	10	
2. 基本医疗保险费	11	
3. 失业保险费	12	
4. 住房公积金	13	写
(三)依法确定的其他扣除(14=15+16+17)	14	
1.	15	
2.	16	
3.	17	

续表

项目	行次	金额/比例
八、应纳税所得额	18	
九、税率(%)	19	
十、速算扣除数	20	
十一、应纳税额(21＝18×19－20)	21	
十二、减免税额(附报《个人所得税减免税事项报告表》)	22	
十三、已缴税额	23	
十四、应补/退税额(24＝21－22－23)	24	
谨声明：本表是根据国家税收法律法规及相关规定填报的，是真实的、可靠的、完整的。 纳税人签字：　　年　月　日		
经办人： 经办人身份证件号码： 代理机构签章： 代理机构统一社会信用代码：	受理人： 受理税务机关(章)： 受理日期：　　年　月　日	

国家税务总局监制

《个人所得税经营所得纳税申报表(A表)》填表说明

一、适用范围

本表适用于查账征收和核定征收的个体工商户业主、个人独资企业投资人、合伙企业个人合伙人、承包承租经营者个人及其他从事生产、经营活动的个人在中国境内取得经营所得，办理个人所得税预缴纳税申报时，向税务机关报送。合伙企业有两个或者两个以上个人合伙人的，应分别填报本表。

二、报送期限

纳税人取得经营所得，应当在月度或者季度终了后15日内，向税务机关办理预缴纳税申报。

三、本表各栏填写

(一)表头项目

1. 税款所属期：填写纳税人取得经营所得应纳个人所得税款的所属期间，应填写具体的起止年月日。

2. 纳税人姓名：填写自然人纳税人姓名。

3. 纳税人识别号：有中国公民身份号码的，填写中华人民共和国居民身份证上载明的“公民身份号码”；没有中国公民身份号码的，填写税务机关赋予的纳税人识别号。

(二)被投资单位信息

1. 名称：填写被投资单位法定名称的全称。

2. 纳税人识别号(统一社会信用代码)：填写被投资单位的纳税人识别号或者统一社会信用代码。

3. 征收方式：根据税务机关核定的征收方式，在对应框内打“√”。采用税务机关认可的其他方式的，应在下划线填写具体征收方式。

(三)表内各行填写

1. 第1行“收入总额”：填写本年度开始经营月份起截至本期从事经营及与经营有关的活动取得的货币形式和非货币形式的各项收入总金额。包括：销售货物收入、提供劳务收入、转让财产收入、利息收入、租金收入、接受捐赠收入、其他收入。

2. 第2行“成本费用”：填写本年度开始经营月份起截至本期实际发生的成本、费用、税金、损失及其他支出的总额。

3. 第3行“利润总额”；填写本年度开始经营月份起截至本期的利润总额。

4. 第4行“弥补以前年度亏损”：填写可在税前弥补的以前年度尚未弥补的亏损额。

5. 第5行“应税所得率”：按核定应税所得率方式纳税的纳税人，填写税务机关确定的核定征收应税所得率。按其他方式纳税的纳税人不填本行。

6. 第6行“合伙企业个人合伙人分配比例”：纳税人为合伙企业个人合伙人的，填写本行；其他则不填。分配比例按照合伙协议约定的比例填写；合伙协议未约定或不明确的，按合伙人协商决定的比例填写；协商不成的，按合伙人实缴出资比例填写；无法确定出资比例的，按合伙人平均分配。

7. 第7～17行“允许扣除的个人费用及其他扣除”。

(1)第8行“投资者减除费用”：填写根据本年实际经营月份数计算的可在税前扣除的投资者本人每月5 000元减除费用的合计金额。

(2)第9～13行“专项扣除”：填写按规定允许扣除的基本养老保险费、基本医疗保险费、失业保险费、住房公积金的金额。

(3)第 14～17 行“依法确定的其他扣除”：填写商业健康保险、税延养老保险及其他按规定允许扣除项目的金额。其中，税延养老保险可在申报四季度或 12 月份税款时填报扣除。

8. 第 18 行“应纳税所得额”：根据相关行次计算填报。

(1)查账征收(据实预缴)：第 18 行=(第 3 行－第 4 行)×第 6 行－第 7 行。

(2)查账征收(按上年应纳税所得额预缴)：第 18 行=上年度的应纳税所得额÷12×月份数。

(3)核定应税所得率征收(能准确核算收入总额的)：第 18 行=第 1 行×第 5 行×第 6 行。

(4)核定应税所得率征收(能准确核算成本费用的)：第 18 行=第 2 行÷(1－第 5 行)×第 5 行×第 6 行。

(5)核定应纳税所得额征收：直接填写应纳税所得额。

(6)税务机关认可的其他方式：直接填写应纳税所得额。

9. 第 19～20 行“税率”和“速算扣除数”：填写按规定适用的税率和速算扣除数。

10. 第 21 行“应纳税额”：根据相关行次计算填报。第 21 行=第 18 行×第 19 行－第 20 行。

11. 第 22 行“减免税额”：填写符合税法规定可以减免的税额，并附报《个人所得税减免税事项报告表》。

12. 第 23 行“已缴税额”：填写本年度在月(季)度申报中累计已预缴的经营所得个人所得税的金额。

13. 第 24 行“应补/退税额”：根据相关行次计算填报。第 24 行=第 21 行－第 22 行－第 23 行。

四、其他事项说明

以纸质方式报送本表的，应当一式两份，纳税人、税务机关各留存一份。

个人所得税经营所得纳税申报表(B表)

税款所属期：　　年　月　日　至　　年　月　日

纳税人姓名：

纳税人识别号：　　　　　　　　　　　　　　　　金额单位：　　人民币元(列至角分)

被投资单位信息	名称		纳税人识别号(统一社会信用代码)	

项目	行次	金额/比例
一、收入总额	1	
其中：国债利息收入	2	
二、成本费用(3=4+5+6+7+8+9+10)	3	
(一)营业成本	4	
(二)营业费用	5	
(三)管理费用	6	
(四)财务费用	7	
(五)税金	8	
(六)损失	9	
(七)其他支出	10	
三、利润总额(11=1-2-3)	11	
四、纳税调整增加额(12=13+27)	12	
(一)超过规定标准的扣除项目金额(13=14+15+16+17+18+19+20+21+22+23+24+25+26)	13	
1. 职工福利费	14	
2. 职工教育经费	15	
3. 工会经费	16	
4. 利息支出	17	
5. 业务招待费	18	
6. 广告费和业务宣传费	19	
7. 教育和公益事业捐赠	20	
8. 住房公积金	21	
9. 社会保险费	22	
10. 折旧费用	23	

续表

项目	行次	金额/比例
11. 无形资产摊销	24	
12. 资产损失	25	
13. 其他	26	
(二)不允许扣除的项目金额(27＝28＋29＋30＋31＋32＋33＋34＋35＋36)	27	
1. 个人所得税税款	28	
2. 税收滞纳金	29	
3. 罚金、罚款和被没收财物的损失	30	
4. 不符合扣除规定的捐赠支出	31	
5. 赞助支出	32	
6. 用于个人和家庭的支出	33	
7. 与取得生产经营收入无关的其他支出	34	
8. 投资者工资薪金支出	35	
9. 其他不允许扣除的支出	36	
五、纳税调整减少额	37	
六、纳税调整后所得(38＝11＋12－37)	38	
七、弥补以前年度亏损	39	
八、合伙企业个人合伙人分配比例(％)	40	
九、允许扣除的个人费用及其他扣除(41＝42＋43＋48＋55)	41	
(一)投资者减除费用	42	
(二)专项扣除(43＝44＋45＋46＋47)	43	
1. 基本养老保险费	44	
2. 基本医疗保险费	45	
3. 失业保险费	46	
4. 住房公积金	47	
(三)专项附加扣除(48＝49＋50＋51＋52＋53＋54)	48	
1. 子女教育	49	
2. 继续教育	50	
3. 大病医疗	51	

续表

项目	行次	金额/比例
4. 住房贷款利息	52	
5. 住房租金	53	
6. 赡养老人	54	
(四)依法确定的其他扣除(55=56+57+58+59)	55	
1. 商业健康保险	56	
2. 税延养老保险	57	
3.	58	
4.	59	
十、投资抵扣	60	
十一、准予扣除的个人捐赠支出	61	
十二、应纳税所得额(62=38−39−41−60−61)或[62=(38−39)×40−41−60−61]	62	
十三、税率(%)	63	
十四、速算扣除数	64	
十五、应纳税额(65=62×63−64)	65	
十六、减免税额(附报《个人所得税减免税事项报告表》)	66	
十七、已缴税额	67	
十八、应补/退税额(68=65−66−67)	68	

谨声明：本表是根据国家税收法律法规及相关规定填报的，是真实的、可靠的、完整的。 纳税人签字： 年 月 日	
经办人： 经办人身份证件号码： 代理机构签章： 代理机构统一社会信用代码：	受理人： 受理税务机关(章)： 受理日期：年月日

国家税务总局监制

《个人所得税经营所得纳税申报表(B表)》填表说明

一、适用范围

本表适用于个体工商户业主、个人独资企业投资人、合伙企业个人合伙人、承包承租经营者个人及其他从事生产、经营活动的个人在中国境内取得经营所得，且实行查账征收的，在办理个人所得税汇算清缴纳税申报时，向税务机关报送。合伙企业有两个或者两个以上个人合伙人的，应分别填报本表。

二、报送期限

纳税人在取得经营所得的次年3月31日前，向税务机关办理汇算清缴。

三、本表各栏填写

(一)表头项目

1. 税款所属期：填写纳税人取得经营所得应纳个人所得税款的所属期间，应填写具体的起止年月日。

2. 纳税人姓名：填写自然人纳税人姓名。

3. 纳税人识别号：有中国公民身份号码的，填写中华人民共和国居民身份证上载明的“公民身份号码”；没有中国公民身份号码的，填写税务机关赋予的“纳税人识别号”。

(二)被投资单位信息

1. 名称：填写被投资单位法定名称的全称。

2. 纳税人识别号(统一社会信用代码)：填写被投资单位的纳税人识别号或统一社会信用代码。

(三)表内各行填写

1. 第1行“收入总额”：填写本年度从事生产经营及与生产经营有关的活动取得的货币形式和非货币形式的各项收入总金额。包括：销售货物收入、提供劳务收入、转让财产收入、利息收入、租金收入、接受捐赠收入及其他收入。

2. 第2行“国债利息收入”：填写本年度已计入收入的因购买国债而取得的应予免税的利息金额。

3. 第3～10行“成本费用”：填写本年度实际发生的成本、费用、税金、损失及其他支出的总额。

(1)第4行“营业成本”：填写在生产经营活动中发生的销售成本、销货成本、业务支出及其他耗费的金额。

(2)第5行“营业费用”：填写在销售商品和材料、提供劳务的过程中发生的各种费用。

(3)第6行“管理费用”：填写为组织和管理企业生产经营发生的管理费用。

(4)第7行“财务费用”：填写为筹集生产经营所需资金等发生的筹资费用。

(5)第8行“税金”：填写在生产经营活动中发生的除个人所得税和允许抵扣的增值税以外的各项税金及其附加。

(6)第9行“损失”：填写生产经营活动中发生的固定资产和存货的盘亏、毁损、报废损失，转让财产损失，坏账损失，自然灾害等不可抗力因素造成的损失及其他损失。

(7)第10行“其他支出”：填写除成本、费用、税金、损失外，生产经营活动中发生的与之有关的、合理的支出。

4. 第11行“利润总额”：根据相关行次计算填报。第11行＝第1行－第2行－第3行。

5. 第12行“纳税调整增加额”：根据相关行次计算填报。第12行＝第13行＋第27行。

6. 第 13 行“超过规定标准的扣除项目金额”：填写扣除的成本、费用和损失中，超过税法规定的扣除标准应予调增的应纳税所得额。

7. 第 27 行“不允许扣除的项目金额”：填写按规定不允许扣除但被投资单位已将其扣除的各项成本、费用和损失，应予调增应纳税所得额的部分。

8. 第 37 行“纳税调整减少额”：填写在计算利润总额时已计入收入或未列入成本费用，但在计算应纳税所得额时应予扣除的项目金额。

9. 第 38 行“纳税调整后所得”：根据相关行次计算填报。第 38 行＝第 11 行＋第 12 行－第 37 行。

10. 第 39 行“弥补以前年度亏损”：填写本年度可在税前弥补的以前年度亏损额。

11. 第 40 行“合伙企业个人合伙人分配比例”：纳税人为合伙企业个人合伙人的，填写本栏；其他则不填。分配比例按照合伙协议约定的比例填写；合伙协议未约定或不明确的，按合伙人协商决定的比例填写；协商不成的，按合伙人实缴出资比例填写；无法确定出资比例的，按合伙人平均分配。

12. 第 41 行“允许扣除的个人费用及其他扣除”：填写按税法规定可以税前扣除的各项费用、支出，包括如下：

(1)第 42 行“投资者减除费用”：填写按税法规定的减除费用金额。

(2)第 43～47 行“专项扣除”：分别填写本年度按规定允许扣除的基本养老保险费、基本医疗保险费、失业保险费、住房公积金的合计金额。

(3)第 48～54 行“专项附加扣除”：分别填写本年度纳税人按规定可享受的子女教育、继续教育、大病医疗、住房贷款利息、住房租金、赡养老人等专项附加扣除的合计金额。

(4)第 55～59 行“依法确定的其他扣除”：分别填写按规定允许扣除的商业健康保险、税延养老保险，以及国务院规定其他可以扣除项目的合计金额。

13. 第 60 行“投资抵扣”：填写按照税法规定可以税前抵扣的投资金额。

14. 第 61 行“准予扣除的个人捐赠支出”：填写本年度按照税法及相关法规、政策规定，可以在税前扣除的个人捐赠合计额。

15. 第 62 行“应纳税所得额”：根据相关行次计算填报。

(1)纳税人为非合伙企业个人合伙人的：第 62 行＝第 38 行－第 39 行－第 41 行－第 60 行－第 61 行。

(2)纳税人为合伙企业个人合伙人的：第 62 行＝(第 38 行－第 39 行)×第 40 行－第 41 行－第 60 行－第 61 行。

16. 第 63～64 行“税率”“速算扣除数”：填写按规定适用的税率和速算扣除数。

17. 第 65 行“应纳税额”：根据相关行次计算填报。第 65 行＝第 62 行×第 63 行－第 64 行。

18. 第 66 行“减免税额”：填写符合税法规定可以减免的税额，并附报《个人所得税减免税事项报告表》。

19. 第 67 行“已缴税额”：填写本年度累计已预缴的经营所得个人所得税金额。

20. 第 68 行“应补/退税额”：根据相关行次计算填报。第 68 行＝第 65 行－第 66 行－第 67 行。

四、其他事项说明

以纸质方式报送本表的，应当一式两份，纳税人、税务机关各留存一份。

个人所得税经营所得纳税申报表(C表)

税款所属期：　　　年　月　日至　　年　月　日

纳税人姓名：

纳税人识别号：　　　　　　　　　　　　　　金额单位：人民币元(列至角分)

			单位名称	纳税人识别号(统一社会信用代码)	投资者应纳税所得额
被投资单位信息	汇总地				
	非汇总地	1			
		2			
		3			
		4			
		5			

项目	行次	金额/比例
一、投资者应纳税所得额合计	1	
二、应调整的个人费用及其他扣除(2=3+4+5+6)	2	据实填写
(一)投资者减除费用	3	
(二)专项扣除	4	
(三)专项附加扣除	5	
(四)依法确定的其他扣除	6	
三、应调整的其他项目	7	
四、调整后应纳税所得额(8=1+2+7)	8	
五、税率(%)	9	
六、速算扣除数	10	
七、应纳税额(11=8×9−10)	11	
八、减免税额(附报《个人所得税减免税事项报告表》)	12	
九、已缴税额	13	
十、应补/退税额(14=11−12−13)	14	

谨声明：本表是根据国家税收法律法规及相关规定填报的，是真实的、可靠的、完整的。

纳税人签字：　　年　月　日

经办人： 经办人身份证件号码： 代理机构签章： 代理机构统一社会信用代码：	受理人： 受理税务机关(章)： 受理日期：　　年　月　日

国家税务总局监制

《个人所得税经营所得纳税申报表(C表)》填表说明

一、适用范围

本表适用于个体工商户业主、个人独资企业投资人、合伙企业个人合伙人、承包承租经营者个人及其他从事生产、经营活动的个人在中国境内两处以上取得经营所得，办理合并计算个人所得税的年度汇总纳税申报时，向税务机关报送。

二、报送期限

纳税人从两处以上取得经营所得，应当于取得所得的次年3月31日前办理年度汇总纳税申报。

三、本表各栏填写

(一)表头项目

1. 税款所属期：填写纳税人取得经营所得应纳个人所得税款的所属期间，应填写具体的起止年月日。

2. 纳税人姓名：填写自然人纳税人姓名。

3. 纳税人识别号：有中国公民身份号码的，填写中华人民共和国居民身份证上载明的“公民身份号码”；没有中国公民身份号码的，填写税务机关赋予的“纳税人识别号”。

(二)被投资单位信息

1. 名称：填写被投资单位法定名称的全称。

2. 纳税人识别号(统一社会信用代码)：填写被投资单位的纳税人识别号或者统一社会信用代码。

3. 投资者应纳税所得额：填写投资者从其各投资单位取得的年度应纳税所得额。

(三)表内各行填写

1. 第1行“投资者应纳税所得额合计”：填写投资者从其各投资单位取得的年度应纳税所得额的合计金额。

2. 第2～6行“应调整的个人费用及其他扣除”：填写按规定需调整增加或者减少应纳税所得额的项目金额。调整减少应纳税所得额的，用负数表示。

(1)第3行“投资者减除费用”：填写需调整增加或者减少应纳税所得额的投资者减除费用的金额。

(2)第4行“专项扣除”：填写需调整增加或者减少应纳税所得额的“三险一金”(基本养老保险费、基本医疗保险费、失业保险费、住房公积金)的合计金额。

(3)第5行“专项附加扣除”：填写需调整增加或者减少应纳税所得额的专项附加扣除(子女教育、继续教育、大病医疗、住房贷款利息、住房租金、赡养老人)的合计金额。

(4)第6行“依法确定的其他扣除”：填写需调整增加或者减少应纳税所得额的商业健康保险、税延养老保险及国务院规定其他可以扣除项目的合计金额。

3. 第7行“应调整的其他项目”：填写按规定应予调整的其他项目的合计金额。调整减少应纳税所得额的，用负数表示。

4. 第8行“调整后应纳税所得额”：根据相关行次计算填报。第8行＝第1行＋第2行＋第7行。

5. 第9～10行“税率”“速算扣除数”：填写按规定适用的税率和速算扣除数。

6. 第11行“应纳税额”：根据相关行次计算填报。第11行＝第8行×第9行－第10行。

7. 第12行“减免税额”：填写符合税法规定可以减免的税额，并附报《个人所得税减免税事项报告表》。

8. 第 13 行“已缴税额”：填写纳税人本年度累计已缴纳的经营所得个人所得税的金额。

9. 第 14 行“应补/退税额”：按相关行次计算填报。第 14 行＝第 11 行－第 12 行－第 13 行。

四、其他事项说明

以纸质方式报送本表的，应当一式两份，纳税人、税务机关各留存一份。

第三节　特殊所得申报(样表)

限售股转让所得个人所得税清算申报表

填表日期：　　年　月　日

税款所属期：　　年　月　日至　　年　月　日　　　　金额单位：元(列至角分)

纳税人基本情况	姓名		证券账户号	
	有效身份证照类型		有效身份证照号码	
	国籍(地区)		有效联系电话	
	开户银行名称		开户银行账号	
	中国境内有效联系地址及邮编			
开户证券公司(营业部)	名称		扣缴义务人编码	
	地址		邮编	
限售股转让收入及纳税情况	股票代码	1		
	股票名称	2		
	转让股数(股)	3		
	实际转让收入额	4		
	限售股原值和合理税费小计	5=6+7		
	限售股原值	6		
	合理税费	7		
	应纳税所得额	8=4-5		
	税率	9		
	应纳税额	10=8×9		
	已扣缴税额	11		
	应退(补)税额	12=10-11		

续表

<table>
<tr><td>声明</td><td colspan="2">我声明，此纳税申报表及所附资料是根据《中华人民共和国个人所得税法》及相关法律法规规定填写、报送的，我确保上述资料是真实的、可靠的、完整的。
纳税人(签字)
年 月 日</td></tr>
<tr><td colspan="2">代理人(中介机构)签字或盖章：
经办人：
经办人执业证件号码：
代理申报日期： 年 月 日</td><td>主管税务机关受理专用章：
受理人：
受理时间： 年 月 日</td></tr>
</table>

国家税务总局监制

填表说明

一、本表根据《中华人民共和国个人所得税法》及其实施条例和相关文件制定，适用于纳税人取得限售股转让所得已预扣预缴个人所得税款的清算申报，本表按月填写。

二、向主管税务机关提出限售股转让所得个人所得税清算申请的纳税人，应在证券机构代扣并解缴税款的次月1日起3个月内，由本人或者委托他人向主管税务机关报送本表。不能按照规定期限报送本表时，应当在规定的报送期限内提出申请，经当地税务机关批准，可以适当延期。

三、向主管税务机关提出限售股转让所得清算申请的纳税人，应区别限售股股票种类，按每一股票填写本表。即同一限售股填写一张表。

四、填写本表应当使用中文。

五、纳税人在向主管税务机关办理清算事宜时，除填报本表外，还应出示纳税人本人的有效身份证照原件，并附送以下资料：

1. 加盖开户证券机构印章的限售股交易明细记录。

2. 相关完整、真实的财产原值凭证。

3. 缴纳税款凭证(《税务代保管资金专用收据》或《税收转账专用完税证》)。

4. 税务机关要求报送的其他资料。

纳税人委托中介机构或他人代理申报的，除提供上述资料外，代理人还应出示本人的有效身份证照，并附送纳税人委托代理申报的授权书。

六、本表各栏的填写说明如下：

(一)填表日期：填写纳税人办理清算申报的实际日期。

(二)税款所属期：填写纳税人实际取得所得的年度、月份和日期。

(三)纳税人基本情况的填写。

1. 证券账户号：填写纳税人证券账户卡上的证券账户号。转让的限售股是在上海交易所上市的，填写证券账户卡(上海)上的证券账户号；转让的限售股是在深圳交易所上市的，填写证券账户卡(深圳)上的证券账户号。

2. 有效身份证照类型：填写纳税人的有效身份证件(居民身份证、军人身份证件等)名称。

3. 有效身份证照号码：填写纳税人有效身份证照上的号码。

4. 开户银行名称及账号：填写纳税人本人开户银行的全称及账号。

注：该银行账户，用于办理纳税人多扣缴个人所得税款的退还。即，纳税人多扣缴的税款，经税务机关审核确认后，将直接退还至该银行账户中。因此，纳税人要特别注意本行填写的准确性。

5. 中国境内有效联系地址及邮编：填写纳税人住址或有效联系地址及邮编。

6. 开户证券公司(营业部)：填写纳税人开立证券交易账户的证券公司(营业部)的相关信息。

(1)名称：填写纳税人开立证券账户的证券公司(营业部)的全称。

(2)扣缴义务人编码：填写纳税人开立证券账户的证券公司(营业部)的税务登记证号码。

(3)地址及邮编：填写纳税人开立证券账户的证券公司(营业部)的地址及邮编。

(四)限售股转让收入及纳税情况的填写。

1. 股票代码：填写限售股的股票代码。

2. 股票名称：填写限售股股票的证券名称。

3. 转让股数(股)：填写本月转让限售股的股数。

4. 实际转让收入额：填写转让限售股取得的实际收入额。以证券机构提供的加盖印章的当月限售股交易记录汇总数为准。

5. 限售股原值和合理税费。

(1)限售股原值和合理税费小计，填写纳税人转让限售股的股票原值和合理税费的合计。

纳税人未能提供完整、真实的限售股原值凭证，不能正确计算限售股原值的，一律按限售股实际转让收入的15%计算限售股原值和合理税费后，填入该栏。

(2)限售股原值，填写取得限售股股票实际付出的成本，并附相关完整、真实的原值凭证。

(3)合理税费，填写转让限售股过程中发生的印花税、佣金、过户费等与交易相关的税费。

7. 应纳税所得额：填写转让限售股实际转让收入额减除限售股原值和合理税费后的余额。

8. 已扣缴税额：填写证券机构已预扣预缴的税款。

9. 应退(补)税额：应退(补)税额＝应纳税额－已扣缴税额。负数为应退税额；正数为应补税额。

七、声明：填写纳税人本人的姓名，如纳税人不在时，可填写代理申报人的姓名。

八、代理人(中介机构)签字或盖章：填盖纳税人委托代理申报的中介机构的印章，或者代理人个人的签名或印章。

九、经办人：填写代理申报人的姓名。

十、本表为A4竖式。一式两份，纳税人留存一份，税务机关留存一份。

天使投资个人所得税投资抵扣情况表

单位：人民币元(列至角分)

<table>
<tr><td colspan="8">天使投资个人基本情况</td></tr>
<tr><td>姓名</td><td></td><td colspan="2">身份证件类型</td><td colspan="2"></td><td>身份证件号码</td><td></td></tr>
<tr><td>国籍(地区)</td><td></td><td colspan="2">联系电话</td><td colspan="2"></td><td>联系地址</td><td></td></tr>
<tr><td>投资抵扣
备案编号</td><td></td><td colspan="2">投资额</td><td colspan="2"></td><td>可抵扣投资额</td><td></td></tr>
<tr><td colspan="8">初创科技型企业基本情况</td></tr>
<tr><td colspan="2">企业名称</td><td colspan="2"></td><td colspan="2">纳税人识别号
(统一社会信用代码)</td><td colspan="2"></td></tr>
<tr><td colspan="8">投资抵扣情况</td></tr>
<tr><td>股权转让时间</td><td>股权转让应纳税所得额</td><td>从已清算企业结转待抵扣投资额</td><td>本企业可抵扣投资额</td><td>可抵扣投资额合计</td><td>累计已抵扣投资额</td><td>本期抵扣投资额</td><td>结转抵扣投资额</td></tr>
<tr><td></td><td></td><td></td><td></td><td></td><td></td><td></td><td></td></tr>
<tr><td colspan="8">谨声明：本人知悉并保证本表填报内容及所附证明材料真实、完整，并承担因资料虚假而产生的法律责任。
天使投资个人签章：　　年　月　日</td></tr>
<tr><td colspan="4">代理机构印章：
联系人：填报日期：</td><td colspan="4">主管税务机关印章：
受理人：
受理日期：</td></tr>
</table>

国家税务总局监制

填写说明

一、适用范围

本表适用于天使投资个人投资境内种子期、初创期科技型企业(以下简称"初创科技型企业")，享受投资抵扣税收优惠时，向主管税务机关报告有关情况并办理投资抵扣手续。

二、报送期限

天使投资个人应于股权转让次月15日内或在限售股转让清算时，向主管税务机关报送本表。

三、表内各栏

(一)天使投资个人基本情况

1. 姓名：填写天使投资个人姓名。中国境内无住所个人，其姓名应当用中、外文同时填写。

2. 身份证件类型：填写能识别天使投资个人唯一身份的身份证、军官证、士兵证、护照、港澳居民来往内地通行证、台湾居民来往大陆通行证等有效证照名称。

3. 身份证件号码：填写能识别天使投资个人唯一身份的有效证照号码。

4. 国籍(地区)：填写天使投资个人的国籍或地区。

5. 联系电话、联系地址：填写天使投资个人的有效联系方式。

6. 投资抵扣备案编号：填写天使投资个人办理投资情况备案时，税务机关受理《天使投资个人所得税投资抵扣备案表》时赋予的备案编号。

7. 投资额：填写天使投资个人在转让初创科技型企业股权时，符合投资抵扣税收优惠条件的投资额合计。

8. 可抵扣投资额：可抵扣投资额＝投资额×70％。

(二)初创科技型企业基本情况

1. 企业名称：填写初创科技型企业名称全称。

2. 纳税人识别号(统一社会信用代码)：填写初创科技型企业的纳税人识别号或统一社会信用代码。

(三)投资抵扣情况

1. 股权转让时间：填写天使投资个人转让初创科技型企业股权的具体时间。

2. 股权转让应纳税所得额：填写天使投资个人转让初创科技型企业股权取得的应纳税所得额。

3. 从已清算企业结转待抵扣投资额：填写天使投资个人投资的其他初创科技型企业注销清算时尚未抵扣完毕的可抵扣投资额。

4. 本企业可抵扣投资额：本企业可抵扣投资额＝可抵扣投资额("天使投资个人基本情况"栏)。

5. 可抵扣投资额合计：可抵扣投资额合计＝从已清算企业结转待抵扣投资额＋本企业可抵扣投资额。

6. 累计已抵扣投资额：填写天使投资个人前期转让初创科技型企业股权时已抵扣投资额合计。

7. 本期抵扣投资额：区别以下情况计算填写。

(1)股权转让应纳税所得额＜可抵扣投资额合计－累计已抵扣投资额时，

本期抵扣投资额＝股权转让应纳税所得额；

(2)股权转让应纳税所得额≥可抵扣投资额合计－累计已抵扣投资额时，

本期抵扣投资额＝可抵扣投资额合计－累计已抵扣投资额。

8. 结转抵扣投资额：结转抵扣投资额＝可抵扣投资额合计－累计已抵扣投资额－本期抵扣投资额。

四、本表一式两份。主管税务机关受理后，由天使投资个人和主管税务机关分别留存。

天使投资个人所得税投资抵扣备案表

备案编号(主管税务机关填写)：　　　　　　　　　　　　单位：%，人民币元(列至角分)

天使投资个人基本情况					
姓名		身份证件类型		身份证件号码	
国籍(地区)		联系电话		联系地址	

初创科技型企业基本情况			
企业名称		纳税人识别号 (统一社会信用代码)	
设立时间		注册地址	

初创科技型企业及天使投资个人投资情况							
投资日期	从业人数	本科以上学历人数占比	资产总额	年销售收入	研发费用总额占成本费用支出的比例	投资2年内与其亲属合计持股比例是否超过50%	投资额

谨声明：本人(单位)知悉并保证本表填报内容及所附证明材料真实、完整，并承担因资料虚假而产生的法律责任。

年　月　日

天使投资个人签章：　　　　　　　　　　初创科技型企业负责人签章：

代理机构印章： 联系人： 填报日期：	主管税务机关印章： 受理人： 受理日期：

初创科技型企业注销清算情况(税务机关填写)			
注销清算时间		清算前已抵扣投资额	
主管税务机关印章： 受理人： 受理日期：			

注：本表是天使投资个人日后转让初创科技型企业股权办理投资抵扣的重要凭据，请妥善保管。

国家税务总局监制

填写说明

一、适用范围

本表适用于天使投资个人投资境内种子期、初创期科技型企业(以下简称“初创科技型企业”)，就符合投资抵扣税收优惠条件的投资，向主管税务机关办理投资情况备案。

二、报送期限

初创科技型企业、天使投资个人应共同于满足投资抵扣税收优惠条件次月15日内，向其主管税务机关报送本表。

三、表内各栏

(一)天使投资个人基本情况

1. 姓名：填写天使投资个人姓名。中国境内无住所个人，其姓名应当用中、外文同时填写。

2. 身份证件类型：填写能识别天使投资个人唯一身份的身份证、军官证、士兵证、护照、港澳居民来往内地通行证、台湾居民来往大陆通行证等有效证照名称。

3. 身份证件号码：填写能识别天使投资个人唯一身份的有效证照号码。

4. 国籍(地区)：填写天使投资个人的国籍或地区。

5. 联系电话、联系地址：填写天使投资个人的有效联系方式。

(二)初创科技型企业基本情况

1. 企业名称：填写初创科技型企业名称全称。

2. 纳税人识别号(统一社会信用代码)：填写初创科技型企业的纳税人识别号或统一社会信用代码。

3. 设立时间：填写初创科技型企业设立登记的具体日期。

4. 注册地址：填写初创科技型企业注册登记的具体地址。

(三)初创科技型企业及天使投资个人投资情况

1. 投资日期：填写初创科技型企业接受合伙创投企业投资并完成工商变更登记的日期。

2. 从业人数：填写与初创科技型企业建立劳动关系的职工及企业接受的劳务派遣人员人数。具体按照初创科技型企业接受投资前连续12个月的平均数填写，不足12个月的按实际月数平均计算填写。

3. 本科以上学历人数占比：填写初创科技型企业接受投资时本科以上学历人数占企业从业人数的比例。

4. 资产总额：填写初创科技型企业的资产总额。具体按照初创科技型企业接受投资前连续12个月的平均数填写，不足12个月的按实际月数平均计算填写。

5. 年销售收入：填写初创科技型企业的年销售收入。具体按照初创科技型企业接受投资前连续12个月的累计数填写，不足12个月的按实际月数累计计算填写。

6. 研发费用总额占成本费用支出的比例：填写企业接受投资当年及下一年两个纳税年度的研发费用总额合计占同期成本费用总额合计的比例。

7. 投资2年内与其亲属合计持股比例是否超过50%：填写“是”或“否”。

8. 投资额：填写天使投资个人以现金形式对初创科技型企业的实缴出资额。

(四)初创科技型企业注销清算情况

本栏由主管税务机关在初创科技型企业注销后纳税人有尚未抵扣完毕的投资额需要结转抵扣时填写。

本表一式两份。主管税务机关受理后，由天使投资个人和主管税务机关分别留存。

【复习思考题】

(1)中国居民纳税人张某自2015年起任国内某上市公司高级工程师，2019年取得的部分收入如下：

每月领取工资17 500元，个人负担三险一金2 800元，申报专项附加扣除时，作为独生子的张某向单位报送的专项附加扣除信息如下：3周岁在上幼儿园的女儿一名；年满60周岁的父亲一名；夫妻约定女儿教育全额由张某扣除。

(2)5月取得财政部发行国债的利息1 200元，取得2018年某省发行的地方政府债券的利息560元，取得某国内上市公司发行的公司债券利息750元。

要求：根据上述资料，完成个人所得税申报表。

【政策依据】

一、个人所得税自行纳税申报

【政策依据】

1.《中华人民共和国个人所得税法》

2.《中华人民共和国个人所得税法实施条例》

3.《国家税务总局关于发布个人所得税申报表的公告》(国家税务总局公告2013年第21号)

4.《股权转让所得个人所得税管理办法(试行)》(国家税务总局公告2014年第67号)

5.《国家税务总局关于个人非货币性资产投资有关个人所得税征管问题的公告》(国家税务总局公告2015年第20号)

6.《国家税务总局关于发布生产经营所得及减免税事项有关个人所得税申报表的公告》(国家税务总局公告2015年第28号)

7.《国家税务总局关于股权激励和技术入股所得税征管问题的公告》(国家税务总局公告2016年第62号)

8.《国家税务总局关于推广实施商业健康保险个人所得税政策有关征管问题的公告》(国家税务总局公告2017年第17号)

9.《财政部税务总局关于创业投资企业和天使投资个人有关税收在政策的通知》(财税〔2018〕55号)

10.《个人所得税自行纳税申报办法》(国税发〔2006〕162号)

二、生产、经营纳税人个人所得税自行纳税申报

【政策依据】

1.《中华人民共和国个人所得税法》

2.《中华人民共和国个人所得税法实施条例》

3.《国家税务总局关于发布个人所得税申报表的公告》(国家税务总局公告 2013 年第 21 号)

4.《国家税务总局关于发布〈股权转让所得个人所得税管理办法(试行)〉的公告》(国家税务总局公告 2014 年第 67 号)

5.《国家税务总局关于个人非货币性资产投资有关个人所得税征管问题的公告》(国家税务总局公告 2015 年第 20 号)

6.《国家税务总局关于发布生产经营所得及减免税事项有关个人所得税申报表的公告》(国家税务总局公告 2015 年第 28 号)

7.《国家税务总局关于股权激励和技术入股所得税征管问题的公告》(国家税务总局公告 2016 年第 62 号)

8.《国家税务总局关于推广实施商业健康保险个人所得税政策有关征管问题的公告》(国家税务总局公告 2017 年第 17 号)

9.《财政部税务总局关于创业投资企业和天使投资个人有关税收在政策的通知》(财税〔2018〕55 号)

10.《个人所得税自行纳税申报办法》(国税发〔2006〕162 号)

附录：我国个人所得税目税率表

个人所得税税率表一(工资薪金所得适用)

级数	全月应纳税所得额	税率(%)	速算扣除数(元)
1	不超过 3 000 元的	3	0
2	3 000～12 000 元的部分	10	210
3	12 000～25 000 元的部分	20	1 410
4	25 000～35 000 元的部分	25	2 660
5	35 000～55 000 元的部分	30	4 410
6	55 000～80 000 元的部分	35	7 160
7	超过 80 000 元的部分	45	15160

个人所得税税率表二

(个体工商户的生产、经营所得和对企事业单位的承包经营、承租经营所得适用)

级数	全月应纳税所得额	税率(%)	速算扣除数(元)
1	不超过 30 000 元的	5	0
2	30 000～90 000 元的部分	10	1 500
3	90 000～300 000 元的部分	20	10 500
4	300 000～500 000 元的部分	30	40 500
5	超过 500 000 元的部分	35	65 500

个人所得税预扣率表一

(居民个人工资、薪金所得预扣预缴适用)

级数	累计预扣预缴应纳税所得额	预扣率(%)	速算扣除数(元)
1	不超过 36 000 元的	3	0
2	36 000～144 000 元的部分	10	2 520
3	144 000～300 000 元的部分	20	16 920
4	300 000～420 000 元的部分	25	31 920
5	420 000～660 000 元的部分	30	52 920
6	660 000～960 000 元的部分	35	85 920
7	超过 960 000 元的部分	45	181920

个人所得税预扣率表二

（居民个人劳务报酬所得预扣预缴适用）

级数	预扣预缴应纳税所得额	预扣率(%)	速算扣除数(元)
1	不超过 20 000 元的	20	0
2	20 000～50 000 元的部分	30	2 000
3	超过 50 000 元的部分	40	7 000

个人所得税税率表三

（非居民个人工资、薪金所得，劳务报酬所得，稿酬所得，特许权使用费所得适用）

级数	应纳税所得额	税率(%)	速算扣除数(元)
1	不超过 3 000 元的	3	0
2	3 000～1 2 000 元的部分	10	210
3	12 000～25 000 元的部分	20	1 410
4	25 000～35 000 元的部分	25	2 660
5	35 000～55 000 元的部分	30	4 410
6	55 000～80 000 元的部分	35	7 160
7	超过 80 000 元的部分	45	15 160

第六章　土地增值税申报(模拟实训)

【实训目标】

重点掌握土地增值税纳税申报表的填列方法。

【实训目的】

(一)巩固所学知识

1. 掌握征税范围
2. 掌握计税依据
3. 掌握应纳税额的计算
4. 熟悉税收优惠

(二)提高纳税申报操作技能

1. 熟悉申报纳税的程序
2. 熟悉纳税时间和缴纳方法
3. 熟悉纳税的地点
4. 掌握房地产开发项目土地增值税的清算管理

一、【申报流程】

1. 申报缴款功能可由网上办税服务厅身份验证用户从如下入口进入。

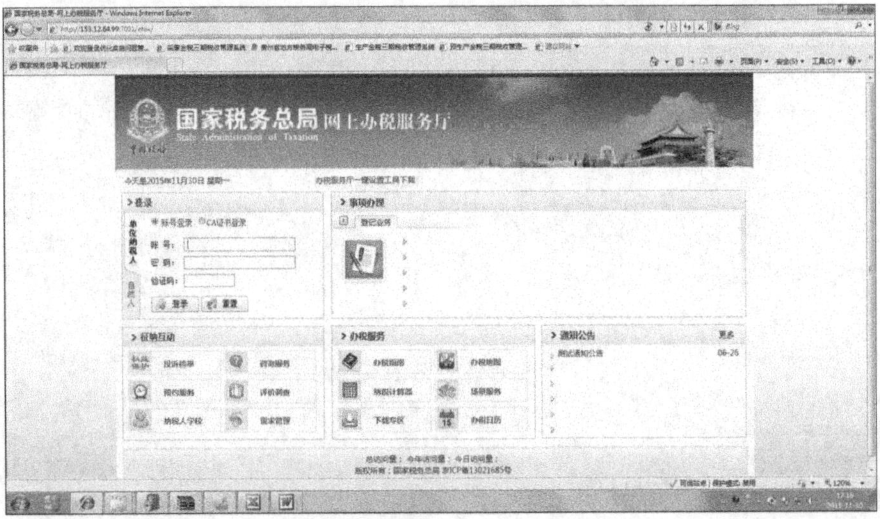

2. 在操作人员填写过程中对于必填项目，系统会有红色方框进行相应提示。

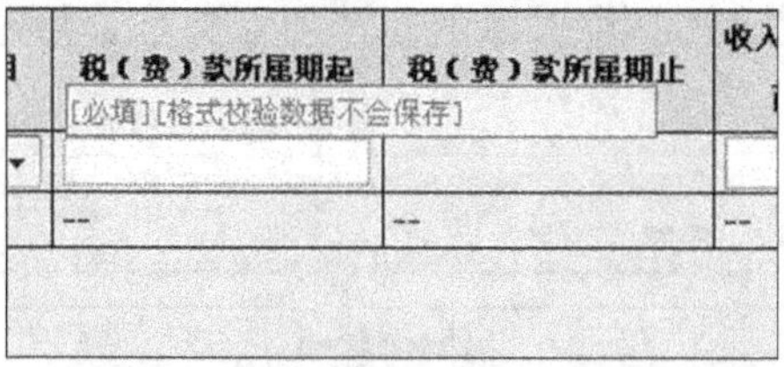

3. 在申报过程中，如纳税人有多条登记信息，则在申报前需要进行纳税人登记信息选择。

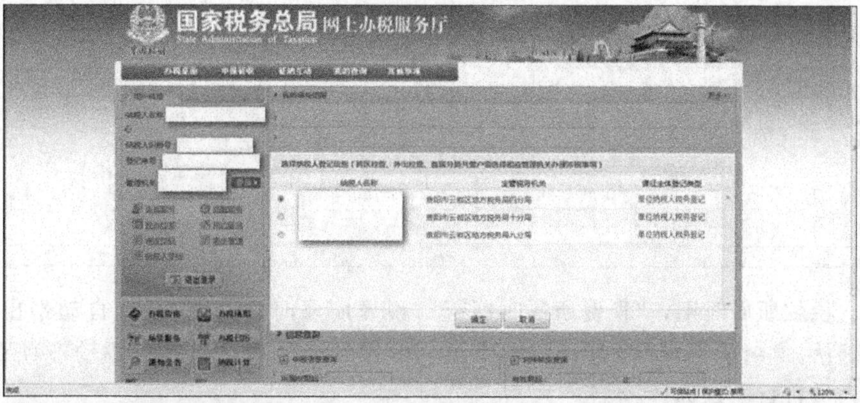

4. 在保存信息或是提交申报数据时，如果纳税人填写的数据不符合要求，系统会弹出提示语，单击“问题列表”可直接跳转至对应的数据单元格。

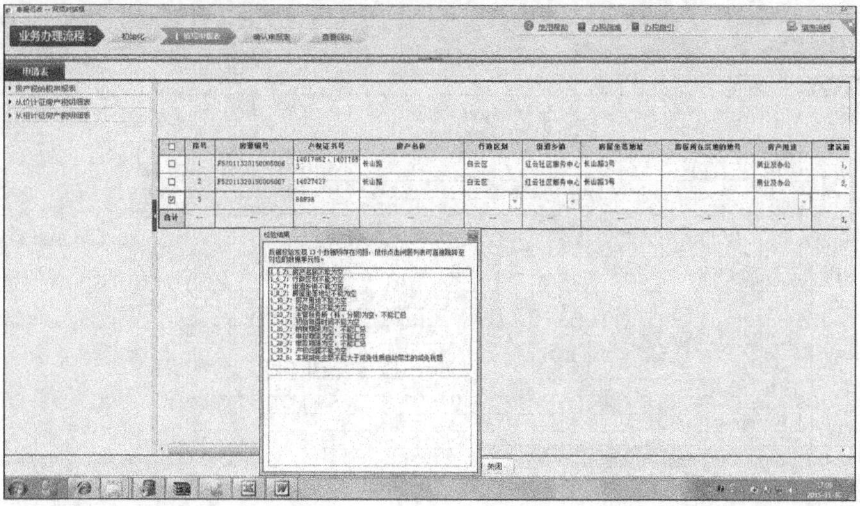

5. 操作人员按照【网报系统】→【申报征收】→【土地增值税清算申报】的顺序进入本模块，系统显示初始化页面。下拉选择不动产项目编号，单击【填写申报表】按钮进入填写申报表界面。

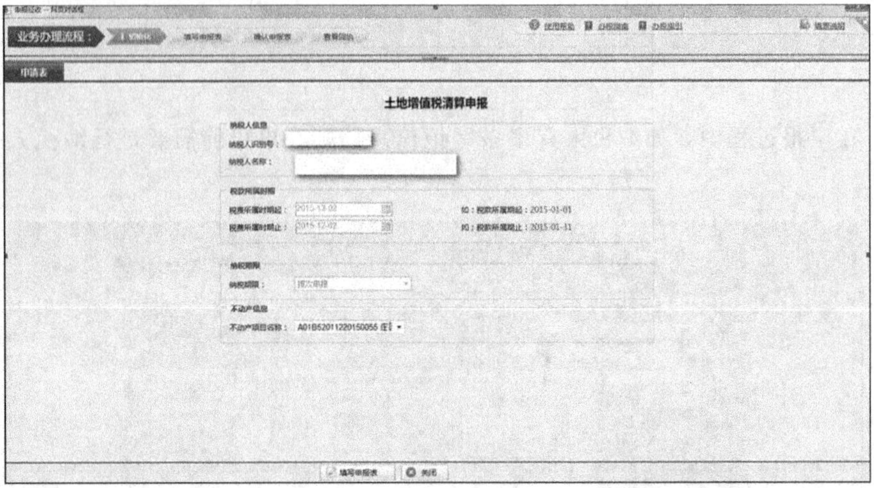

注：税款所属时期，“税费所属时期起”“税费所属时期止”为系统自动带出，由操作人员确认。“纳税期限”为系统自动带出，由操作人员确认选择。不动产项目编号，由操作人员自行下拉选择。

6. 系统显示填写申报表页面，操作人员可根据申报表填写要求录入申报数据，如填写土地增值税纳税申报表(从事房地产开发的纳税人使用)。

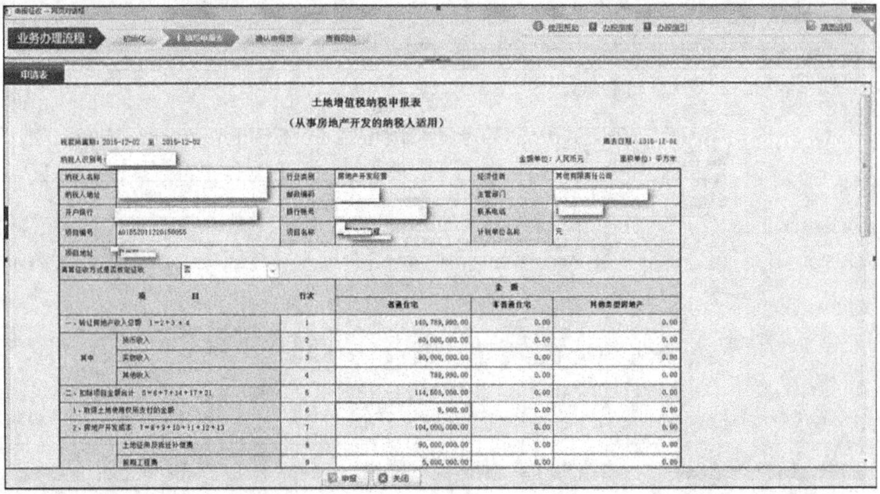

7. 在【土地增值税纳税申报表】填写相应的项目数据(普通住宅、非普通住宅、其他类型房地产)。

8.【土地增值税纳税申报表】填写完相应数据，单击【申报】按钮。

9. 系统以纸质表单的方式显示上一环节填写的申报表主表数据，供操作人员确认是否正确。操作人员如需修改可单击【返回】按钮，回转到填写申报表页面修正数据，如确认无误可单击【确认】按钮完成申报数据的提交。

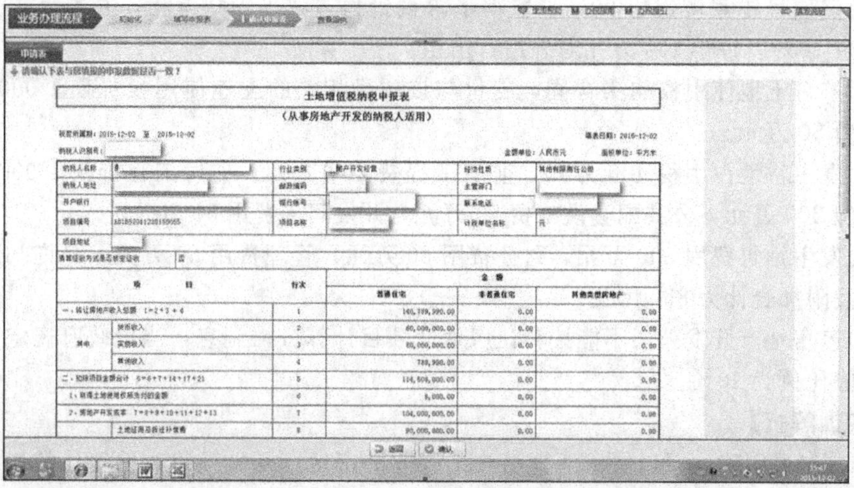

10. 系统显示“申报成功回执”及“申报表主表数据”。操作人员可单击【打印】按钮，打印相关申报表。

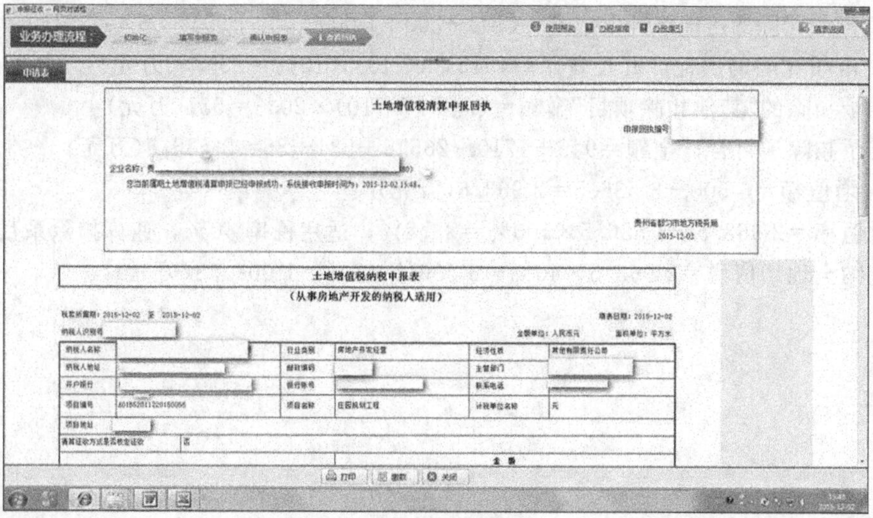

11. 操作人员单击【缴款】按钮，进入征收缴款页面。

12. 操作人员单击【打印】按钮，可打印回执表单及申报表单。

二、【实训案例】

某市金山房地产开发公司为一般纳税人，2020 年 3 月开发某高层住宅项目，当年有关经营情况如下。

(1)该项目住宅楼销售 90%，取得不含税销售收入 6 500 万元，并签订了销售合同，剩余 10%以每年 100 万元对外进行出租。

(2)签订土地使用权购买合同，支付与该项目相关的土地使用权价款 1 000 万元，相关税费 50 万元。

(3)发生耕地占用税 400 万元，前期工程费 200 万元，支付工程价款 1 000 万元，基础设施 200 万元，公共配套设施费 50 万元，开发间接费用 50 万元。

(4)发生销售费用 300 万元，财务费用 60 万元，管理费用 80 万元，允许扣除的有关税金及附加合计为 85 万元。

(5)该房地产开发公司不能按转让房地产项目计算分摊利息，当地政府规定的开发费用扣除比例为 10%。

【实训解析】

1. 首先要明确，可以要求清算已竣工验收的房地产开发项目，已转让的房地产建筑面积占整个项目可售建筑面积的比例在 85%以上，或该比例虽未超过 85%，但剩余的可售建筑面积已经出租或自用的，税务机关可以要求其进行清算。

2. 准予扣除的取得土地使用权支付的金额＝(1 000＋50)×90%＝945(万元)

3. 准予扣除的房地产开发成本＝(400＋200＋1 000＋250＋50)×90%＝1 710(万元)

4. 准予扣除的房地产开发费用＝(945＋1 710)×10%＝265.5(万元)

准予扣除的“其他扣除项目”金额＝(945＋1 710)×20%＝531(万元)

准予扣除项目合计金额＝945＋1710＋265.5＋531＋85＝3 536.5(万元)

5. 增值额＝6 500－3 536.5＝2 963.5(万元)

增值率＝2 963.5÷3 536.5×100%＝83.8%，适用税率 40%，速算扣除系数 5%

应纳土地增值税＝2 963.5×40%－3 536.5×5%＝1 008.58(万元)

【申报模板】

土地增值税纳税申报表(一)

(从事房地产开发的纳税人预征适用)

税款所属时间：　年　月　日至　年　月　日　填表日期：　年　月　日

项目名称：　项目编号：　金额单位：元至角分；面积单位：平方米

纳税人识别号：□□□□□□□□□□□□□□□□□□□□□□□□

房产类型	房产类型子目	收入				预征率（%）	应纳税额	税款缴纳	
		应税收入	货币收入	实物收入及其他收入	视同销售收入			本期已缴税额	本期应缴税额计算
	1	2=3+4+5	3	4	5	6	7=2×6	8	9=7−8
普通住宅									
非普通住宅									
其他类型房地产									
合计	—					—			
以下由纳税人填写：									
纳税人声明		此纳税申报表是根据《中华人民共和国土地增值税暂行条例》及其实施细则和国家有关税收规定填报的，是真实的、可靠的、完整的。							
纳税人签章				代理人签章			代理人身份证号		
以下由税务机关填写：									
受理人				受理日期		年月日	受理税务机关签章		

本表一式两份，一份纳税人留存，一份税务机关留存。

填表说明

1. 本表适用于从事房地产开发并转让的土地增值税纳税人，在每次转让时填报，也可按月或按各省、自治区、直辖市和计划单列市地方税务局规定的期限汇总填报。

2. 凡从事新建房及配套设施开发的纳税人，均应在规定的期限内，据实向主管税务机关填报本表所列内容。

3. 本表栏目的内容如果没有，可以空置不填。

4. 纳税人在填报土地增值税预征申报表时，应同时向主管税务机关提交《土地增值税项目登记表》等有关资料。

5. 项目编号是在进行房地产项目登记时，税务机关按照一定的规则赋予的编号，此编号会跟随项目的预征清算全过程。

6. 表第1栏“房产类型子目”是主管税务机关规定的预征率类型，每一个子目唯一对应一个房产类型。

7. 表第3栏“货币收入”，按纳税人转让房地产开发项目所取得的货币形态的收入额(不含增值税)填写。

8. 表第4栏“实物收入及其他收入”，按纳税人转让房地产开发项目所取得的实物形态的收入和无形资产等其他形式的收入额(不含增值税)填写。

9. 表第5栏“视同销售收入”，纳税人将开发产品用于职工福利、奖励、对外投资、分配给股东或投资人、抵偿债务、换取其他单位和个人的非货币性资产等，发生所有权转移时应视同销售房地产，其收入不含增值税。

10. 本表一式两份，送主管税务机关审核盖章后，一份由地方税务机关留存，一份退纳税人。

土地增值税纳税申报表(二)

(从事房地产开发的纳税人清算适用)

税款所属时间：2020 年 03 月 01 日—2020 年 03 月 31 日　填表日期：2020 年 04 月 01 日　金额单位：元至角分　面积单位：平方米

纳税人识别号 | A | 1 | 2 | 3 | 5 | 0 | * | * | * | * | 8 | * | * | * | * | * | * | * | 3 | 8 |

纳税人名称	金山公司	项目名称	开发高层住宅	项目编号		项目地址	
所属行业		登记注册类型		纳税人地址	××省××市××××	邮政编码	
开户银行		银行账号		主管部门		电　话	
总可售面积				自用和出租面积			
已售面积		其中：普通住宅已售面积		其中：非普通住宅已售面积		其中：其他类型房地产已售面积	

项目		行次	金额			
			普通住宅	非普通住宅	其他类型房地产	合计
一、转让房地产收入总额 1=2+3+4		1	65 000 000.00			65 000 000.00
其中	货币收入	2	65 000 000.00			65 000 000.00
其中	实物收入及其他收入	3	—			—
其中	视同销售收入	4	—			—
二、扣除项目金额合计　5=6+7+14+17+21+22		5	35 365 000.00			35 365 000.00
1. 取得土地使用权所支付的金额		6	9 450 000.00			9 450 000.00
2. 房地产开发成本　7=8+9+10+11+12+13		7	17 100 000.00			17 100 000.00
其中	土地征用及拆迁补偿费	8	3 600 000.00			3 600 000.00
其中	前期工程费	9	1 800 000.00			1 800 000.00
其中	建筑安装工程费	10	9 000 000.00			9 000 000.00
其中	基础设施费	11	1 800 000.00			1 800 000.00
其中	公共配套设施费	12	450 000.00			450 000.00
其中	开发间接费用	13	450 000.00			450 000.00

续表

项目			行次	金额			
				普通住宅	非普通住宅	其他类型房地产	合计
3. 房地产开发费用 14＝15＋16			14	2 655 000.00			2 655 000.00
其中	利息支出		15	—			—
	其他房地产开发费用		16				
4. 与转让房地产有关的税金等 17＝18＋19＋20			17	850 000.00			850 000.00
其中	营业税		18	—			—
	城市维护建设税		19	—			—
	教育费附加		20	—			—
5. 财政部规定的其他扣除项目			21	5 310 000.00			5 310 000.00
6. 代收费用			22	—			—
三、增值额 23＝1－5			23	29 635 000.00			29 635 000.00
四、增值额与扣除项目金额之比(％)24＝23÷5			24	83.80			83.80
五、适用税率(％)			25	40.00			40.00
六、速算扣除系数(％)			26	5.00			5.00
七、应缴土地增值税税额 27＝23×25－5×26			27	110 085 750.00			110 085 750.00
八、减免税额 28＝30＋32＋34			28	—			—
其中	减免税(1)	减免性质代码(1)	29	—			—
		减免税额(1)	30	—			—
	减免税(2)	减免性质代码(2)	31	—			—
		减免税额(2)	32	—			—
	减免税(3)	减免性质代码(3)	33	—			—
		减免税额(3)	34	—			—

续表

<table>
<tr><td rowspan="2">项目</td><td rowspan="2">行次</td><td colspan="4">金额</td></tr>
<tr><td>普通住宅</td><td>非普通住宅</td><td>其他类型房地产</td><td>合计</td></tr>
<tr><td>九、已缴土地增值税税额</td><td>35</td><td>—</td><td></td><td></td><td>—</td></tr>
<tr><td>十、应补(退)土地增值税税额 36=27−28−35</td><td>36</td><td>110 085 750.00</td><td></td><td></td><td>110 085 750.00</td></tr>
<tr><td colspan="6">以下由纳税人填写：</td></tr>
<tr><td>纳税人声明</td><td colspan="5">此纳税申报表是根据《中华人民共和国土地增值税暂行条例》及其实施细则和国家有关税收规定填报的，是真实的、可靠的、完整的。</td></tr>
<tr><td>纳税人签章</td><td>金山公司</td><td>代理人签章</td><td></td><td>代理人身份证号</td><td>3501 *********** 045</td></tr>
<tr><td colspan="6">以下由税务机关填写：</td></tr>
<tr><td>受理人</td><td></td><td>受理日期</td><td>年 月 日</td><td>受理税务机关签章</td><td></td></tr>
</table>

本表一式两份，一份纳税人留存，一份税务机关留存。

填表说明

一、适用范围

土地增值税纳税申报表(二)，适用于从事房地产开发并转让的土地增值税纳税人。

二、土地增值税纳税申报表

(一)表头项目

1. 税款所属期是项目预征开始的时间，截至日期是税务机关规定(通知)申报期限的最后一日(应清算项目达到清算条件起 90 天的最后一日/可清算项目税务机关通知书送达起 90 天的最后一日)。

2. 纳税人识别号：填写税务机关为纳税人确定的识别号。

3. 项目名称：填写纳税人所开发并转让的房地产开发项目全称。

4. 项目编号：是在进行房地产项目登记时，税务机关按照一定的规则赋予的编号，此编号会跟随项目的预征清算全过程。

5. 所属行业：根据《国民经济行业分类》(GB/T 4754—2011)填写。该项可由系统根据纳税人识别号自动带出，无须纳税人填写。

6. 登记注册类型：单位，根据税务登记证或组织机构代码证中登记的注册类型填写；纳税人是企业的，根据国家统计局《关于划分企业登记注册类型的规定》填写。该项可由系统根据纳税人识别号自动带出，无须纳税人填写。

7. 主管部门：按纳税人隶属的管理部门或总机构填写。外商投资企业不填。

8. 开户银行：填写纳税人开设银行账户的银行名称，如果纳税人在多个银行开户的，填写其主要经营账户的银行名称。

9. 银行账号：填写纳税人开设的银行账户的号码，如果纳税人拥有多个银行账户的，填写其主要经营账户的号码。

(二)表中项目

1. 表第 1 栏“转让房地产收入总额”，按纳税人在转让房地产开发项目所取得的全部收入额(不含增值税)填写。

2. 表第 2 栏“货币收入”，按纳税人转让房地产开发项目所取得的货币形态的收入额(不含增值税)填写。

3. 表第 3 栏“实物收入及其他收入”，按纳税人转让房地产开发项目所取得的实物形态的收入和无形资产等其他形式的收入额(不含增值税)填写。

4. 表第 4 栏“视同销售收入”，纳税人将开发产品用于职工福利、奖励、对外投资、分配给股东或投资人、抵偿债务、换取其他单位和个人的非货币性资产等，发生所有权转移时应视同销售房地产，其收入不含增值税。

5. 表第 6 栏“取得土地使用权所支付的金额”，按纳税人为取得该房地产开发项目所需要的土地使用权而实际支付(补交)的土地出让金(地价款)及按国家统一规定交纳的有关费用的数额填写。

6. 表第 8 栏～表第 13 栏，应根据《中华人民共和国土地增值税暂行条例实施细则》(财法字〔1995〕6 号，以下简称《细则》)规定的从事房地产开发所实际发生的各项开发成本的具体数额填写。

7. 表第 15 栏“利息支出”，按纳税人进行房地产开发实际发生的利息支出中符合《细则》第七条(三)规定的数额填写。如果不单独计算利息支出的，则本栏数额填写为“0”。

8. 表第 16 栏“其他房地产开发费用”，应根据《细则》第七条(三)的规定填写。

9. 表第 18 栏～表第 20 栏，按纳税人转让房地产时所实际缴纳的税金数额(不包括增值税)填写。

10. 表第 21 栏“财政部规定的其他扣除项目”，是指根据《中华人民共和国土地增值税暂行条例》(国务院令第 138 号，以下简称《条例》)和《细则》等有关规定所确定的财政部规定的扣除项目的合计数。

11. 表第 22 栏“代收费用”，应根据《财政部国家税务总局关于土地增值税一些具体问题》(财税字〔1995〕48 号)规定“对于县级及县级以上人民政府要求房地产开发企业在售房时代收的各项费用，如果代收费用是计入房价中向购买方一并收取的，可作为转让房地产所取得的收入计税；如果代收费用未计入房价中，而是在房价之外单独收取的，可以不作为转让房地产的收入。对于代收费用作为转让收入计税的，在计算扣除项目金额时，可予以扣除，但不允许作为加计 20％扣除的基数；对于代收费用未作为转让房地产的收入计税的，在计算增值额时不允许扣除代收费用”填写。

12. 表第 25 栏“适用税率”，应根据《条例》规定的四级超率累进税率，按所适用的最高一级税率填写。

13. 表第 26 栏“速算扣除系数”，应根据《细则》第十条的规定找出相关速算扣除系数来填写。

14. 表第 29、31、33 栏“减免性质代码”：按照税务机关最新制发的减免税政策代码表中最细项减免性质代码填报。表第 30、32、34 栏“减免税额”填写相应“减免性质代码”对应的减免税金额，纳税人同时享受多个减免税政策应分别填写，不享受减免税的，不填写此项。

15. 表第 35 栏“已缴土地增值税税额”，按纳税人已经缴纳的土地增值税的数额填写。

16. 表中每栏按照“普通住宅、非普通住宅、其他类型房地产”分别填写。

清算后尾盘销售土地增值税扣除项目明细表

纳税人名称：

税款所属期：自　　年　月　日至　　年　月　日　填表日期：　　年　月　日　金额单位：元至角分；面积单位：平方米

纳税人识别号 □□□□□□□□□□□□□□□□□□□□

纳税人名称		项目名称		项目编号		项目地址	
所属行业		登记注册类型		纳税人地址		邮政编码	
开户银行		银行账号		主管部门		电　话	
项目总可售面积		清算时已售面积		清算后剩余可售面积			

项目	行次	普通住宅	非普通住宅	其他类型房地产	合计
本次清算后尾盘销售的销售面积	1				
单位成本费用	2				—
扣除项目金额合计 3＝1×2	3				—

本次与转让房地产有关的营业税		本次与转让房地产有关的城市维护建设税		本次与转让房地产有关的教育费附加	
以下由纳税人填写：					
纳税人声明	此纳税申报表是根据《中华人民共和国土地增值税暂行条例》及其实施细则和国家有关税收规定填报的，是真实的、可靠的、完整的。				
纳税人签章		代理人签章		代理人身份证号	

以下由税务机关填写：

受理人：　　　　受理日期：　年　月　日　　　　受理税务机关签章：

填表说明

1. 本表适用于从事房地产开发与建设的纳税人，在清算后尾盘销售时填报。
2. 项目总可售面积应与纳税人清算时填报的总可售面积一致。
3. 清算时已售面积应与纳税人清算时填报的已售面积一致。
4. 清算后剩余可售面积＝项目总可售面积－清算时已售面积。
5. 本表一式两份，送主管税务机关审核盖章后，一份由地方税务机关留存，一份退纳税人。

土地增值税纳税申报表(三)

(从事房地产开发的纳税人清算方式为核定征收适用)

税款所属时间：　　年　月　日至　　年　月　日　填表日期：　　年　月　日

金额单位：元至角分　面积单位：平方米

纳税人识别号

纳税人名称		项目名称		项目编号		项目地址	
所属行业		登记注册类型		纳税人地址		邮政编码	
开户银行		银行账号		主管部门		电　话	

项目		行次	金额			
			普通住宅	非普通住宅	其他类型房地产	合计
一、转让房地产收入总额		1				
其中	货币收入	2				
	实物收入及其他收入	3				
	视同销售收入	4				
二、扣除项目金额合计		5				
1. 取得土地使用权所支付的金额		6				
2. 房地产开发成本		7				
其中	土地征用及拆迁补偿费	8				
	前期工程费	9				
	建筑安装工程费	10				
	基础设施费	11				
	公共配套设施费	12				
	开发间接费用	13				
3. 房地产开发费用		14				
其中	利息支出	15				
	其他房地产开发费用	16				
4. 与转让房地产有关的税金等		17				
其中	营业税	18				
	城市维护建设税	19				
	教育费附加	20				

续表

<table>
<tr><td colspan="3" rowspan="2">项目</td><td rowspan="2">行次</td><td colspan="4">金额</td></tr>
<tr><td>普通住宅</td><td>非普通住宅</td><td>其他类型房地产</td><td>合计</td></tr>
<tr><td colspan="3">5. 财政部规定的其他扣除项目</td><td>21</td><td></td><td></td><td></td><td></td></tr>
<tr><td colspan="3">6. 代收费用</td><td>22</td><td></td><td></td><td></td><td></td></tr>
<tr><td colspan="3">三、增值额</td><td>23</td><td></td><td></td><td></td><td></td></tr>
<tr><td colspan="3">四、增值额与扣除项目金额之比(%)</td><td>24</td><td></td><td></td><td></td><td></td></tr>
<tr><td colspan="3">五、适用税率(核定征收率)(%)</td><td>25</td><td></td><td></td><td></td><td></td></tr>
<tr><td colspan="3">六、速算扣除系数(%)</td><td>26</td><td></td><td></td><td></td><td></td></tr>
<tr><td colspan="3">七、应缴土地增值税税额</td><td>27</td><td></td><td></td><td></td><td></td></tr>
<tr><td colspan="3">八、减免税额 28=30+32+34</td><td>28</td><td></td><td></td><td></td><td></td></tr>
<tr><td rowspan="6">其中</td><td rowspan="2">减免税(1)</td><td>减免性质代码(1)</td><td>29</td><td></td><td></td><td></td><td></td></tr>
<tr><td>减免税额(1)</td><td>30</td><td></td><td></td><td></td><td></td></tr>
<tr><td rowspan="2">减免税(2)</td><td>减免性质代码(2)</td><td>31</td><td></td><td></td><td></td><td></td></tr>
<tr><td>减免税额(2)</td><td>32</td><td></td><td></td><td></td><td></td></tr>
<tr><td rowspan="2">减免税(3)</td><td>减免性质代码(3)</td><td>33</td><td></td><td></td><td></td><td></td></tr>
<tr><td>减免税额(3)</td><td>34</td><td></td><td></td><td></td><td></td></tr>
<tr><td colspan="3">九、已缴土地增值税税额</td><td>35</td><td></td><td></td><td></td><td></td></tr>
<tr><td colspan="3">十、应补(退)土地增值税税额 36=27−28−35</td><td>36</td><td></td><td></td><td></td><td></td></tr>
<tr><td colspan="8">以下由纳税人填写：</td></tr>
<tr><td>纳税人声明</td><td colspan="7">此纳税申报表是根据《中华人民共和国土地增值税暂行条例》及其实施细则和国家有关税收规定填报的，是真实的、可靠的、完整的。</td></tr>
<tr><td>纳税人签章</td><td></td><td>代理人签章</td><td colspan="2"></td><td colspan="2">代理人身份证号</td><td></td></tr>
<tr><td colspan="8">以下由税务机关填写：</td></tr>
<tr><td>受理人</td><td></td><td>受理日期</td><td colspan="2">年　月　日</td><td colspan="2">受理税务机关签章</td><td></td></tr>
</table>

本表一式两份，一份纳税人留存，一份税务机关留存。

填表说明

一、适用范围

土地增值税纳税申报表(三)，适用于从事房地产开发与建设的纳税人，清算方式为核定征收时填报，各行次应按不同房产类型分别填写。纳税人在填报土地增值税纳税申报表(五)时，应同时提交税务机关出具的核定文书。

二、土地增值税纳税申报表

(一)表头项目。

1. 纳税人识别号：填写税务机关为纳税人确定的识别号。

2. 项目名称：填写纳税人所开发并转让的房地产开发项目全称。

3. 项目编号：是在进行房地产项目登记时，税务机关按照一定的规则赋予的编号，此编号会跟随项目的预征清算全过程。

4. 所属行业：根据《国民经济行业分类》(GB/T 4754—2011)填写。该项可由系统根据纳税人识别号自动带出，无须纳税人填写。

5. 登记注册类型：单位，根据税务登记证或组织机构代码证中登记的注册类型填写；纳税人是企业的，根据国家统计局《关于划分企业登记注册类型的规定》填写。该项可由系统根据纳税人识别号自动带出，无须纳税人填写。

6. 主管部门：按纳税人隶属的管理部门或总机构填写。外商投资企业不填。

7. 开户银行：填写纳税人开设银行账户的银行名称；如果纳税人在多个银行开户的，填写其主要经营账户的银行名称。

8. 银行账号：填写纳税人开设的银行账户的号码；如果纳税人拥有多个银行账户的，填写其主要经营账户的号码。

(二)表中项目按税务机关出具的核定文书要求填写。

土地增值税纳税申报表(四)
(从事房地产开发的纳税人清算后尾盘销售适用)

税款所属时间：　　年　月　日至　　年　月　日　填表日期：　　年　月　日

金额单位：元至角分　面积单位：平方米

纳税人识别号 □□□□□□□□□□□□□□□□□□□□

纳税人名称		项目名称		项目编号		项目地址	
所属行业		登记注册类型		纳税人地址		邮政编码	
开户银行		银行账号		主管部门		电　话	

项目			行次	金额			
				普通住宅	非普通住宅	其他类型房地产	合计
一、转让房地产收入总额 1＝2＋3＋4			1				
其中	货币收入		2				
	实物收入及其他收入		3				
	视同销售收入		4				
二、扣除项目金额合计			5				
三、增值额 6＝1－5			6				
四、增值额与扣除项目金额之比(％)7＝6÷5			7				
五、适用税率(核定征收率)(％)			8				
六、速算扣除系数(％)			9				
七、应缴土地增值税税额 10＝6×8－5×9			10				
八、减免税额 11＝13＋15＋17			11				
其中	减免税(1)	减免性质代码(1)	12				
		减免税额(1)	13				
	减免税(2)	减免性质代码(2)	14				
		减免税额(2)	15				
	减免税(3)	减免性质代码(3)	16				
		减免税额(3)	17				

续表

<table>
<tr><td colspan="4">九、已缴土地增值税税额</td><td>18</td><td></td><td></td><td></td><td></td></tr>
<tr><td colspan="4">十、应补(退)土地增值税税额 19=10-11-18</td><td>19</td><td></td><td></td><td></td><td></td></tr>
<tr><td colspan="9">以下由纳税人填写：</td></tr>
<tr><td>纳税人声明</td><td colspan="8">此纳税申报表是根据《中华人民共和国土地增值税暂行条例》及其实施细则和国家有关税收规定填报的，是真实的、可靠的、完整的。</td></tr>
<tr><td>纳税人签章</td><td></td><td>代理人签章</td><td colspan="2"></td><td colspan="3">代理人身份证号</td><td></td></tr>
<tr><td colspan="9">以下由税务机关填写：</td></tr>
<tr><td>受理人</td><td></td><td>受理日期</td><td colspan="2">年　月　日</td><td colspan="3">受理税务机关签章</td><td></td></tr>
</table>

本表一式两份，一份纳税人留存，一份税务机关留存。

填表说明

一、适用范围

土地增值税纳税申报表(四)，适用于从事房地产开发与建设的纳税人，在清算后尾盘销售时填报，各行次应按不同房产类型分别填写。

二、土地增值税纳税申报表

(一)表头项目

1. 纳税人识别号：填写税务机关为纳税人确定的识别号。

2. 项目名称：填写纳税人所开发并转让的房地产开发项目全称。

3. 项目编号：是在进行房地产项目登记时，税务机关按照一定的规则赋予的编号，此编号会跟随项目的预征清算全过程。

4. 所属行业：根据《国民经济行业分类》(GB/T 4754—2011)填写。该项可由系统根据纳税人识别号自动带出，无须纳税人填写。

5. 登记注册类型：单位，根据税务登记证或组织机构代码证中登记的注册类型填写；纳税人是企业的，根据国家统计局《关于划分企业登记注册类型的规定》填写。该项可由系统根据纳税人识别号自动带出，无须纳税人填写。

6. 主管部门：按纳税人隶属的管理部门或总机构填写。外商投资企业不填。

7. 开户银行：填写纳税人开设银行账户的银行名称；如果纳税人在多个银行开户的，填写其主要经营账户的银行名称。

8. 银行账号：填写纳税人开设的银行账户的号码；如果纳税人拥有多个银行账户的，填写其主要经营账户的号码。

(二)表中项目

1. 表第1栏“转让房地产收入总额”，按纳税人在转让房地产开发项目所取得的全部收入额(不含增值税)填写。

2. 表第2栏“货币收入”，按纳税人转让房地产开发项目所取得的货币形态的收入额(不含增值税)填写。

3. 表第3栏“实物收入及其他收入”，按纳税人转让房地产开发项目所取得的实物形态的收入和无形资产等其他形式的收入额(不含增值税)填写。

4. 表第4栏“视同销售收入”，纳税人将开发产品用于职工福利、奖励、对外投资、分配给股东或投资人、抵偿债务、换取其他单位和个人的非货币性资产等，发生所有权转移时应视同销售房地产，其收入不含增值税。

5. 表第5栏各类型“扣除项目金额合计”应为附表“清算后尾盘销售土地增值税扣除项目明细表”中对应的该类型扣除项目金额合计数额。

6. 表第8栏“适用税率”，应根据《中华人民共和国土地增值税暂行条例》(国务院令第138号)规定的四级超率累进税率，按所适用的最高一级税率填写。

7. 表第9栏“速算扣除系数”，应根据《中华人民共和国土地增值税暂行条例实施细则》(财法字〔1995〕6号)第十条的规定找出相关速算扣除系数来填写。

8. 表第12、14、16栏“减免性质代码”：按照税务机关最新制发的减免税政策代码表中最细项减免性质代码填报。表第 13、15、17 栏“减免税额”填写相应“减免性质代码”对应的减免税金额，纳税人同时享受多个减免税政策应分别填写，不享受减免税的，不填写此项。

9. 表第 18 栏“已缴土地增值税税额”，按纳税人已经缴纳的土地增值税的数额填写。

10. 表中每栏按照“普通住宅、非普通住宅、其他类型房地产”分别填写。

土地增值税纳税申报表(五)

(纳税人整体转让在建工程适用)

税款所属时间： 年 月 日至 年 月 日 填表日期： 年 月 日

金额单位：元至角分 面积单位：平方米

纳税人识别号 | | | | | | | | | | | | | | | | | | | | |

纳税人名称		项目名称		项目编号		项目地址	
所属行业		登记注册类型		纳税人地址		邮政编码	
开户银行		银行账号		主管部门		电　话	

项目		行次	金额			
			普通住宅	非普通住宅	其他类型房地产	合计
一、转让房地产收入总额 1=2+3+4		1				
其中	货币收入	2				
	实物收入及其他收入	3				
	视同销售收入	4				
二、扣除项目金额合计 5=6+7+14+17+21		5				
1. 取得土地使用权所支付的金额		6				
2. 房地产开发成本 7=8+9+10+11+12+13		7				
其中	土地征用及拆迁补偿费	8				
	前期工程费	9				
	建筑安装工程费	10				
	基础设施费	11				
	公共配套设施费	12				
	开发间接费用	13				
3. 房地产开发费用 14=15+16		14				
其中	利息支出	15				
	其他房地产开发费用	16				
4. 与转让房地产有关的税金等 17=18+19+20		17				
其中	营业税	18				
	城市维护建设税	19				
	教育费附加	20				

续表

<table>
<tr><td rowspan="2">项目</td><td rowspan="2">行次</td><td colspan="4">金额</td></tr>
<tr><td>普通住宅</td><td>非普通住宅</td><td>其他类型房地产</td><td>合计</td></tr>
<tr><td>5. 财政部规定的其他扣除项目</td><td>21</td><td></td><td></td><td></td><td></td></tr>
<tr><td>三、增值额 22＝1－5</td><td>22</td><td></td><td></td><td></td><td></td></tr>
<tr><td>四、增值额与扣除项目金额之比(％)23＝22÷5</td><td>23</td><td></td><td></td><td></td><td></td></tr>
<tr><td>五、适用税率(核定征收率)(％)</td><td>24</td><td></td><td></td><td></td><td></td></tr>
<tr><td>六、速算扣除系数(％)</td><td>25</td><td></td><td></td><td></td><td></td></tr>
<tr><td>七、应缴土地增值税税额 26＝22×24－5×25</td><td>26</td><td></td><td></td><td></td><td></td></tr>
<tr><td>八、减免税额(减免性质代码)</td><td>27</td><td></td><td></td><td></td><td></td></tr>
<tr><td>九、已缴土地增值税税额</td><td>28</td><td></td><td></td><td></td><td></td></tr>
<tr><td>十、应补(退)土地增值税税额 29＝26－27－28</td><td>29</td><td></td><td></td><td></td><td></td></tr>
</table>

<table>
<tr><td colspan="6">以下由纳税人填写：</td></tr>
<tr><td>纳税人声明</td><td colspan="5">此纳税申报表是根据《中华人民共和国土地增值税暂行条例》及其实施细则和国家有关税收规定填报的，是真实的、可靠的、完整的。</td></tr>
<tr><td>纳税人签章</td><td></td><td>代理人签章</td><td></td><td>代理人身份证号</td><td></td></tr>
<tr><td colspan="6">以下由税务机关填写：</td></tr>
<tr><td>受理人</td><td></td><td>受理日期</td><td>年　月　日</td><td>受理税务机关签章</td><td></td></tr>
</table>

本表一式两份，一份纳税人留存，一份税务机关留存。

填表说明

一、适用范围

土地增值税纳税申报表(五)，适用于从事房地产开发与建设的纳税人，及非从事房地产开发的纳税人，在整体转让在建工程时填报，数据应填列至其他类型房地产类型中。

二、土地增值税纳税申报表

(一)表头项目

1. 纳税人识别号：填写税务机关为纳税人确定的识别号。

2. 项目名称：填写纳税人所开发并转让的房地产开发项目全称。

3. 项目编号：是在进行房地产项目登记时，税务机关按照一定的规则赋予的编号，此编号会跟随项目的预征清算全过程。

4. 所属行业：根据《国民经济行业分类》(GB/T 4754—2011)填写。该项可由系统根据纳税人识别号自动带出，无须纳税人填写。

5. 登记注册类型：单位，根据税务登记证或组织机构代码证中登记的注册类型填写；纳税人是企业的，根据国家统计局《关于划分企业登记注册类型的规定》填写。该项可由系统根据纳税人识别号自动带出，无须纳税人填写。

6. 主管部门：按纳税人隶属的管理部门或总机构填写。外商投资企业不填。

7. 开户银行：填写纳税人开设银行账户的银行名称；如果纳税人在多个银行开户的，填写其主要经营账户的银行名称。

8. 银行账号：填写纳税人开设的银行账户的号码；如果纳税人拥有多个银行账户的，填写其主要经营账户的号码。

(二)表中项目

1. 表第1栏“转让房地产收入总额”，按纳税人在转让房地产开发项目所取得的全部收入额(不含增值税)填写。

2. 表第2栏“货币收入”，按纳税人转让房地产开发项目所取得的货币形态的收入额(不含增值税)填写。

3. 表第3栏“实物收入及其他收入”，按纳税人转让房地产开发项目所取得的实物形态的收入和无形资产等其他形式的收入额(不含增值税)填写。

4. 表第4栏“视同销售收入”，纳税人将开发产品用于职工福利、奖励、对外投资、分配给股东或投资人、抵偿债务、换取其他单位和个人的非货币性资产等，发生所有权转移时应视同销售房地产，其收入不含增值税。

5. 表第6栏“取得土地使用权所支付的金额”，按纳税人为取得该房地产开发项目所需要的土地使用权而实际支付(补交)的土地出让金(地价款)及按国家统一规定交纳的有关费用的数额填写。

6. 表第8栏～表第13栏，应根据《中华人民共和国土地增值税暂行条例实施细则》(财法字〔1995〕6号，以下简称《细则》)规定的从事房地产开发所实际发生的各项开发成本的具体数额填写。

7. 表第15栏“利息支出”，按纳税人进行房地产开发实际发生的利息支出中符合《细则》第七条(三)规定的数额填写。如果不单独计算利息支出的，则本栏数额填写为“0”。

8. 表第16栏“其他房地产开发费用”，应根据《细则》第七条(三)的规定填写。

9. 表第 18 栏～表第 20 栏，按纳税人转让房地产时所实际缴纳的税金数额(不包括增值税)填写。

10. 表第 21 栏“财政部规定的其他扣除项目”，是指根据《中华人民共和国土地增值税暂行条例》(国务院令第 138 号，以下简称《条例》)和《细则》等有关规定所确定的财政部规定的扣除项目的合计数。

11. 表第 24 栏“适用税率”，应根据《条例》规定的四级超率累进税率，按所适用的最高一级税率填写。

12. 表第 25 栏“速算扣除系数”，应根据《细则》第十条的规定找出相关速算扣除系数来填写。

13. 表第 27 栏“减免性质代码”：按照税务机关最新制发的减免税政策代码表中的最细项减免性质代码填报。

14. 表第 28 栏“已缴土地增值税税额”，按纳税人已经缴纳的土地增值税的数额填写。

15. 数据应填列至其他类型房地产类型中。

土地增值税纳税申报表(六)
(非从事房地产开发的纳税人核定征收适用)

税款所属时间：　　年　月　日至　　年　月　日　填表日期：　　年　月　日

金额单位：元至角分　面积单位：平方米

纳税人识别号 □□□□□□□□□□□□□□□□□□□□

纳税人名称		项目名称		项目编号		项目地址	
所属行业		登记注册类型		纳税人地址		邮政编码	
开户银行		银行账号		主管部门		电　话	

<table>
<tr><th colspan="4">项目</th><th>行次</th><th>金额</th></tr>
<tr><td colspan="4">一、转让房地产收入总额</td><td>1</td><td></td></tr>
<tr><td rowspan="3">其中</td><td colspan="3">货币收入</td><td>2</td><td></td></tr>
<tr><td colspan="3">实物收入</td><td>3</td><td></td></tr>
<tr><td colspan="3">其他收入</td><td>4</td><td></td></tr>
<tr><td colspan="4">二、扣除项目金额合计</td><td>5</td><td></td></tr>
<tr><td colspan="2" rowspan="5">(1)提供评估价格</td><td colspan="2">1. 取得土地使用权所支付的金额</td><td>6</td><td></td></tr>
<tr><td colspan="2">2. 旧房及建筑物的评估价格</td><td>7</td><td></td></tr>
<tr><td rowspan="2">其中</td><td>旧房及建筑物的重置成本价</td><td>8</td><td></td></tr>
<tr><td>成新度折扣率</td><td>9</td><td></td></tr>
<tr><td colspan="2">3. 评估费用</td><td>10</td><td></td></tr>
<tr><td colspan="2" rowspan="4">(2)提供购房发票</td><td colspan="2">1. 购房发票金额</td><td>11</td><td></td></tr>
<tr><td colspan="2">2. 发票加计扣除金额</td><td>12</td><td></td></tr>
<tr><td colspan="2">其中：房产实际持有年数</td><td>13</td><td></td></tr>
<tr><td colspan="2">3. 购房契税</td><td>14</td><td></td></tr>
<tr><td colspan="4">4. 与转让房地产有关的税金等</td><td>15</td><td></td></tr>
<tr><td rowspan="4">其中</td><td colspan="3">营业税</td><td>16</td><td></td></tr>
<tr><td colspan="3">城市维护建设税</td><td>17</td><td></td></tr>
<tr><td colspan="3">印花税</td><td>18</td><td></td></tr>
<tr><td colspan="3">教育费附加</td><td>19</td><td></td></tr>
<tr><td colspan="4">三、增值额</td><td>20</td><td></td></tr>
<tr><td colspan="4">四、增值额与扣除项目金额之比(%)</td><td>21</td><td></td></tr>
</table>

续表

<table>
<tr><th colspan="5">项目</th><th>行次</th><th>金额</th></tr>
<tr><td colspan="5">五、适用税率(核定征收率)(%)</td><td>22</td><td></td></tr>
<tr><td colspan="5">六、速算扣除系数(%)</td><td>23</td><td></td></tr>
<tr><td colspan="5">七、应缴土地增值税税额</td><td>24</td><td></td></tr>
<tr><td colspan="5">八、减免税额(减免性质代码)</td><td>25</td><td></td></tr>
<tr><td colspan="5">九、已缴土地增值税税额</td><td>26</td><td></td></tr>
<tr><td colspan="5">十、应补(退)土地增值税税额 27=24-25-26</td><td>27</td><td></td></tr>
<tr><td colspan="7">以下由纳税人填写:</td></tr>
<tr><td>纳税人声明</td><td colspan="6">此纳税申报表是根据《中华人民共和国土地增值税暂行条例》及其实施细则和国家有关税收规定填报的,是真实的、可靠的、完整的。</td></tr>
<tr><td>纳税人签章</td><td></td><td>代理人签章</td><td></td><td>代理人身份证号</td><td colspan="2"></td></tr>
<tr><td colspan="7">以下由税务机关填写:</td></tr>
<tr><td>受理人</td><td></td><td>受理日期</td><td>年　月　日</td><td>受理税务机关签章</td><td colspan="2"></td></tr>
</table>

本表一式两份,一份纳税人留存,一份税务机关留存。

填表说明

一、适用范围

土地增值税纳税申报表(六)适用于非从事房地产开发的纳税人，清算方式为核定征收时填报。该纳税人应在签订房地产转让合同后的七日内，向房地产所在地主管税务机关填报土地增值税纳税申报表(六)。

土地增值税纳税申报表(六)还适用于以下从事房地产开发的纳税人核定征收时填报：将开发产品转为自用、出租等用途且已达到主管税务机关旧房界定标准后，又将该旧房对外出售的。

纳税人在填报土地增值税纳税申报表(六)时，应同时提交税务机关出具的核定文书。

二、土地增值税纳税申报表(六)主要项目填表说明

(一)表头项目。

1. 纳税人识别号：填写税务机关为纳税人确定的识别号。

2. 项目名称：填写纳税人转让的房地产项目全称。

3. 登记注册类型：单位，根据税务登记证或组织机构代码证中登记的注册类型填写；纳税人是企业的，根据国家统计局《关于划分企业登记注册类型的规定》填写。该项可由系统根据纳税人识别号自动带出，无须纳税人填写。

4. 所属行业：根据《国民经济行业分类》(GB/T 4754—2011)填写。该项可由系统根据纳税人识别号自动带出，无须纳税人填写。

5. 主管部门：按纳税人隶属的管理部门或总机构填写。外商投资企业不填。

(二)表中项目按税务机关出具的核定文书要求填写。

土地增值税纳税申报表(七)

(非从事房地产开发的纳税人适用)

税款所属时间：　　年　月　日至　　年　月　日　填表日期：　　年　月　日

金额单位：元至角分　面积单位：平方米

纳税人识别号 □□□□□□□□□□□□□□□□□□□□

纳税人名称		项目名称		项目编号		项目地址	
所属行业		登记注册类型		纳税人地址		邮政编码	
开户银行		银行账号		主管部门		电　话	

项目			行次	金额
一、转让房地产收入总额 1＝2＋3＋4			1	
其中	货币收入		2	
	实物收入		3	
	其他收入		4	
二、扣除项目金额合计 (1)5＝6＋7＋10＋15 (2)5＝11＋12＋14＋15			5	
(1)提供评估价格	1. 取得土地使用权所支付的金额		6	
	2. 旧房及建筑物的评估价格		7	
	其中	旧房及建筑物的重置成本价	8	
		成新度折扣率	9	
	3. 评估费用		10	
(2)提供购房发票	1. 购房发票金额		11	
	2. 发票加计扣除金额		12	
	其中：房产实际持有年数		13	
	3. 购房契税		14	
4. 与转让房地产有关的税金等 15＝16＋17＋18＋19			15	
其中	营业税		16	
	城市维护建设税		17	
	印花税		18	
	教育费附加		19	

续表

<table>
<tr><td colspan="4">项目</td><td>行次</td><td>金额</td></tr>
<tr><td colspan="4">三、增值额 20＝1－5</td><td>20</td><td></td></tr>
<tr><td colspan="4">四、增值额与扣除项目金额之比(%)21＝20÷5</td><td>21</td><td></td></tr>
<tr><td colspan="4">五、适用税率(%)</td><td>22</td><td></td></tr>
<tr><td colspan="4">六、速算扣除系数(%)</td><td>23</td><td></td></tr>
<tr><td colspan="4">七、应缴土地增值税税额 24＝20×22－5×23</td><td>24</td><td></td></tr>
<tr><td colspan="4">八、减免税额(减免性质代码)</td><td>25</td><td></td></tr>
<tr><td colspan="4">九、已缴土地增值税税额</td><td>26</td><td></td></tr>
<tr><td colspan="4">十、应补(退)土地增值税税额 27＝24－25－26</td><td>27</td><td></td></tr>
<tr><td colspan="6">以下由纳税人填写：</td></tr>
<tr><td>纳税人声明</td><td colspan="5">此纳税申报表是根据《中华人民共和国土地增值税暂行条例》及其实施细则和国家有关税收规定填报的，是真实的、可靠的、完整的。</td></tr>
<tr><td>纳税人签章</td><td></td><td>代理人签章</td><td></td><td>代理人身份证号</td><td></td></tr>
<tr><td colspan="6">以下由税务机关填写：</td></tr>
<tr><td>受理人</td><td></td><td>受理日期</td><td>年 月 日</td><td>受理税务机关签章</td><td></td></tr>
</table>

本表一式两份，一份纳税人留存，一份税务机关留存。

填表说明

一、适用范围

土地增值税纳税申报表(七)适用于非从事房地产开发的纳税人。该纳税人应在签订房地产转让合同后的七日内，向房地产所在地主管税务机关填报土地增值税纳税申报表(七)。

土地增值税纳税申报表(七)还适用于以下从事房地产开发的纳税人：将开发产品转为自用、出租等用途且已达到主管税务机关旧房界定标准后，又将该旧房对外出售的。

二、土地增值税纳税申报表(七)主要项目填表说明

(一)表头项目

1. 纳税人识别号：填写税务机关为纳税人确定的识别号。

2. 项目名称：填写纳税人转让的房地产项目全称。

3. 登记注册类型：单位，根据税务登记证或组织机构代码证中登记的注册类型填写；纳税人是企业的，根据国家统计局《关于划分企业登记注册类型的规定》填写。该项可由系统根据纳税人识别号自动带出，无须纳税人填写。

4. 所属行业：根据《国民经济行业分类》(GB/T 4754—2011)填写。该项可由系统根据纳税人识别号自动带出，无须纳税人填写。

5. 主管部门：按纳税人隶属的管理部门或总机构填写。外商投资企业不填。

(二)表中项目

土地增值税纳税申报表(七)的各主要项目内容，应根据纳税人转让的房地产项目作为填报对象。纳税人如果同时转让两个或两个以上房地产的，应分别填报。

1. 表第1栏“转让房地产收入总额”，按纳税人转让房地产所取得的全部收入额(不含增值税)填写。

2. 表第2栏“货币收入”，按纳税人转让房地产所取得的货币形态的收入额(不含增值税)填写。

3. 表第3、4栏“实物收入”“其他收入”，按纳税人转让房地产所取得的实物形态的收入和无形资产等其他形式的收入额(不含增值税)填写。

4. 表第6栏“取得土地使用权所支付的金额”，按纳税人为取得该房地产开发项目所需要的土地使用权而实际支付(补交)的土地出让金(地价款)及按国家统一规定交纳的有关费用的数额填写。

5. 表第7栏“旧房及建筑物的评估价格”，是指根据《中华人民共和国土地增值税暂行条例》(国务院令第138号，以下简称《条例》)和《中华人民共和国土地增值税暂行条例实施细则》(财法字〔1995〕6号，以下简称《细则》)等有关规定，按重置成本法评估旧房及建筑物并经当地税务机关确认的评估价格的数额。本栏由第8栏与第9栏相乘得出。如果本栏数额能够直接根据评估报告填报，则本表第8、9栏可以不必再填报。

6. 表第8栏“旧房及建筑物的重置成本价”是指按照《条例》和《细则》规定，由政府批准设立的房地产评估机构评定的重置成本价。

7. 表第9栏“成新度折扣率”是指按照《条例》和《细则》规定，由政府批准设立的房地产评估机构评定的旧房及建筑物的新旧程度折扣率。

8. 表第10栏“评估费用”是指纳税人转让旧房及建筑物时因计算纳税的需要而对房地产进行评估，其支付的评估费用允许在计算增值额时予以扣除。

9. 表第 11 栏“购房发票金额”，区分以下情形填写：提供营业税销售不动产发票的，按发票所载金额填写；提供增值税专用发票的，按发票所载金额与不允许抵扣进项税额合计金额数填写；提供增值税普通发票的，按照发票所载价税合计金额数填写。

10. 表第 12 栏“发票加计扣除金额”是指购房发票金额乘房产实际持有年数乘以 5%的积数。

11. 表第 13 栏“房产实际持有年数”是指按购房发票所载日期起至售房发票开具之日止，每满 12 个月计一年；未满 12 个月但超过 6 个月的，可以视同为一年。

12. 表第 14 栏“购房契税”是指购房时支付的契税。

13. 表第 15 栏“与转让房地产有关的税金等”为表第 16 栏～表第 19 栏的合计数。

14. 表第 16 栏～表第 19 栏，按纳税人转让房地产时实际缴纳的有关税金的数额填写；开具营业税发票的，按转让房地产时缴纳的营业税数额填写；开具增值税发票的，第 16 栏营业税为 0。

15. 表第 22 栏“适用税率”，应根据《条例》规定的四级超率累进税率，按所适用的最高一级税率填写。

16. 表第 23 栏“速算扣除系数”，应根据《细则》第十条的规定找出相关速算扣除系数填写。

【延伸阅读 6-1】土地增值税：平稳过渡无须紧张

《土地增值税法(征求意见稿)》(以下简称《征求意见稿》)正在向社会公开征求意见。截止时间为 8 月 15 日。据报道，此前 4—5 月是在内部征求意见。

《征求意见稿》基本是将 1994 年 1 月 1 日起施行的《土地增值税暂行条例》(以下简称《暂行条例》)核心内容平移过来，并仍实行四级超率累进税率。从条例上升为法律，是为了落实 2020 年税收法定原则，并健全地方税体系改革。

顺便说一下，《暂行条例》出台的背景，是为了抑制 1993 年以海南、北海为代表的房地产过热。那时过热的一大表现是炒地，一块地皮未做任何投资，转手多轮就涨了十几倍。《暂行条例》仅用不到半年时间就完成了制定、通过的程序，就是跟当时的这个背景密切相关。财政部也很快制定了实施细则，当时一批香港地产商还到财政部进行了座谈。没想到，这个“暂行”条例一实施就是 20 多年。

跟《暂行条例》相比，《征求意见稿》也有一些新内容。最重要的就是将集体房地产纳入征税范围。也就是出让、转让集体土地使用权、地上的建筑物及其附着物，需要缴纳土地增值税。

这是不是增加税负？不是，实际上是另一种“平移”。2014 年，中办、国办发文明确要求建立集体经营性建设用地入市制度。2015 年以来，全国 33 个试点地区开展了农村土地征收、集体建设用地入市、宅基地制度改革三项改革试点，允许集体建设用地入市和转让，实行与国有建设用地同等入市、同权同价。

对集体土地入市的增值收益调节分配，采取的是临时过渡办法，试点地区征收一种“土地增值收益调节金”。这次《征求意见稿》将集体房地产纳入了征税范围，但取消了土地增值收益调节金，使立法前后集体房地产负担总体稳定。

《征求意见稿》有些优惠政策做了调整。比如，建造增值率低于 20%的保障性住房免税；将建造增值率低于 20%的普通住宅免税的规定授权给了省级政府等。

过往多年，随着房地产市场的迅猛发展，土地增值税逐渐成为一个大税源。根据财政部公布的数据，2018 年土地增值税收入仅略低于契税(5 730 亿元)，达到 5 642 亿元，同比增长 14.9%。2019 年 1—6 月，土地增值税 3 565 亿元，高于契税收入，同比增长 10.3%，是土地和房地产相关税收中增幅最高的税种。

前面说了，当年出台土地增值税的初衷是抑制房地产过热，主要的征税对象(纳税人)是企业，尤其是房地产开发企业。房企贡献了土地增值税的主要税源。比如，2018 年碧桂园土地增值税约为 139 亿元，万科约为 196 亿元。

有人担忧说，条例上升为法律后，房企的土地增值税负担会加重。这是不负责任的乱讲。房企征税内容和税率都没变，征管方式方面，虽然《征求意见稿》此次明确规定了先预缴后清算的制度，但《暂行条例》过去在实施过程中，大部分地区实际也是实行预缴再清算的方式。就目前公布的法律内容而言，房企没什么可担忧的。

土地增值税上升为法律，不仅企业关注，个人也关心。

财政部制定的《土地增值税暂行条例实施细则》对个人转让住宅征收土地增值税最初分为3种，居住满5年以上免征，3～5年征一半，3年以下全征。但在实际执行过程中，基本没对个人征收。

2008年第4季度，国家出台了一系列鼓励住房消费的措施，其中就包括当年10月份《财政部国家税务总局关于调整房地产交易环节税收政策的通知》(财税〔2008〕137号)，明确规定："对个人销售住房暂免征收土地增值税。"这一免征规定沿用至今。

《征求意见稿》没有对此作出规定，仅从理论上来说，全国人大常委会通过法律后，个人转让住宅也应在征税范围，但财政部在公布征求意见稿的"立法说明"里强调："宜保持现行税制框架和税负水平总体不变。"如果对个人转让住宅征收土地增值税，就大大提高了居民个人的税负水平，与立法原意不符。

笔者个人认为，居民个人转让住宅仍将免征土地增值税。怎么体现？法律通过后，国务院或者财政部按惯例应该会制定一个实施条例或实施细则(省级政府也会制定实施条例)，再对此作出免征的明确规定。因此，居民个人大可放心，不要听信那些耸人听闻的传言。声称法律通过后土地增值税将拉高房价的说法更是无稽之谈。不值得一驳。

资料来源：李一戈. 21世纪经济报道，2019-7-30(004).

参考文献

[1]习近平. 摆脱贫困[M]. 福州：福建人民出版社，2014.

[2]习近平. 习近平谈治国理政·第一卷[M]. 北京：外文出版社，2018.

[3]习近平. 习近平谈治国理政·第二卷[M]. 北京：外文出版社，2018.

[4]习近平. 习近平谈治国理政·第三卷[M]. 北京：外文出版社，2020.

[5]梁文涛. 税法[M]. 北京：中国人民大学出版社，2019.

[6]许建国，蒋晓惠，蔡红英. 西方税收思想[M]. 北京：中国财政经济出版社，2018.

[7]王玮. 税收学原理[M]. 北京：清华大学出版社，2019.

[8]焦瑞进. 税收治理现代化及其数据应用分析[M]. 北京：中国税务出版社，2018.

[9]杨斌. 税收学[M]. 北京：科学出版社，2017.

[10]贾绍华. 税收治理论[M]. 北京：中国财政经济出版社，2018.

[11]中国注册会计师协会. 税法[M]. 北京：经济科学出版社，2020.

[12]中国国际税收研究会. 2018 世界税收发展研究报告[M]. 北京：中国税务出版社，2019.